U0553976

新时代哲学社会科学创新文库

# 乡村振兴 与可持续发展之路

刘文奎 著

商务印书馆
创于1897  The Commercial Press

# 新时代哲学社会科学创新文库
## 出版说明

　　党的十八大开始，中国特色社会主义进入新时代。新时代10年来，我们党采取一系列战略性举措，推进一系列变革性实践，实现一系列突破性进展，取得一系列标志性成果，成功推进和拓展了中国式现代化。新时代10年的伟大变革，在党史、新中国史、改革开放史、社会主义发展史、中华民族发展史上具有里程碑意义。

　　中国出版集团作为出版"国家队"，深入宣传阐释习近平新时代中国特色社会主义思想，以优质的出版物反映新时代党在实践创新、理论创新、制度创新方面的最新成果，推动中国特色哲学社会科学体系的创建，助力文化强国建设，是应有的政治自觉和使命担当。为此，集团组织策划"新时代哲学社会科学创新文库"，并将之纳入集团"十四五"规划重大出版项目，以顺应时代之需、呼应人民之盼。

　　"新时代哲学社会科学创新文库"由中宣部指导、中国出版集团策划、商务印书馆具体实施。文库以习近平新时代中国特色社会主义思想为指导，编辑出版党的十八大以来新时代以来哲学社会科学领域原创性的优秀成果，打造体现中国出版集团人文社科品质特色的新时代经典丛书品牌。

　　文库聚焦"新时代"和"创新"两个主题词，立意上突出原创性、学理性、亲和性和开放性。

原创性，就是力求突出中国学者、中国特色、中国智慧、中国方案。以习近平新时代中国特色社会主义思想为指导，聚焦十八大以来重大理论问题与实践变革，精粹反映经济、政治、文化、哲学、历史、法律、社会、外交等研究领域取得的最新原创性成果。

学理性，就是立足中国道路的学术表达，着力推出原创性人文观点、标识性研究范式，兼及跨学科、跨领域研究成果，致力构筑中国自主知识体系和学术话语体系，体现文库的学术品质和引领价值。

亲和性，就是倡导理论的大众化和学术的通俗化，提倡在扎实学术根底上的通俗表达，力戒艰深晦涩难懂的八股腔、学究气，以"大家写小书"式的风格特色，适应新时代读者阅读需求，扩大文库的社会影响。

开放性，就是希望表达文库在选题策划和书目结构上兼容并蓄的态度。以商务印书馆为主兼顾集团其他出版社，精选十八大以来已经出版的优秀原创作品修订再版，同时将根据新形势规划中长期选题。

文库于2022年底推出首批书目。未来，每年将陆续推出。冀望经过学界共同努力，使文库成为新时代哲学社会科学原创成果的集成平台和学术出版品牌。我们深知组织出版这一涵盖面甚广的学术文库面临的诸多挑战，疏漏之处在所难免，希望各界给我们批评、建议，以俾文库更臻完善。

商务印书馆

# 把农民合作社办得更加红火

## 韩　俊[*]

习近平总书记高度重视农民合作社的发展,强调要突出抓好家庭农场和农民合作社两类农业经营主体发展。习近平总书记近日在吉林省考察时指出,鼓励各地因地制宜探索不同的专业合作社模式,把合作社办得更加红火。习近平总书记的重要指示,为农民合作社高质量发展注入了强大动力。把农民合作社办得更加红火,必须牢牢把握其"姓农属农为农"的特质,围绕规范发展和质量提升,加强示范引领,不断增强合作社经济实力、发展活力和带动能力,充分发挥其服务农民、帮助农民、提高农民、富裕农民的功能作用,为推进乡村全面振兴、加快推进农业农村现代化提供有力支撑。

## 充分认识办好农民合作社的重大意义

农民合作社是广大农民群众在家庭承包经营基础上自愿联合、民主管理的互助性经济组织。改革开放以来,伴随波澜壮阔的农村改革发展大潮,农民合作社蓬勃发展。特别是党的十八大以来,合作社服

　　* 本文原发表于《人民日报》2020年8月11日,作者韩俊时任中央农村工作领导小组办公室副主任、农业农村部副部长。本文经作者同意,收入本书作为代序。

务能力持续增强，合作内容不断丰富，发展质量进一步提高。目前，全国农民合作社总数超过220万家，农民合作社联合社10273家，农民合作社成员6682.8万个。合作社已成为引领农民参与国内外市场竞争的现代农业经营组织。

办好农民合作社是巩固和完善农村基本经营制度的重要途径。以小农户为主的家庭经营是我国农业经营的主要形式。目前，我国小农户数量占农业经营户的98%，小农户从业人员占农业从业人员的90%，小农户经营耕地面积占总耕地面积的比重超过70%。在我国农业现代化进程中，家庭经营蕴藏着巨大潜力，具有广阔发展前景，不存在生产力水平提高以后改变家庭经营基础性地位的问题。同时要看到，农民一家一户小规模经营，势单力薄，进入市场的组织化程度低，一些农业生产经营服务单家独户"办不了"或"不划算"。农民合作社成员以农民为主体，普通农户成员占比95.4%。合作社在稳定农户家庭承包经营的基础上，为成员提供农业生产经营服务，组织小农户"抱团"闯市场，帮助小农户克服分散经营的不足，丰富统一经营主体，提高农业经营效率，赋予双层经营体制新的内涵，给农村基本经营制度注入更加旺盛的活力。

办好农民合作社是促进农民脱贫增收的重要举措。合作社经营范围覆盖粮棉油、肉蛋奶、果蔬茶等主要农产品生产，种养业合作社占比近八成。合作社开展连片种植、规模饲养，做大做强了一批"乡字号""土字号""独一份"的优势特色产业，促进了农村一二三产业融合发展，通过联农带农引领带动更多农民走上致富路。农民合作社通过优质优价、就地加工等，提升农业经营综合效益，增加了成员家庭经营收入；通过促进劳动力转移就业，提高了农民工资性收入；通过引导成员多种形式出资进而获取分红，增加了农民财产性收入。农民合作社对于助力脱贫攻坚、带领农民增收致富具有不可替代的重要作用。

办好农民合作社是实现农业现代化的必由之路。合作社是市场经济条件下发展适度规模经营、发展现代农业的有效组织形式。合作社通过开展土地流转、托管服务和股份合作,促进农业规模化、集约化、标准化、绿色化生产,加快了先进实用技术集成创新与推广应用,有效破解了"谁来种地、怎么种好地"的难题。目前,转入农民合作社的承包耕地占到土地流转总面积近1/4。合作社从种养业向农业产前和产后环节全面拓展,推动农产品就地加工转化增值,打造产业链,共享价值链,提升了农业综合效益和竞争力。发展合作社,促进小农户和现代农业发展有机衔接,有助于农业现代化路子走得稳、走得顺、走得好。

办好农民合作社是实施乡村振兴战略的必然要求。在乡村产业振兴、人才振兴和组织振兴方面,农民合作社大有作为。合作社业务不断从产中环节向产前农资供应和产后流通、加工等环节拓展,向休闲农业、乡村旅游和农村电商等新产业新业态延伸,把产业链留在县乡村,为乡村产业发展注入了活力。目前,实行产加销一体化服务的合作社超半数,经营服务总值近万亿元。开展电子商务的合作社4万家,开展休闲农业和乡村旅游的合作社1.3万家。一大批大学毕业生、返乡农民工、各类回乡人士等,通过参社办社进行创业创新,充实了乡村人才资源。乡村组织振兴离不开培育发展农民合作经济组织。发展合作社不仅有利于提高农业生产经营组织化程度,也有助于实现不同组织间功能互补、协同运转,提升乡村治理能力。

## 加快推动农民合作社高质量发展

总体看,目前农民合作社发展基础仍然薄弱,还面临运行不够规范、与成员利益联结不够紧密、扶持政策精准性不强、指导服务体系有待健全等问题。为贯彻落实习近平总书记关于突出抓好家庭农场和农民合作社两类农业经营主体发展的重要指示精神,中央农办、农业农村部等11个部门和单位联合印发《关于开展农民合作社规范提升行动的若干意见》,明确提出把农民合作社规范运行作为指导服务的核心任务,把农民合作社带动服务农户能力作为政策支持的主要依据,把农民合作社发展质量作为绩效评价的首要标准,实现由注重数量增长向注重质量提升转变。

增强农民合作社服务带动能力。合作社立足农业、根植农村,本质上是农民自愿联合、自我管理、自我服务的组织,其功能主要是解决一家一户办不了、办不好、办了不合算的难题,服务农户是其本职所在。现代农业经营体系是分工协作、共同发展的,农民合作社重点发展产前和产后环节,种养环节主要由家庭农场和小农户完成。发展合作社,必须坚持以服务成员为根本,把成员作为合作社主要服务对象,解决成员生产经营面临的困难和问题,让农民在参加合作社的过程中得到更大实惠。要支持农民合作社加强农资供应、技术服务、仓储保鲜和冷链物流、产地初加工、产品销售等关键环节能力建设,延伸农业产业链条,拓展服务领域,提高服务成员能力。支持农民合作社培育品牌,改进产品包装,开展农产品质量认证,提高农业生产标准化水平和农产品质量安全水平,增强带领农民闯市场的能力。支持农民合作社开展农业生产托管,为小农户和家庭农场提供农业生产性服务。发挥供销合作社综合服务平台作用,领办创办农民合作社。

提升农民合作社规范管理水平。农民合作社只有规范发展,才能确保行稳致远、不偏向、不走样,不断增强成员凝聚力、向心力。要坚持合作制原则,充分尊重农民意愿,保障农民共同参与决策、管理、监督的民主权利,真正实现民办民管民受益。要完善章程制度,健全组织机构,加强财务管理,合理分配收益。目前,各地正在按照中央部署,开展农民合作社规范提升行动。要以规范提升行动为重要抓手,示范引领农民合作社高质量发展。不断总结农民合作社发展优秀案例,宣传推广各地农民合作社发展行之有效的经验做法。深入开展各级示范社创建,培育一大批制度健全、管理规范、带动力强的农民合作社。扎实推进农民合作社质量提升整县推进试点,探索整县域农民合作社质量提升的路径方法。通过示范带动、典型引路,打造农民合作社规范发展的标杆和样板,整体提升农民合作社发展水平。

因地制宜探索农民合作社多种发展模式。我国幅员辽阔,各地经济社会发展水平不同,自然资源禀赋差异明显,文化习俗传统各有特色,农业产业门类多种多样。发展农民合作社,必须坚持因地制宜,探索符合本地实际、符合发展需要、反映农民需求的发展模式和路径。创新合作机制,合作社成员可以带资入社,也可以实物、土地经营权、林权、闲置农宅等多种要素作价出资入社,探索农民成员利用资源要素开展合作的不同模式。丰富联合合作方式,既发展农民合作社之间的联合,也鼓励农民合作社与其他主体开展多形式、多层次的联合与合作,探索农业经营主体组织重构和资源整合的不同模式。鼓励同业或产业密切关联的农民合作社在自愿前提下,通过兼并、合并等方式进行组织重构和资源整合。支持农民合作社依法自愿组建联合社,带动"小、弱、散"的农民合作社发展壮大,增强市场竞争力和抗风险能力。不断拓展合作要素,在专业合作的基础上,开展合作社信用合作、互助保险、土地股份等合作,由单一要素联合向资金、技术、土地等多要素合作转变。在拓宽发展路径上,引导农民合作社以农业供给侧结构性改革为主线,开发农业多种功能,唱响质量兴农、绿色兴农、品牌强农的主旋律,发展壮大优势特色产业。特别是在贫困地区,充分发挥合作社对贫困人口的组织和带动作用,探索引导贫困地区依托农民合作社开展产业扶贫脱贫,走出一条合作社发展与脱贫攻坚有机结合的新路子。

　　发挥政策对农民合作社发展引导作用。农民合作社发展普遍面临人才匮乏、资金短缺、基础设施薄弱、抗风险能力不强等突出困难，需要政府部门积极予以支持。推动农民合作社高质量发展，需要进一步加大财政扶持力度，支持农民合作社改善基础设施条件，增强生产经营能力。强化普惠金融服务，开发专门信贷产品，缓解农民合作社融资难题。加大保险保障力度，提供适合的保险品种，扩大险种覆盖范围，增强农民合作社应对风险能力。落实税收、用地、用电等政策，降低农民合作社生产经营成本。加强基层农民合作社辅导员队伍建设和农民合作社带头人培训力度，强化农民合作社高质量发展的人才支撑。

# 自　序

我国的城市化率虽然已经达到了60%，但是上溯一代或两代人，今天多数城里人的前身都是乡村的孩子。因为这样的缘故，很多人都有很深的乡村情结。人们关心乡村的发展，关心农民的生存状况，甚至希望有机会到乡村去看一看，体验乡村的生活。

我们想要一个什么样的乡村？是要一个衰落的乡村还是一个可持续发展的乡村？是一个破败的乡村，还是一个美丽的乡村？是要少数人活得很好、其他人活得不怎么好的乡村，还是要一个和谐共生、其乐融融的乡村？是要一个有独立文化气质的乡村，还是要一个作为城市附庸的乡村？这些问题的答案看似不言而喻，可是我们的实际行动，却往往在做着相反的选择。

虽然从物理距离上你也许远离乡村，但是这并不意味着你和乡村的发展没有关系，你生活、工作中的日常选择也许正在影响着乡村的未来。

从2000年开始，我和中国扶贫基金会的同事们尝试探索一条路：通过项目援助，实现贫困乡村振兴和可持续发展。二十年来我们扎根西部贫困乡村，从最初对扶贫漏斗现象的思考入手，不断试错，希望找出解决乡村贫困问题的有效方法。从大凉山的腹地到三江源的源头，从德阳的汉族村庄到玉树的藏族村落，从四川的彝家到贵州的苗寨，一路跌跌撞撞，四处求索。其间有迷途的彷徨、失败的窘迫，也有"山重水复疑无路，柳暗花明又一村"的喜悦。历经坎坷失败，走出了一条乡村可持续发展之路,这就是本书的由来。

这是一个已经持续了二十年的连续实验。这个实验获得的部分经验,已经在实践中大大提高了乡村可持续发展项目的成功率。对乡村发展之路探索的过程,是思考和行动互相印证、螺旋上升的过程。本书是以我在中国扶贫基金会二十年来经历的典型性乡村扶贫发展项目为主要内容,亦是二十年来我关于乡村发展思考与实践的记录。根据探索过程的四个阶段,分为五个主要部分。

第一部分大凉山的故事,反映的是以对扶贫漏斗现象的思考为出发点,试图通过集中投入资源,解决贫困乡村的持续发展问题。虽然项目带来了很多改变,但是并没有达到堵住贫困漏洞这一主要目标。第一阶段的实践让我们认识到,集中投入资源虽然重要,但仅仅靠资源的堆砌是不足以解决乡村持续发展问题的。这一部分内容涉及从2001年开始筹划项目到2007年项目结束7年期间的探索。

大凉山的实践说明,乡村要振兴,必须要发展产业项目,建立可持续的收入来源。而发展产业项目,就必然要参与市场竞争,必须以市场为导向。而传统乡村单家独户的小农生产经营方式,无法满足市场的要求,必须要进行变革。

第二部分民乐村的故事,反映的是以大凉山项目经验为基础,对产业方向与合作社模式的探索,时间跨度从2008年至2011年。民乐村项目设计实践过程中,我们认识到了村民合作的重要性和现代企业制度的价值,并形成了以合作社为基础、以产业为导向的民乐村项目模式。虽然民乐村的两个产业项目最后都失败了,但是通过村民合作扩大经营规模、引入现代企业机制等方法来转变小农经营方式等重要认识都是在民乐村阶段形成的,此阶段的探索至关重要。同时,这两个项目的失败也让我们认识到,我们低估了村庄带头人的作用。

第三部分甘达村的故事,反映的是我们在大凉山和民乐村实践经验的基础上，以合作社为基础，动员村庄能人参与，以市场为导向发展产业项目，借助外部力量进行规模投入，终于走上了可持续发展之路。时间跨度从2010年到2013年。

甘达村项目的成功，验证了我们此前探索形成的乡村发展方法。从2013年开始，我们尝试将这个方法应用到其他的乡村。根据乡村固有的资源禀赋，我们推出了百美村宿项目和善品公社项目。前者是利用乡村的建筑与文化资源，打造乡村旅游度假精品，吸引城里人到乡村来，消费自然山水与乡村文明；后者是组织村民生产高品质的农产品，通过互联网平台与终端消费者建立联系，把乡村的产物送到城里去。目前百美村宿已经在20个村落地，善品公社今年年底也将在100个村落地，都收到了较好的成效。这两个项目的一个共同点，就是在甘达村基础上又向前走了一步，引入市场主体与村庄合作，大大提高了乡村产业发展项目的成功率。这就是第四、五两部分的主要内容，虽然这个阶段资料最为丰富，但是对于整个模式的探索而言，相较于此前几个阶段影响较小，故而叙述最简，所占篇幅最少。

在不断变化的社会经济背景下，乡村面临的问题也在不断变化，因此这个实验还将持续下去。一方面是要把已经获得的成果应用于更多的乡村，另一方面希望既有的经验在普适性和成功率方面获得更大的提升。

从2013年开始，随着甘达村项目的顺利进行，我就想着要把我们十几年来的乡村发展经历整理出来和更多的人分享，几经周折，一直未能如愿。时间飞逝，一转眼又是六七年时间过去，脱贫攻坚决战已经接近尾声，国家乡村振兴工作已经全面展开。我们的项目村也已经由一而十，由十而百，进入了快速发展阶段，我们在甘达村取得的经验也得到了更充分的验证。把我们近二十年来的思考和实践梳理出来的要求越来越迫切，这成了我工作和生活中挥之不去的压力。今年疫情期间,恰好有比较完整的时间,终于得以把准备了很长时间的材料整理到一起,完成了书稿。今年不仅是我国持续了几十年的脱贫攻坚工作的决胜之年,也恰是我加入中国扶贫基金会第二十个年头,成稿时间如此巧合,不知道冥冥中是否自有天意。

这些年我遇到很多对乡村建设工作有热情的年轻人,从他们的故事中发现,他们吃的亏、犯的错常常是在重复我们的老路,很多问题很久之前我们就已经遇到过了。随着我国经济社会的发展,越来越多的人和资源涌入乡村,希望在乡村振兴的过程中找到发展的机会,这对乡村而言无疑是一个巨大的机遇。如果方法得当,这些外部资源和乡村可以实现和谐共生,达到双赢的效果;但是如果方法不得当,则可能两败俱伤,让丰满理想变成一地鸡毛。正因为如此,我感到有责任把我们一路走来的思考、实践、教训与收获整理出来跟大家分享,为后来的同道提供前车之鉴。希望大家能够少走些弯路,多省点力气,把我们的乡村建设得更好。

刘文奎

于2020年7月

# 目　　录

第一章　大凉山的故事——规模的迷思 ……………………………… 1

　一　万事开头难 …………………………………………………… 1

　二　项目准备——从"象形文字"开始的培训 ……………… 11

　三　贫困而神秘的大凉山腹地 ………………………………… 20

　四　项目活动与成效 …………………………………………… 32

　五　问题与反思：可持续性是个大问题 …………………… 54

第二章　民乐村的故事——合作社的本质 ………………………… 60

　一　为什么是民乐村 …………………………………………… 60

　二　劫后余生 …………………………………………………… 70

　三　请专家描绘民乐村的未来 ………………………………… 79

　四　住房是重建"敲门砖" …………………………………… 87

　五　乡村工作的观察与思考 …………………………………… 110

　六　破解村庄贫困的根源 ……………………………………… 115

　七　难产的合作社 ……………………………………………… 125

　八　食用菌厂的失败，"心都痛起喽" ……………………… 153

　九　养兔场重蹈覆辙 …………………………………………… 188

　十　村民对民乐村项目的评价 ………………………………… 195

　十一　民乐村项目的收获 ……………………………………… 204

第三章　甘达村的故事——带头人的作用 ………………………… 211

　一　没有汇缴的亿元重建款 …………………………………… 211

二　合作社唱主角 …………………………………………… 217

三　小农户参与大项目 ……………………………………… 220

四　引导德达村民科学放牧 ………………………………… 227

五　运输队让甘达合作社"跑起来" ……………………… 232

六　乡村可持续发展的必经之路 …………………………… 245

七　高原冷暖，人情浓烈 …………………………………… 254

第四章　百美村宿——引入市场主体，合作共生 ………… 264

一　为"美丽乡村"打样 …………………………………… 264

二　雅安最美山村 …………………………………………… 271

三　世外桃源邓池沟再添神来之笔 ………………………… 291

四　南峪村的创新与收获 …………………………………… 296

第五章　善品公社的使命 …………………………………… 306

一　互联网带来新机遇 ……………………………………… 306

二　黄果柑危机：惊险的一跃 ……………………………… 319

三　善品公社的理想 ………………………………………… 332

后记 …………………………………………………………… 335

# 第一章　大凉山的故事

## ——规模的迷思

## 一　万事开头难

### 引子：扶贫漏斗现象

自然村是我国乡村最小的居民聚落，而行政村是中国现行治理体系中最基层的自治单位，一般一个行政村由若干自然村组成。村庄的形成，既受政治、经济、社会、历史等人文因素影响，也受地理、资源等自然因素影响。

人们居住生活在共同的环境中，必然要共同面对自然和社会的各种问题和风险，如合作修建道路、水利、文化等大型的公共设施，共同抵御外部侵扰，等等。村民们居住相近，交往频繁，互相之间比较了解，凝聚力强，容易达成共识，形成共同利益。村庄是乡村熟人社会的边界，村庄内是熟人社会，村民们互相熟识，经常交流与合作，往往有着千丝万缕的亲戚关系；出了村就是陌生人的世界，虽然也偶有交集，但是其数量、频率都要低很多。在我的乡村生活经历中，邻村更多的是作为比较的对象和竞争的对手而存在的。

家庭经济产出较小，难以形成规模效应；而乡县范围又太大，居民之间缺乏了解和信任，沟通和交易成本较高。相比之下，村庄可能是实施扶贫发展项目最合适的项目单元。这就是本书中二十年的乡村发展探索都是以村庄为单位实施的原因。

二十年前，我曾经深入贫困地区，走访不同地区的贫困村庄，因此有机会深入了解贫困问题的成因，比较不同项目的扶贫效果。

一个普遍存在的现象令我困扰：很多贫困村庄年复一年地实施扶贫项目，却往往看不到明显的变化。无论是村庄的基础设施、村容村貌，还是村民的收入水平、生活质量以及精神状态，几年前去是什么样，几年后仍然是什么样，看不出明显改变。村庄的贫困就像一个无底洞，看不到被堵上的希望。这种现象让我想起了老家的石磨。

20世纪六七十年代，东北农村还有很多地方没通电，人们使用传统的石磨加工粮食。石磨由上下两块磨盘组成，下面的磨盘固定在木架或石台上；上面的磨盘悬挂磨杠，磨盘中间凿有磨眼注粮，由人或牲畜带动磨杠。上磨盘转动，磨眼中的粮食便流落下来，在两块磨盘的挤压和摩擦之下，被碾磨成大小不等的颗粒或粉末。

有经验的人不会一次在磨盘上堆放太多粮食，而是每次加一点，漏完了再加，这样一点一点地投放粮食，磨眼就不容易堵塞。只要每次投放的粮食不把整个磨眼都盖住，粮食一般都会顺利地漏下去。这样不管累加起来放多少，也无法堵住磨眼的漏洞，于是磨眼就成了一个无底洞。如果磨盘上堆放的粮食多了，粮食会挤压在一起把磨眼堵住。磨眼和粮食的这种关系，就是漏斗现象。

我从"漏斗现象"中得到启发，认为贫困村庄屡扶屡贫的根源，就是资源投入不足。

当时的扶贫工作，一般是以贫困县为单位，以专项项目方式设计实施的，比如卫生项目、教育项目、生计项目等。虽然策略上是希望系统解决贫困地区的问题，但是项目以条线的方式落实下去，到了村一级，还是会分散成各个不同的子项目，往往缺乏有机结合，形不成深入肌理的整体规划和发展。从一个县的角度看起来规模很大的项目，比如几千万甚至上亿的项目，分配到全县数十个甚至数百个贫困村的时候，每个村就只有几十万元甚至几万元的规模，难以根本满足村庄发展的需求。

因为发展的问题没解决，所以仍然是贫困村，下一次安排项目的时候，村庄还会获得贫困村待遇，被安排小规模的项目。一次次投入，一个个项目实施，但若干年后村庄的面貌依旧，贫困依然。以这样的方式扶贫，自然是屡扶屡贫，不管投入多少资源，都难以堵住贫困村发展的漏洞。这种现象可以称为贫困村的扶贫漏斗现象。

把有限的资源分配给很多村庄，虽然每一个村庄都有一点，但每个村庄得到的资源都不足以满足可持续发展的最低需要。这种近似吃大锅饭的资源投入方式，虽然看起来公平，实际上却可能是低效的。

而且，在这样的多次反复中，甚至让一些贫困户产生错误认知，以为扶贫是政府和社会的责任，产生了"等、靠、要"的思想，让扶贫成了难以完成的任务，不仅发展的能力没有培养起来，连发展的愿望都扭曲了。这样靠外部输血的方式扶贫显然是不可持续的。

既然贫困村庄的扶贫发展工作存在"漏斗现象"，那么作为解决贫困村庄发展的优先策略，是不是可以集中投入，使一个村庄获得的资源大于其陷于贫困的临界点，从而通过项目的实施实现可持续发展？而不是再像以往那样，一次次地做项目，每次都像撒胡椒面，却不能从根本上解决乡村的贫困问题？

当然这只是一个假设，至于一个贫困村到底需要投入多少资金才能实现可持续发展，以及需要怎样的支持才能实现可持续发展，我希望有机会在实践中试一试。

说得直白一点就是希望能够找到一笔可观的项目资金，以一个村庄为单元集中投入，根据村庄的整体发展需求来设计项目，系统解决这个村庄的发展问题。目标是通过项目的实施,为这个村庄注入持续发展的能力,让村庄靠自我驱动发展起来。

**中外合作的机缘**

2000年,我加入中国扶贫基金会,负责筹款部门的工作。作为社会组织,公益基金会运作机制比较灵活,自主性比较强,也有一定的独立性。于是我有了把想法付诸实践的机会。

中国扶贫基金会是一个专业扶贫机构,针对贫困的成因,主要开展四类项目:教育扶贫、健康扶贫、灾害救助、社区和生计发展。乡村建设是社区和生计发展中的一个项目。两方面的因素促成了大凉山项目的合作,一方面是扶贫基金会项目策略的调整,一方面是四川省扶贫办外资项目管理中心参与式方法的实践。

在时任会长和秘书长的主持下,项目品牌化战略作为中国扶贫基金会社会化改革的一部分,就是要从以往小而散的扶贫项目中,筛选出有发展潜力的项目做大做强,成为基金会的品牌项目。作为筹资部门的负责人,这也成为我的重要工作内容。而四川省扶贫办外资项目管理中心当时正在进行用参与式方法扶贫的探索,中心主任刘维佳和项目负责人韩伟是我们此前实施世界银行扶贫贷款项目期间共事多年的同事和朋友。

我们考虑是不是可以发挥两家机构在项目执行和筹款方面的各自优势,以贫困村为规划单位设计实施参与式项目,探索贫困村可持续发展的路径,解决扶贫漏斗的问题。

项目的另一个关键合作方是米索尔友爱团结基金会。米索尔基金会是德国的一家国际慈善组织,是当时中国扶贫基金会的重要捐赠伙伴。双方从1995年开始合作,实施以基础设施改善为主的援建项目,如修桥、修路、修卫生所、建学校等。

"米索尔"这个词,在德语中有怜悯、同情的意思,与其宗教背景有关。米索尔基金会成立于1958年,宗旨是消除贫困、饥饿和疾病,总部位于德国的亚琛市。米索尔基金会成立初期的资金主要来源于天主教徒和普通公众捐赠,后来也从政府申请资助,现在他们的资金中来自政府的资金已经占了很大一部分。

十年前我去过亚琛,造访这家大名鼎鼎的基金会,有机会亲眼看见米索尔基金会的工作成果。那是一座小城,位于德国北部。即便在这座小城里,米索尔基金会的办公楼看上去也没有想象的那样引人注目。然而就是这样一家看似平常的机构,几十年下来,竟然已经在亚洲、非洲、拉丁美洲、东欧等地的一百多个国家和地区实施了上万个援助项目。更难得的是,在做项目的过程中,他们把各个国家的资料都汇编成册,收藏在机构小小的图书馆里,他们工作的价值让我感到惊讶。德国的一些学校和研究机构,通过这样一家慈善组织,可以了解到很多国家的情况,而他们的工作人员,很多都是所在国的专家,起到了难以替代的文化交流作用,非常了不起。

20世纪80年代,中国改革开放之后,境外组织可以到中国来实施公益项目。米索尔基金会是那个年代较早在中国开展援助项目的国外慈善机构之一。

据米索尔基金会中国区的项目代表南乔波介绍,他在1995年认识了中国扶贫基金会时任会长项南。两个人交流扶贫理念,互相很认同,便商量在云南、贵州做一些扶贫项目。

当时的项目类型比较分散,项目规模也比较小,资金预算通常在几万欧元,也就是几十万人民币。虽然项目比较分散,但总的规模还是在逐年加大,他们也希望有机会合作开展影响力更大的创新项目。

我记得那是2000年下半年的一天,我邀请米索尔基金会驻北京代表处的博盟来到我们办公室,讨论是否可以合作开展乡村发展项目。

在基金会位于北京中关村数码大厦的办公室,我见到了博盟。博盟是位高鼻梁、蓝眼睛的德国人,据他自己说他的母亲是荷兰人,他只有四分之一德国血统。博盟虽然是在台湾学的汉语,却能说一口流利的北京话。他喜欢中国,前后已经在中国待了十几年。

我介绍了我们的想法,建议米索尔整合中国项目资金,集中力量支持乡村可持续发展项目。希望共同探索一种创新的扶贫方法,可以一次性解决贫困村的问题,让村庄获得持续发展的能力。博盟对这个建议很兴奋,他也介绍了米索尔基金会在其他国家做过的类似项目。米索尔开展的项目叫"社区综合发展项目",针对社区的多方面需求,设计不同的子项目综合施策,系统解决贫困社区的发展问题。

就这样,中国扶贫基金会、四川省扶贫办外资中心与米索尔基金会达成了基础共识,合作实施贫困乡村社区综合发展项目。

### 目标:1000万元

项目投资方面,我们希望项目规模能大一点,我们的目标是争取筹集到1000万元人民币。关于项目区的范围,虽然是以村为项目实施单位,但我们考虑不能只局限在一个村,而是要有对照组,引入竞争机制,在不同的项目村形成对比和竞争。关于项目区选择,我们首先考虑最贫困的地区,这样才有典型性。

中国扶贫基金会成立以后,在四川大凉山地区做的项目比较多。最受当地群众欢迎的是"水、地、屋"项目。

"水"项目就是改善人畜饮水设施,解决人畜饮水的问题。通过修建蓄水池、装设自来水等设施,解决饮水安全和饮水卫生的问题。

"地"项目就是改造土地。在山大沟深的贫困地区,通过"坡改梯",把陡峭的山坡地改造成平整的梯田,让水土得到更好保存;在石多土少的贫困地区,通过"搬石造地"把石头移出土地,露出土壤。在喀斯特地质区改造土地，主要工作任务就是炸石头，把农田里的石头挪走。

"屋"项目针对彝族群众人畜混居的落后状况，改造贫困户住房，改善居住条件，主要在大凉山彝族地区实施。

一方面中国扶贫基金会在大凉山地区做了几年的项目，和各级政府沟通顺畅，群众基础很好，熟悉当地情况，对那里的贫困程度及成因也比较了解。另一方面大凉山地区是四川省重点贫困地区，是四川省扶贫办的重点工作区域，便于资源的衔接和资金的配套支持，所以我们商定，这个系统性的综合扶贫项目在大凉山地区实施。

合作意向确定了，项目的细节也越来越清晰，我们都很兴奋。但是一讨论到项目资金的落实情况，大家难免发愁。

当时米索尔基金会在中国开展的项目规模都不大，一个项目也就几十万人民币的资金规模。一下子要做上千万的项目，这个变化太大了，大家都觉得不可能。

为了降低米索尔基金会的资金压力，我们还引入了政府配套资金。政府配套资金这种方式，是从我国实施世界银行项目时开始出现的政府资金使用模式。由政府提供配套资金，用来放大国外援助资金的影响力，调动国际援助机构的积极性，进而扩大项目规模。对贫困地区政府而言，即使没有国际援助资金，原来的扶贫预算也要用于贫困地区的扶贫工作。现在如果同意配套，等于用原本的扶贫资金吸引了增量资金进来，如果按照一比一比例配套，扶贫资金就翻倍了。所以地方政府一般都有积极性，这也是当时国际援助项目中通行的做法。

经过与四川省扶贫办沟通，由省扶贫办对米索尔捐赠资金提供等额配套，最后确定项目总额1000万元人民币，由米索尔基金会提供500万元，省扶贫办配套500万元，在实地调查后确定项目村庄。

项目的总体合作框架和资金结构至此就基本上成形了。由中国扶贫基金会负责项目总体协调,米索尔基金会和四川省扶贫办按一比一的比例共同出资,四川省扶贫办外资中心负责项目的具体落地执行。接下来我们开始进入项目筹备,进一步讨论项目要解决哪些问题,如何设定项目的内容和目标。

在外部支持方面,除了中国扶贫基金会、米索尔基金会、四川省扶贫办外资中心作为核心项目机构,我们还引入了云南生物多样性研究所,希望发挥他们在环境保护和参与式发展方面的特长,引导农民尽可能参与项目的设计和实施;我们邀请大凉山民族文化研究会就项目区的民族文化资源进行研究,并指导传统文化保护相关项目内容的开发和实施。这些专业机构管理和支持活动子项目,形成了项目完整的知识支持体系。

### 筹备期长达四年

为了推动项目立项进程,2001年10月14日,中国扶贫基金会组织米索尔基金会、云南生物多样性研究所、四川省扶贫办外资中心、凉山州扶贫办以及凉山民族文化研究所的代表,在昆明召开了首次项目协调会。大家从项目的目标、内容、预算,到相关各方的责任分工、项目的实施框架,再到项目实施的时间节点、进度计划等具体问题进行了详细讨论,并就项目的总体实施计划达成了共识。"昆明会议"标志着项目准备工作正式启动了。

按照"昆明会议"确认的项目推进计划,由四川省扶贫办外资中心牵头,凉山州扶贫办和凉山民族文化研究所配合,开展项目区的调查摸底工作,并在调查基础上提出项目点建议,完成项目点识别与确认。

关于项目选址,由中国扶贫基金会、米索尔基金会、四川省扶贫办外资中心讨论提出选址的指导原则和具体要求,比如尽量选择更贫困、更有典型性的边远乡村,而且项目区干部群众有较为强烈的改变现状的愿望和干劲,认可扶贫办项目理念,愿意接受挑战实施创新项目等。

2002年5月,项目相关方完成了项目点的确认,项目计划在美姑县依果觉乡和昭觉县碗厂乡实施。其中依果觉乡有三个项目村,碗厂乡有两个项目村。这两个乡都是其所属县辖区内比较偏远的贫困地区,远离县城,分别处于两个县的边界地带,是典型的高寒山区贫困彝乡。两个县的项目在实施进度和效果方面,形成了一定对照和竞争的关系。

大凉山是全国最著名的贫困地区之一,美姑和昭觉两县又是大凉山贫困程度最深的彝族群众聚居区,而我们选择的项目乡村更是这两县最边远偏僻的彝民聚落,可谓是深度贫困之极地,真正的贫中之贫,困中之困。

项目之所以没有像过往其他项目那样覆盖全乡所有的村庄,是因为我们希望"集中力量干大事",不再像以前那样撒胡椒面,而是把有限的资源集中投放在一个相对小的区域,真正发挥规模作用,彻底解决这个区域的贫困问题。

继5月选定项目点之后,项目建议书的相关准备工作紧锣密鼓地开展起来。我们组织县、乡两级干部培训,组织两个县的项目工作人员深入项目村,引导村民参与项目规划。

7月22日,我们在成都召开项目规划会议,以五个项目村参与式规划成果为基础,经过反复讨论,形成了项目建议书。9月,中国扶贫基金会组织专家对项目建议书进行审定。2002年12月,我们正式向米索尔基金会递交了项目建议书。2003年6月,项目建议书最终得到米索尔基金会的正式批准。

米索尔基金会正式批准之后,四川省扶贫办的配套资金也需要一个审核批准的过程,再加上我们要跟四川省扶贫办外资中心、凉山州政府分别签订项目执行协议,制定具体的项目实施办法等,所以到了

2004年3月，项目才完成各项准备工作，得以正式启动。

自2000年提出项目意向，2001年10月昆明会议正式开始项目准备，到2002年年底提交项目建议书，2003年得到米索尔基金会正式批准，2004年3月正式启动，项目准备用了四年时间。加上项目实施期三年，从2000年到2007年结束，项目总共跨越了七年。

米索尔基金会最终批准的资金额度是50万欧元，相当于当时的420万元人民币，和我们的预期有一定的差距。按照事先商量好的比例，四川省扶贫办的配套资金也是50万欧元，二者共计840万元人民币。加上项目村群众投入的劳动力价值，项目投资总额为1150万元。

**项目设计框架**

我们发起项目的初衷是以村为单位，探索贫困乡村可持续发展的方法，所以项目设计的指导思想是围绕贫困村的成因综合施策。具体项目包含五个方面内容。

首先，针对项目区贫困落后的生产生活条件，项目将通过综合扶贫行动改善社区公共基础设施，提升社区公共服务条件。包括居民住房改造，改善人畜饮水条件，实现社区通电，建设村级卫生医疗点，建设社区农贸市场和粮食饲料加工点，修造铁索桥以解决行路难问题，改变重点社区儿童失学率高的状况等项目内容。

其次要解决农户的生计来源问题，通过开展生计相关项目，帮他们增加收入。这涉及农户创收能力的提高和生计资本的支持。一方面要设立农民田间学校，对农民进行生产技术和市场知识的培训，提高他们的生产技能和劳动效率，培养他们的市场意识。另一方面还要帮他们建立开展生计活动的资源基础，比如购买种牛种羊等牲畜作为生产资料。

只提供生计活动的支持还不够，还要考虑到项目对自然资源的影响,关照到生态保护。牛羊放养多了,必然要消耗更多的草地资源,如果没有相应的配套措施,就会造成草场退化。如果自然环境被生计活动破坏掉了,生计活动也就丧失了其赖以存在的自然资源,是不可持续的。为了避免项目对环境的破坏,我们在项目中配套设计了生态保护和修复项目,比如小流域治理、种草、种树等。

项目的成功一方面有赖于科学合理的项目设计,另一方面也取决于有效的组织和实施。为了加大项目实施力度,我们计划建立由县、乡、村三级干部组成的社区管理委员会,具体承担项目的组织和实施;我们计划组织村民建立并积极参加各种兴趣小组和生产小组,以加强社区能力建设,增加乡村社会资本。

最后是项目管理和支持活动,用于支持从各级政府部门、专业机构到项目专家在内的项目参与各方有效参与项目实施。

按照规划,项目资金将全部用于支持上述五大类项目25个具体的子项目活动。其中生态保护项目投入354万元,占总投资的31%;社区基础设施和服务改善项目投入231万元,占总投资的21%;生计可持续开发项目投入227万元,占总投资的20%;项目管理和支持活动投入190万元,占总投资的17%;社区能力建设项目投入118万元,占总投资的11%。

## 二 项目准备——从"象形文字"开始的培训

### "参与式方法"启蒙

实际上,有些项目活动,在项目准备期就已经开始进行了。2002年6月,项目区初步确定后,作为社区能力建设的一部分,由四川省扶贫办外资中心牵头和组织,中国扶贫基金会、米索尔基金会、云南生物多样性研究所以及凉山当地相关机构的人员参加,组成了"培训师"团队,对项目区工作人员进行了五天的参与式方法培训。培训主要针对项目区基层干部和业务骨干,其中既有省、市项目工作队的工作人员,也有县、乡两级干部组成的项目执行人员,主要还是项目村干部和村民骨干代表。

这次培训活动的目标,是让这些从来没有接触过参与式方法的乡村基层干部,在有限的几天时间里,了解项目的总体思路,理解参与式方法的基本概念,并掌握参与式调查和项目规划的方法和工具。培训效果如何,将直接影响后续的项目需求调查和项目规划设计质量。为了保障培训的效果,我们对培训课程进行了精心的设计和准备。

第一天的内容,是项目背景介绍和概念学习。大凉山项目是什么?我们为什么做这样的一个项目?跟以前的扶贫项目有什么不同?有哪些机构参与项目实施,各个相关的机构要发挥什么作用?这些问题都要详细介绍和深入讨论。

培训会组织学员讨论传统扶贫模式存在的局限,从而引导大家理解新项目设计的出发点和解决问题的思路,帮助大家加深对项目的理解。

因为参加培训的人员来自从中国扶贫基金会到省、市、县、乡、村各级各个不同的单位,不同方面的人都需要了解自己在未来的项目中有哪些职责,要发挥什么作用,因此不同项目机构的定位和任务要尽量梳理讲解清楚,让大家心中有数。

花时间最多,学员接受起来也最困难的,是参与式方法相关概念的学习。比如什么是"参与式方法",什么是传统文化知识,什么叫生物多样性,什么叫可持续生计,什么是生计资源、生计策略、生计活动?什么又是参与式综合发展项目,其参与方法、发展途径和过程是怎样的？这些新的概念，大部分学员都没接触过，都需要专家细致讲解，反复讨论答疑。因为这些概念在后续的培训和项目实施文件里面都会经常碰到，如果学员没听懂、不理解，就会给项目的进一步推进遗留障碍。

讲师组织大家观看有关彝族文化的录像片，并结合当地实际进行学习和讨论，辨别哪些是优秀的文化，哪些是陈规陋俗需要引导转变的。通过这种轻松活泼的教学方式，帮助学员理解相关概念。

### "象形文字"般的交流工具

第二天的课程，重点围绕"参与式的调查工具"进行培训，共有七个工作图表，其中包括四个市场调查工具和三个社会信息调查工具。

四个市场调查工具，包括市场平面图、产品流动图、市场产品季节历和产品生物多样性图。这些图表不是用来上报的，而是提供给项目调查人员，作为引导项目区农户参与市场信息调查的工具。

因为项目区超过一半的农民不识字，如果用文字来表述相关信息，农户就难以参与。这些图表的设计，充分考虑了农户的认知水平，专为农户设计，可以大量使用"象形文字"和图形，帮助他们参与到项目调查工作中。通过这些简明清晰的图表，农户可以以他们习惯的方式发表意见，参与调查当地生态和市场等基本情况，非常实用。

市场平面图和产品流动图，目的就是了解当地的市场范围和产品销售轨迹。农户生产的产品销售行为主要是在县城完成，还是在乡里、村里完成？通过这个图示，可以很直接地把村民的市场活动半径呈现出来。

而生物多样性图，反映的是项目村有些什么动物、什么植物，要求村民以图形的方式，把当地各种动物和树木、花草的形状、用途描绘出来。这些笔画古朴而又含义明确的简单图形，其实就是"象形文字"。

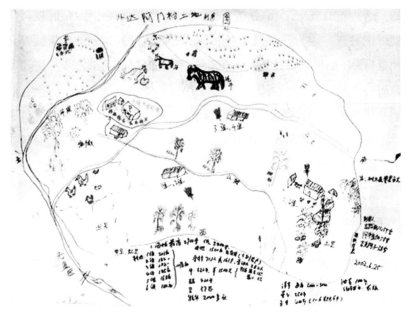

**图1　村民手绘村庄资源图**

　　参训者除了在课堂上听老师讲,听完后还要分组,用这些调查工具到县城去做实地调查,看到了什么就用上述工具记录下来。然后大家再回到课堂,交流各自的调查成果,讨论使用这些工具的心得体会和技巧,加深对这些工具的理解,掌握这些市场调查工具的使用方法。

　　在社区社会信息调查方面,主要使用社区平面图、历史大事记、社区组织机构图等参与式调查常用工具,反映社区的人文信息。授课讲师手把手地教参训学员制作这些图表,让他们能够切实理解掌握,并学会实际运用。

　　第三天的课程,讲授综合发展村级规划的过程和方法,讲参与式工具与规划的关系。首先要给参训者讲解什么是"规划",破除学员对"规划"的神秘感和畏难情绪。说到项目规划,一般人会认为那是很严肃、很专业、很复杂的工作,是受过专门训练的人才能做的工作。其实乡村发展项目的规划并没有想象的那么复杂。

通过前期摸底调查,在准确了解村民的需求,也就是他们想要什么、想改变什么的基础上,结合项目设计思想和项目资源情况,即我们能提供些什么支持,评估村民的需求是否真实,要求是否合理,根据项目实施基础、资源匹配情况,把可行的项目内容识别出来,经过进一步讨论加入到项目规划建议方案中,这就是乡村发展项目规划的过程。

当天课程的重头戏是学习农事历、土地利用图、社会剖面图、物种多样图、多功能图、社会性别分工图、矩阵打分、个人自传八个参与式规划工具。这些工具虽然有不同的侧重和表现形式,但是其共通的地方在于,都是使用通俗易懂、村民易于参与的表达方式,收集和分析项目区的信息,为项目规划提供参考依据。有了前一天的学习经历,再学习这些新的工具,就相对容易一些了。

上述课程讲完后,仍然要组织大家分组练习和交流,直到每个学员都掌握如何使用每个工具,如何引导村民画图,如何制作社区愿景图。愿景图就是对社区未来远景的一个想象。实际上,根据资源情况对社区远景的合理想象构成了社区规划的基本框架。

### 从案例教学直接进入实战

第四天是案例教学。在前面几天概念学习基础上,通过实际案例的学习进一步理解和掌握参与式方法的应用。有些学员刚开始接触项目的时候,面对项目新异而复杂的概念和思路,其实是缺乏信心的,甚至不乏抵触情绪。通过案例的学习,学员们得以了解参与式方法在其他类似贫困地区是如何成功实施的,并取得了什么样的成果,不仅了解了参与式方法具体实施的步骤和流程,也增加了对项目成功实施的信心。

在参与式方法的实施过程中,如何开好村民项目规划会是个难点。不用说规划会,在大凉山这样的深度贫困地区,很多基层的干部和村民,甚至连怎么有效开会都不知道。村民开会,通常既没有主持人,也没有会议议程,更没有会议规则。村民们聚到一起就算开会,会上要么谁也不发言,要么大家都抢着发言,谁也听不见谁的,乱作一团,很难达成共识,做出什么像样的决策。

课程用模拟会议的方式,引导学员学习如何有效地组织会议。从"发言要举手"学起,到发言要有顺序,要有主持人,主持人让发言才发言等最基本的议事规则都要进行培训。

最后还学习了如何开展专题项目研究。就是从不同的几个专门领域,如林业、畜牧、农业和社区等方面进行参与式研究练习。根据这四个方面基本情况的参与式调查,制定专项项目规划和工作计划。

第五天是最后一天,培训内容是汇报交流两个县参与式规划工作的推进计划,第四天已经要求老师带着两个县的学员做工作计划了:昭觉县参与式规划工作安排几天,从哪天开始启动?辖区的几个村分别怎么计划?美姑县工作计划是如何安排的?包括需要哪些人参与,由谁负责牵头,时间如何安排等,这些都要明确。专家团对两个县各个村的工作计划进行点评和修正。然后又根据最终确定的工作计划,进行了工作人员分工,最后举行了简单而庄重的结业仪式。

从6月18日到22日,经过五天的时间,完成了项目骨干工作人员的启蒙培训。大家刚刚学习掌握了很多项目工具,迫不及待地要到实践中去加以应用。我们决定趁热打铁,马上启动两个县的参与式调查与规划工作。

6月23日,参加完培训的县乡干部甚至都没有来得及回家,就留下来继续参加后续的社区调查和项目规划工作。中国扶贫基金会、云南生物多样性研究所、四川省扶贫办外资中心和凉山民族文化研究所的11位工作人员,也分为两组,分别参与了两个项目点的调查与项目规划活动。

**"投豆计数"断纷争**

按照计划的工作程序,我们先后在美姑县的依果觉乡和昭觉县的碗厂乡召开了协调动员会议,介绍项目的目标、将要开展的项目活动和工作计划,对两个乡的干部和村民骨干进行了简化的培训。最后对所有工作人员进行分组,由参加了前期培训的骨干工作人员作为各组领队,当地乡村干部作为组员,用此前学习的工具,到项目村开展参与式调研。

各个工作组通过入户走访调查,组织村民开会讨论制作市场平面图、产品流动图、市场产品季节历、产品生物多样性图、社会剖面图、社会性别分工图等,首先把每个村的基本情况,包括村庄的人口结构、生产方式、经济收入、自然资源、文化等内容了解清楚。

在参与式调查工具的应用过程中,工作组根据当地村民的实际情况采用了很多创新的办法。比如在昭觉县调查产品流动情况,我们想了解农户家养的牛羊一般都卖到哪儿去,是卖到西昌市还是昭觉县城?去西昌和昭觉县城的分别是多少人?这样的问题看似简单,但对农户来说却未必能够理解,加上他们也不会数数,往往答非所问。这该怎么统计?

我们先画一张地图,把这两个城市和村子的位置和距离标注出来,然后看图说话,告诉村民这是到西昌,西昌离这里40多公里,那个是到昭觉县,昭觉县城离这里20公里,简单明了,他们一下子就看明白了。

　　然后再在地上摆上两个碗,给参会农户每人发一颗豆子,谁是送牛羊到西昌的,把手里的豆子投到其中一个碗里,谁是到昭觉县去卖羊的,就把豆子投到另一个碗里。等所有的农户都投完手里的豆子后,项目工作人员只需要数清楚两个碗里的豆子数量,统计结果就出来了。

　　我们通过这样近乎原始、非常简单的方法,让村民得以参与到项目中来。因为长期生活在贫困偏僻的闭塞环境中,很多在外界早已习以为常的基础概念,这里的农户往往还不能理解,所以必须要用他们能够理解的方式,才能进行有效沟通和交流。

　　接下来要了解当地农户的需求,我们设计了一些开放性问题,让农户充分发挥想象力,表达他们的愿望,比如:如果我们愿意提供帮助,你最想得到什么样的帮助?如果我们愿意提供资金支持,你们(农户)最想做些什么事情?等等。

　　这些开放式的问题激发了村民的积极性,大家七嘴八舌地议论起来。有的说最需要修房子,有的说最需要养羊,有的又说最好是要养猪,还有人说要先通电、修自来水管等,大家各执一词,莫衷一是,每个人都认为自己说的问题最重要,结果吵成了一锅粥。

　　怎样统一大家的意见,确定各个项目的先后顺序?经过讨论,村民们都同意采用老办法,用投豆计数的方法来进行表决。全村每户派一位代表,每个代表可以投一粒豆子。在会场摆放若干只碗,分别代表不同的项目内容,农户代表认为哪个项目重要,就把自己的豆子投在对应的碗里。最后项目组清点各个项目得到的豆子数量,就会得到各个项目的实际需求数量,并排出这个项目村各个项目的先后顺序。

　　通过类似这样通俗易懂的参与式方式,各个工作小组深入到每个自然村去了解村民的意见,摸清楚他们的基本需求情况,这是项目设计和规划的基础。

### 高压下的能力提升

因为要在较短的时间内完成大量的调查研究工作,而且按照项目设计的思路,要尽可能采用参与式的方法,最大限度地带动项目区群众参与,发表意见和诉求,因此工作组的工作任务很繁重,每天的工作节奏非常紧张。通常早上八点就要从乡里出发,一直工作到中午。吃午饭的时候,在村里或农户家里碰到什么就吃什么,有的时候碰不到吃的,就要饿一天肚子。每天晚上回来,不管多晚都要召开例会,汇总各组调查情况,解决工作中碰到的问题。有时候晚上工作到午夜十一二点,第二天早上一大早就又出去了。这种连续高强度的工作让工作组的工作人员吃了不少苦头,甚至连一向能吃苦耐劳的乡村基层干部都忍不住感叹,参加工作这么长时间,从来没遇到过这么大的工作压力。

以项目区群众充分参与的方式进行的项目区基本情况和需求调查,从6月23日开始,到30日结束,前后花了八天的时间。各个工作组提交上来的项目调查资料很粗糙,但是非常丰富。

四川省扶贫办外资中心组织专人汇总梳理这些原始资料,并以此为基础,着手项目规划的编制和项目建议书的起草,用了大概一个月的时间。7月份,外资中心提交了初步的项目建议书。9月份,中国扶贫基金会组织专家对项目建议书进行评审,并最终修订了项目建议书。

参与式方法在大凉山项目规划中的应用,充分考虑了少数民族聚居贫困地区的现实情况,采用简单实用的沟通方法和工具,充分调动了社区居民的参与热情,也加深了干部群众对项目的理解,提升了项目区干部群众的工作能力,为项目的顺利推进打下了基础。

# 三　贫困而神秘的大凉山腹地

## 四大特征

大凉山地区面积6万平方公里,是全国彝族主要聚集区,也是全国最著名的贫困地区之一。凉山彝族自治州辖有17个民族自治县,全州总人口394万,其中彝族人口有169万,占43%。美姑县和昭觉县位于大凉山腹心地带,总人口36万,其中彝族33.8万,占两县总人口的94%。

**图2　昭觉县碗厂乡重点项目区**

两个项目乡总面积是58.7平方公里,地势都是东北高、西南低,属于大凉山的山原地貌。海拔在2000米到4000米之间,冬季时间长,气温较低,自然灾害频繁。两个乡共有耕地6925亩,轮歇地9034亩,林地3.2万亩,草场2.4万亩,大牲畜存栏数是1.13万头。农作物种类有玉米、马铃薯、荞麦、燕麦、大豆、小麦、芸豆、萝卜等。在大凉山地区,半数以上的自然村因为海拔高,不能种植玉米和小麦,所以只能以马铃薯为主食。虽然勉强能吃饱,但营养很不均衡。

两个项目乡共辖11个行政村，60个村民小组，总户数2199户，总人口8861人，因为我们考虑资金要集中使用，项目并没有覆盖所有的这11个行政村，只选择了其中5个行政村作为我们项目重点实施区域。

美姑县依果觉乡的三个项目村都靠近大风顶自然保护区，分别叫处洪觉村、毛红觉村和衣德阿门村，共有15个村民小组。昭觉县碗厂乡的两个项目村是西洛村和团结村，共有10个村民小组。碗厂乡项目区是在一个水土流失比较严重、相对封闭的小流域范围内。

两个县，两个乡，五个村，加起来一共25个村民小组，874户农户，3496人。当时农民的年人均纯收入是527元，一天不到2元。适龄儿童入学率为66%，离100%的要求还差30%多，再加上常见的辍学现象，项目区小学生的完学率很低。

项目重点实施区域有四个主要的特征。

第一是海拔高，山地环境恶劣。如美姑县的三个项目村，海拔都在2000米以上。大风顶是大凉山的一座高山，海拔在3000米以上，常年积雪，气候苦寒，土壤贫瘠，自然资源贫乏。由于依果觉乡邻近大风顶自然保护区，三个项目村都靠近大风顶，其中离大风顶最近的处洪觉村海拔在2400米以上，毛红觉村海拔在2600米以上，内地来的人到那里一般会有明显的高原反应。那里季节明显，自然灾害比较多，土地贫瘠，草场退化，农作物产品结构单一。

碗厂乡虽然离大风顶远一些，但是海拔却比依果觉乡还高，平均3000米以上。项目重点社区海拔大致在3000米到3200米之间，地形相对起伏不大。农户散居在奚落河与河洛河两条河的河谷中，是一个相对封闭的小流域。区域内土地贫瘠，水土流失，草场退化严重，植被覆盖率低。

第二是贫困程度深，还存在人畜混居现象。两个乡主要都是靠种植业和养殖业维生，生产力水平低下。大部分自然村都不通电，饮水同样艰难。因为牲畜过载,导致草场退化,生态环境恶劣,农民生活贫困。社区地方病多发,残疾人比例高,居民看病困难。

项目区农户居住环境非常差,项目实施前,有一半的农户还是人畜混居。没去大凉山亲身经历过的外地人,可能怎么也听不明白什么是"人畜混居",也很难想象,牲畜和人住在一个屋里,怎么可能呢?

彝族地区是高海拔地区,昼夜温差很大。因为当地温差大,加上饲养条件很差,牲畜在外面过夜可能就冻死了。而这些牲畜可以说是贫困家庭唯一值钱的财产,只能跟人一起住在屋子里。

当地居民住房以夯土房为主,低矮狭小不说,为了保温,这种房子几乎没有窗户。即使是阳光明媚的大白天,一进到屋里面就什么也看不见了,眼前只见黑乎乎的一片。

进到屋里眼睛要适应很长时间,才能借着手电发现脚下有一个火塘,一般是由三块石头当桩,上面架一个锅用来煮东西。火塘既是彝

图3　大凉山人畜混居的房子

家做饭的灶坑,同时也可以用来取暖。以火塘为分界线,屋子的一边用来养猪或者养牛,另一边就是家人共用的木床。说是木床,实际上就是几根竖立的圆木作为支柱,搭一排参差不齐、凹凸不平的木棍作为床铺,很多人家甚至连一床破烂的被褥都没有,每天就这样和衣而睡。可见大凉山彝族百姓处于极端贫困的境地,生存状态和生活习惯令人忧虑。

第三是两个重点项目区都紧邻生态保护区,有一定的旅游文化资源。

美姑县的项目区邻近大风顶自然保护区,野生动物和野生药材比较多。那里常见的野生动物有獐子、麂子、小熊猫、大熊猫、獾子、山猫、狐狸、珍珠鸡、锦鸡等。3300米以上的地区,"文革"前曾遭到过度采伐,所以水土流失比较严重。

相比之下,昭觉县虽然没有那么多野生动物资源和野生植物资源,但是他们有一个宝贵的文化资源,就是在项目区里有16块巨大的岩画。博什瓦黑岩画是唐代的古岩画,是唐朝南诏国时期的宗教文化遗址,省级重点保护文物。那里还有明清时期的杏花瓷窑遗址。

第四是两个项目区都有浓厚的民族文化传统,其中家支文化在社区生活中发挥重要作用。一个家族作为一个分支,简称家支。家支文化在彝族群众的日常生活中占有很重要的地位。家支的头人叫苏伊,负责管理家支内部的事情。家支内外的纠纷调解或社区事务管理如打架斗殴、离婚、偷窃、集体祭祀活动等,按照不成文的传统法则来解决。某种程度上家支管理比政府的管理对村民约束力更强。

乡规民约里,何种过错对应何种处罚规定得都很清楚。对于违犯乡规民约的人,有多种处罚,包括劝说、训斥、体罚,最严重的是开除出家支。没有家支的承认和保护,被开除的人会非常困难和丢脸,所以非正式管理活动非常有效,制约力非常大,这一点和中原地区儒家传统中的宗族文化差不多。

## 通神者与仲裁人

在彝族社群生活中,毕摩文化影响比较大。毕摩相当于彝族的神职人员,身兼多种角色,采用世袭制。世代相传的毕摩,通晓彝文典籍,被认为是人、鬼和神的协调者,通神通鬼,威望很高。毕摩与彝族群众的生产生活息息相关,当时项目区域内有38个毕摩。

虽然未必接受过正式系统的文化教育,但是他们都识彝族经文,会念经。社区要举办重要活动,包括婚丧嫁娶、修房筑路、耕种纺织等,甚至像庆祝彝年这样重要的节日活动,都要请毕摩来择算良辰吉日。

他们掌握传统彝医医术,负责给村民看病,身兼医生的角色。彝族群众相信毕摩能驱邪除病,消灾降福。在需要的时候,村民可以请毕摩做法事,保护庄稼、保护森林、求雨禳灾等。不管谁家的牲畜吃了村民的庄稼,村民都要请毕摩做法事保护庄稼。毕摩要念咒语,然后杀一只鸡,把鸡毛挂在那块庄稼地里,别人家的动物就不敢再来。请毕摩求雨的时候,村里每家每户都要派人参加,通常先念咒语,然后再杀一只鸡,杀一只狗,用作祭祀。

村民受人误会,蒙受了不白之冤,别人也搞不清楚真相的时候,也要请毕摩出面解决。当事人在毕摩面前杀鸡起誓,说明自己是被冤枉的,保证自己的清白。只要毕摩给当事人背书,证明当事人是清白的,不管有多大的误解,这个事也就过去了,谁也不能再追究。毕摩在这里又扮演了公证人的角色。

毕摩节是昭觉县特有的宗教节日,届时全乡的毕摩会集中在博什瓦黑岩画下,互相学习,交流毕摩文化,展示毕摩技术,有点像佛教的辩经大会。

**图4　村民手绘毕摩法事图**

　　相比于毕摩的神职人员身份，德古的角色则少了些"神性"，他们是彝族聚居区的民间仲裁人。德古精通彝族的传统律法知识和历史知识，见识广，阅历深，公正，有权威，其仲裁结论一般都能令当事人信服，是开展社区活动可以借助的民间力量。

　　民间出现纠纷了，比如打架纠纷、家庭失和，争执难断时，就要请德古出面仲裁。由德古根据双方的申诉判定过错在谁，纠纷双方根据德古的意见，达成口头和解协议。理亏的一方要出钱请相关人员吃点东西，请客完毕，纠纷的事就算过去了，谁也不准再提。

　　德古出面仲裁像请律师一样，要收取佣金，但据说也有不给钱的。我们的项目区里有德古21人。

## 节庆文化与习俗

彝族的传统节日很发达。彝族纪年一年12个月,几乎每个月都有重要的节庆活动。

彝族年一般是在11月份,但每年具体的时间并不固定,过年的吉日是由毕摩测定的。过年时彝族农户会祭祀祖宗、神灵,求祖宗神灵保佑子孙们健康长寿,求得来年庄稼丰收、四畜兴茂。

晒衣节是彝族妇女的技能比赛,彝族妇女会在这一天会把自己亲手制作的衣服、各种手工制品拿出来展示,供大家比较,看谁更心灵手巧。

碗厂乡以前森林面积广袤,栖息着老虎、豺狼、野猪、锦鸡等珍禽猛兽,所以打猎取食是乡民们重要的日常活动。以前他们每年1月份会举办狩猎节,男人们届时会到森林里打猎,把得到的猎物抬回来分享,大家一起庆祝打猎安全归来和打猎的收获。

后来随着人类活动增加,水土流失,森林植被破坏,威胁到野生动物的生存,动物越来越少。现在没有猎物可打,也不允许再打猎了,狩猎节就变成了一个象征性的节庆活动,主要内容是学习传统技艺,保护野生动物,是男子和森林专家们的聚会。

剪羊毛节也是很有趣的特色节日。因为当地是高山地区,海拔低的村子2000米,高的3000多米,只有在夏天才能够放牧。到了夏天放羊的时候,高山上的草场因为人去得少,破坏得也不严重,所以到高山草场放羊是最好的选择。

但是低海拔村落的人因为路途遥远,羊只又不多,就很难去高山放牧。于是当地人就想到一个办法:低海拔村落的人,把自家羊只委托给高山的人放牧。这样一到夏天,低海拔村落的羊只就被托管到高山村落,高山村落的人家往往接受好几家的委托,形成规模较大的羊群。这样既解决了低海拔人家无法利用高山牧场的困难，也给高山人家带来了规模效益，是个充满智慧的解决办法。

剪羊毛节在秋天羊毛收获的时候举行。届时，高山牧人会把羊群赶到池塘里洗干净，然后邀请低山村落的羊主人参加聚会。相当于是牧羊人向羊主人报告工作成绩：经过一个夏天，你们家的羊长肥了，长壮了，羊毛丰收了，现在把你们家的羊干干净净还给你们，可以剪羊毛了。羊的主人就剪取一定量的羊毛，作为牧羊人一个夏天代为放牧的报酬，答谢牧羊人。而牧羊人收到了报酬，就会请大家吃饭、喝酒，整个社区的羊主人和牧羊人们会聚一堂，欢庆收获，场面热闹感人。

彝族最热闹的节日可能算是火把节。比如昭觉县的火把节，相邻12个县的彝族人都会聚集到团结村，在火把广场进行各种庆祝活动，斗牛、赛马、斗鸡、斗羊、摔跤、选美等，热闹非凡。

习俗方面，彝族的女孩子在成年之前叫阿米子，成人后叫阿米戏，有一些仪式性活动纪念女孩子成人的过程。比如要穿耳洞，表示女孩子成人了，可以戴首饰了；要分辫子，把女孩子的发型变成成人发型；要换掉童裙，换成成人的服装，举行非正式婚嫁仪式等。

男女婚嫁之事主要由父母包办，尤其是由父亲决定。婚姻习俗一般包括提亲、订婚、结婚几个阶段，整个过程有摸耳朵、抢亲、泼水、唱婚礼歌、梳耳、鼻儿集（音）等有趣活动。

丧葬方面实行的是火葬，村里有公共墓地，用于火葬的木柴来自受社区集体保护的树林。丧葬的仪式上主要是唱丧歌，进行颂指路经等追悼活动，是颇为隆重的社区盛典。

当地的现实生活中有很多禁忌。比如依果觉乡的毛洪觉村有座神山，虽然有20多亩优质的草场，但是无论人和牲畜都不能上去。神山上的一草一木都不能动，否则就会招来灾祸。而碗厂乡小河里的鱼，当地人也认为不能捕捉，不能吃，否则会影响粮食产量。

## 男人与女人

实在是时日过于久远，我已经不能确切记得第一次去大凉山的具体日期。但是第一次去大凉山所见情景，却深刻在脑海里，至今还历历在目。

记得那是夏天的一个早上，我们乘车路过一座彝族村寨。透过车窗，我忽然有些吃惊地发现，三五成群的青壮年男子蹲坐在土路边、矮墙头，有的人身上还披着查尔瓦（即蓑衣），不知道他们在那里干什么。

从时间上看，当时正是上午工作的时间，人们聚集在一起，按常理应该是在开会；但是他们待的地方又比较分散，神情也有些慵懒，显然又不是在开会。从他们的状态上看，好像是在休闲，但是这样不冷不热的大好光阴，为什么这么多壮劳力不去田间劳作，却在这里无所事事地发呆？这是我不能理解的，也是我去过那么多乡村从未见过的现象。

我问村里的干部，那些人待在那里干什么？村里的干部似乎对此早已习以为常，告诉我说那些乡亲们是在晒太阳。这还真有点超出我的想象，心想不干活如何解决贫困的面貌？我请教当地干部，他们解释说村民们不是不愿意干活，而是没活儿可干。

当时我对当地干部的解释不以为然，一直在想为什么会出现这样的现象。我想可能是因为当地的生存环境过于恶劣，艰难生存的人们不管怎么努力，也改变不了什么。深刻的贫困最终磨灭了他们改变命运的勇气和信心，使他们丧失了对未来的指望，只能以消极的态度应付无望的生活：既然干和不干一个样，那还不如干脆少干点，舒舒服服地晒晒太阳。

直到后来，随着我对彝族文化多了一些了解，才发现还真是误解了他们。原来在当地的文化传统里，这是一种权力的体现。

按当地习俗，彝族家庭性别分工比较明确，男女通常是各负其责，互不关涉。如果不是外出打工，男人在家里主"大事"和难事。所谓大事，就是参加社区族群的集体活动，比如火把节、狩猎节、选美比赛、家支会议等；难事则主要包括砍柴、耕田、打猎、打架、杀牛、杀猪这样一些相对粗重或带有一定风险的体力活动。

而女性则主"小事"和家事，既包括带孩子、缝洗衣服、背柴、背水、喂猪、喂鸡等家务事，也包括积肥、锄草、挖马铃薯这些庄稼活。相比之下，男性的工作虽然看起来粗重危险，但是由于这些活动不是经常性的，所以他们经常有时间休闲晒太阳。而女性的工作虽然每一项看起来都要简单轻松一些，但却事无巨细，永远有干不完的活计在等着她们。

男人们宁可闲在村头无所事事，也不会去帮助他们的女人分担一些劳作，是因为在他们的观念中，男人去做女人的事是丢脸的，是怕老婆、没有家庭地位的表现，会因此遭到邻人的讥笑。所以在彝族村寨常可以见到与其他乡村迥然不同的景象：女人们在家里家外辛苦劳作，男人们却在村头无所事事地闲聊、晒太阳。

这也充分说明，在彝族家庭中，妇女地位较低，在重要事务上几乎没有发言权和决策权。家庭财产和主要收入如外出打工收入、出售大牲畜和农产品的收入等由男性管理，但卖鸡和卖鸡蛋的钱归女性管理，用于各种家务支出。已婚女性很少有机会参加社群的正式活动。大部分家庭妇女劳务负担繁重，缺乏和家庭以外的人沟通交流的机会。因为和外界交流不多，所以彝族妇女怕见生人，见了生人一般也会因羞涩说不出完整的话语来。这也是我们在当地开展乡村调查工作的一个难题。

### 原始的小农经济样态

项目区农户一般靠种植和养殖来获得可持续生存的生活资料,包括谷物和肉类等食物。现金收入则主要靠饲养大牲畜来获得。因为这两个乡都处在高山地区,水土流失严重,自然生态退化,不仅种植资源的可持续受到威胁,畜牧的资源也越来越少。无论是维持生存用的口粮,还是要获得可持续的现金,都面临很大的威胁。

先来看看碗厂乡。种植业方面,受高山高寒气候影响,能种植的粮食作物主要是马铃薯、荞麦和燕麦,不能种植地膜玉米,作物品种单一,产量也比较低。荞麦和燕麦都是低产量品种,广种薄收,亩产最多几百斤,有的甚至只有几十斤。虽然大部分村能种植油菜,但产量很低,仅能维持个人的家用,难以用作商品销售。

马铃薯新品种和高产技术的引进,使得重点项目区域能够解决吃饱饭的问题,但是农户自己不能培育马铃薯种子,还要从低海拔地区购买。马铃薯虽然够吃了,燕麦和荞麦还不够吃,主食品种单调。不仅如此,靠近大风顶保护区的社区,庄稼还经常受到野猪的损害。实行"退耕还林"后,国家有粮食补贴的政策,一定程度上缓解了他们的口粮压力。

畜牧业方面,大部分农户主要是靠养羊、猪、牛、马等牲畜来获得现金收入。一般来说,农户只要有足够的资金和劳动力,都会尽可能增加养殖的数量。但是对畜牧业来说,疫病是一大威胁。虽然一部分农户学会了抑制牲畜的常见病,但是如果遇到比较大的瘟疫,他们仍束手无策。夏天的饲草是足够的,但冬天的饲料短缺,这是困扰他们的一个问题。由于牧场比较远,每个农户牲畜又不多,农户往往自发组织起来,把牲畜集中委托给专人放牧。

依果觉乡的生计资源相对丰富,主要是植被条件比较好,植物资源多一些。农户的耕地面积也更大一些,但是都分布在陡峭的山坡上,半数以上的耕地坡度超过25度。

很多农户自己栽种了用材林,包括云杉、落叶松等,也有一些农户种植经济林木,包括花椒、苹果等。因为林地面积比较大,生物多样性比较好,所以依果觉乡比碗厂乡多一个生计来源,就是采摘野果、药材,包括天麻、贝母、玉竹等,这些药材和野菜可以出售一部分,获得一些现金收入。然而,依果觉乡因为放牧牲畜过多,牧场过载,天然草场退化严重,所以在调研过程中农户对建设人工草场的需求比较高。

困扰社区农户的问题大致可以归为三类。

一是高海拔气候恶劣,生计资源匮乏。如依果觉乡,由于过度采伐等历史原因,森林草场退化,坡度又大,常发生洪灾,加上野生动物的破坏,严重影响河谷社区的庄稼生产。另外烧柴取薪消耗量过大和过度的采撷也对环境形成了很大压力。碗厂乡的情况也是耕地不足,水土流失严重,农作物品种单一,产量低,收入来源少;草场过牧,草场退化严重,畜牧业品种退化,饲草不足,牲畜过冬困难;外来物种如飞机草疯长,锄草耗费了很多劳动力。

二是基础设施不足,生产生活条件比较差。在依果觉乡,有很大一部分农户饮水困难。有的是因为从家到取水点距离很远,费时费力;有的是从家到取水点落差比较大,山高坡陡,上下取水困难。半数以上的农户还没有用上电。碗厂乡的情况和依果觉乡类似,部分农户饮水困难,半数以上农户还没用上电。但是碗厂乡有一半的农户人畜混居,情况比依果觉乡还严重。

三是社会公共服务水平比较低。教学条件差,失学率高;没有乡村卫生院,群众就医困难。项目区残疾人很多,尤其是女性残疾人多,常见病以白内障、妇科病比较突出。种植和养殖地区距离市场遥远,靠小商贩上门收购多余的农产品,没有议价能力。农业畜牧业生产技术服务也严重不足。

综合来看,重点项目区贫困成因一个是耕地数量少,粮食产量不足;另外一个是草场蓄养量不够,不能带来更多的现金收入;同时,劳动力和农户的个人能力不足,所以生产力水平比较低。

社区的机构方面,乡有乡政府,村有村民委员会,自然村有村小组。乡政府设有扶贫办,一般是一个专职干部管扶贫,主要任务是实施扶贫工程,组织农户发展扶贫项目。

主要技术人员多集中在乡的畜牧站和农技农林站,农技农林站配备农业、林业技术员,提供农业技术服务。畜牧站为农户提供畜牧兽医服务。乡政府配有教育专职干部,负责管理乡内的学校和扫盲工作。村委会一般设有村支书、村主任、民兵连长、妇女主任这几个职务,还有会计、文书等岗位。

市场活动半径方面,两县的情况有所不同。碗厂乡距离西昌相对比较近,仅有41公里。区工委所在地叫解放沟,离碗厂乡18公里。所以项目区的农产品一般会卖到这两个地方。重要的农产品一般运到西昌去卖,比如牛、马等大牲畜和药材等附加值比较高的经济作物。附加值较低的蔬菜、粮食之类,大多卖到解放沟去。一般的农资如作物种子、农药、化肥等,在解放沟就可以买到,而购买像衣服之类的"高端"消费品,就要到西昌去。

# 四 项目活动与成效

我们之所以投入大量的时间和精力来筹备和实施社区综合发展项目,就是要在贫困乡村探索一种集中资源、实现可持续发展的扶贫模式。为了实现这个目标,必须要针对贫困地区存在的多方面问题综合施策。项目从社区能力建设、经济活动开发、生态环境修复与提升、基础设施和公共服务改善等几个方面组织开展了丰富多彩的项目活动。

## 社区能力建设

建立项目管理实施机构。大凉山综合扶贫项目总的牵头方是中国扶贫基金会，负责协调米索尔基金会落实捐款，协调四川省扶贫办外资中心来配套资金和执行项目，邀请云南生物多样性研究所和凉山民族文化研究会参与项目。除了协调各方参与，中国扶贫基金会还负责整个项目实施的监测工作。

米索尔基金会提供资金支持和技术咨询。原计划由云南生物多样性研究所提供技术支持，可2004年项目启动后不久，他们就退出了，他们的一部分职能，包括咨询的功能就交给凉山民族文化研究会。

省工作队以四川省扶贫办外资中心的工作人员为主，外资中心是这个项目具体的执行方，包括协调地方政府的配套资金，组织项目的调研、设计、评估、培训、实施等具体工作，主要由他们负责执行。

凉山州扶贫办配合中国扶贫基金会进行项目监测，协调配套资金，协调州和县政府对项目的支持。凉山民族文化研究会也是项目支持机构，提供彝族文化和民间技艺方面的技术支持。

县工作队由县政府牵头，县扶贫办及有关业务局参加，组织实施本县的项目活动，包括计划资金的拨付、总结交流经验、开展农户培训等。乡级政府机构协调乡干部、技术员、村委会对各项目的开展提供全方位的行政支持，为社区管委会和社区项目监测委员会创造宽松的工作环境。

社区管委会是大凉山综合社区发展项目的一个重要创新，也是这个项目最重要的基层项目执行机构。社区管委会由县工作队成员、乡政府工作人员和村民代表共同组成，是村一级最高项目决策机构，负责组织农户建立项目实施小组,进行项目决策、统筹项目的管理和实施。

社区管委会的成员中,一部分来自县工作队,是县政府各相关局办的工作人员;社区代表一般是村干部和村民骨干,要求有一定的女性比例,由社区群众公选产生,具体职责是负责农户小组和田间学校的活动,组织社区农户实施项目。

为了保证社区管委会按照民主决策和"三公"原则运行,项目村还设立了独立于管委会的社区项目监测评估委员会,由社区群众公开选举产生,专责监督项目的执行效果,并可以直接把监测意见反馈到县扶贫办和州扶贫办。

两个项目县都建立了社区管委会,但是具体做法不同。在昭觉县,社区管委会独立于村委会,下设的项目实施小组也是独立的,每个项目小组在社区管委会的统一领导下,由一名组长和几名组员组成,跟村委会没有重合,独立开展工作;但美姑县的社区管委会是由村委会兼职,一套人马两块牌子,虽然分别成立了不同的项目小组,但组员之间互相兼职的很多,往往各个小组一块儿开展活动。

与一般的扶贫项目相比,大凉山社区综合发展项目的实施机构涉及面广而设计复杂,归纳起来可以分成三条线:一是项目执行条线,包括省工作队、县工作队、社区管委会和各个项目小组;二是项目监测条线,由中国扶贫基金会、凉山州扶贫办、社区项目监测评估委员会组成;三是技术支持条线,由米索尔基金会、云南生物多样性研究所和凉山民族文化研究会组成。

县乡村各级项目工作人员在参与项目的执行过程中,通过学习交流和培训,加深了对扶贫工作的认识,掌握了参与式理念与方法,提高了组织协调服务和监控能力。尤其是乡、村两级项目机构人员稳定,受培训力度大,在项目中受益最多。他们在项目中学到的经验,对他们的成长提供了很大的帮助。这些工作人员不但在项目实施中发挥了重要作用,而且通过项目的实施锻炼,成长为当地乡村工作的骨干力量。有的项目干部还当选为州人大代表,成为优秀扶贫模范,被提拔到领导岗位。

通过社区能力建设,提高社区管理能力。社区管委会在社区内组织群众投工投劳,积极参与项目的实施;引导村民讨论制定村规民约,制定社区发展基金管理办法,制定公共设施的后续管理制度,并监督这些项目制度的实施;通过各个项目实施小组带动村民开展各种文化文艺活动,把宣传和娱乐有机结合起来,丰富了社区文化生活,增强了社区自我组织和管理能力。

通过农民田间学校、各种农户项目小组活动,提高了农户的自我管理、自我发展能力,改变了农户的精神面貌。项目实施以后,项目区不同年龄结构、不同文化层次、不同性别的农民,不仅广泛地参与到项目的选择、实施、监督之中,还通过参与式培训、项目小组活动,提升了自身素质,提高了自我管理和自我发展的能力。当地村民的识字率,从项目前的53%提高到59%,能听懂普通话的村民的比例,从项目实施前的26%提高到75%。

通过引导农户参与制定饮水设施后续管理办法、种植中草药管理制度、社区发展基金管理办法,激发了农户关心项目建设、参与项目管理、脱贫致富谋发展的强烈愿望。

村民们利用项目提供的传统文化培训和兴趣小组活动平台,自主开展丰富多彩的文艺活动,通过群众喜闻乐见的方式,宣传有关国家政策、项目知识、法律知识、卫生常识和环境保护知识,相互传授民间手工艺和农业实用技术。积极引导年轻人养成健康向上的心态,远离黄赌毒等违法犯罪行为。通过这些活动,交流了农户间感情,融洽了邻里关系,促进了传统文化的发展,坚定了贫困农户脱贫致富的信心。

　　设立农民田间学校与市场协会。农民田间学校由项目区农户自愿组成。农户自愿报名后,由参与农户组成活动小组,通过选举产生组长,之后报给社区管委会批准。

　　农民田间学校通过对农民进行技术培训和示范带动,提高农民的生产能力和效率;通过引进、开发新的农作物品种,改良当地单一的品种结构,提高农产品产量和质量。

　　农民田间学校采用示范讲解的方式来开展培训。农户培训不能只靠讲理论知识,抽象化的东西一般农户听不懂。比如要求农户完成一个挖坑的任务,怎样表达让他最容易理解这个坑要挖成什么样子?按照一般的书面表达,"三米长,两米宽"可能就准确地说清楚了。但是对农户而言,这却并非是最有效的沟通方法,因为农户对"米"没有概念。正确的做法是,你要先按标准尺寸挖一个坑出来作为示范,农户看到示范坑的形状,再用他的步子一量,这个坑该怎么挖他就清楚了。

　　项目实施三年期间,农民田间学校通过开展田间现场示范教学,组织农户观看教学录像等各种通俗易懂的方式学习生产生活的新方法、新技能,整个项目区的田间学校共完成培训134期,参训的农户达到8900多人次。

　　以昭觉县碗厂乡的两个项目村为例,仅在2007年1—6月半年的时间,就举行了16次村民集中培训,参加培训人数1244人。培训的课程内容有:金龟落叶松红杉亚种、马铃薯栽培及疾病防治技术,春油菜栽培技术,农村安全用电常识,森林病虫害主要种类及无公害防治,党参栽培技术,半夏优质高产栽培技术,肉牛饲养管理培训,怎样防控家畜疾病,母猪的饲养管理,种草技术规划培训,天然草场改造技术等。

　　培训活动的开展,有效提高了当地农作物种植、畜牧甚至手工业经济效益。比如昭觉县马铃薯新品种的引进和栽培技术培训,对农民开展马铃薯高垄栽培技术培训,使马铃薯种植密度从原来每亩3500株变为4500株,合理密植使马铃薯产量明显提高,马铃薯的产量从亩产1500斤增加到亩产1900斤,增加幅度很大。

民间手工艺、技能培训使项目农户的收入平均增长了两倍。民间服饰技能培训使得商品率提高了70%。从项目准备阶段的参与式调研、参与式规划,到后来项目的正式实施过程,农户培训活动是贯穿始终的。

通过农民田间学校和实用技术培训,村民掌握了一些农业实用技术和生活常识,增强了致富的本领。他们的思想有所解放,观念也在逐步转变,农户的综合素质得到提高。

市场信息协会是社区能力建设项目的一部分,也是由农户自愿报名组成。市场信息协会通过组织会员到集市参观访问,了解市场动态信息,了解外面市场价格变动规律。

昭觉市场信息协会先后组织了30人次,到西昌市场考察农产品的价格。会员们根据市场的需求情况确定当年种植农作物的品种,是种油菜,还是种萝卜,或者其他品种。考察回来之后,他们再把这些信息告诉本村的村民,这样一来村民们选择种植什么农作物就有了参考依据。

2007年,针对村民信息闭塞的问题,美姑市场信息协会组织村民代表去西昌学习种植技术和山羊养殖的经验,去布拖县学习种植药材的经验;美姑市场信息协会还在政府的帮助下,通过和乐山等地商户建立直接联系,使项目区马铃薯从分散销售变为统一销售,销售价格从每斤0.15元提高到0.21元。另外,市场信息协会还发动当地外出打工的人了解外面相关产品的市场行情,使本村的药材销售价格增长了一倍;核桃的销售价格从过去的每斤1.5元提升到2元,增加了农民收入。

通过市场信息协会组织的培训和交流考察活动、社区基金管理活动，农民学到了市场经济的理念，并能运用到创收活动中，为他们融入市场提供了机会。这为解决少数民族社区和农户的基本温饱问题，奠定了发展的基础。

发挥毕摩文化的积极作用。毕摩在彝族人生活里占有非常高的地位。为了保护民族文化，发挥毕摩文化在项目实施中的作用，项目区成立了毕摩文化和社区发展小组。昭觉县的小组成立于2004年6月，是随着社区管委会的成立而成立的。在成立的当天，毕摩文化和社区发展小组成员展示了自己的特长，比如跳舞。然后杀鸡滴血，歃血为盟，交换经书，相互抄写传阅。

小组成立后，推选自己的组长，由组长牵头草拟内务规章制度，经过大家审核获得全票通过。昭觉县的毕摩文化和社区发展小组成立时，总共有11人，后来有4人去世。按照传统，毕摩收藏的经书原来是不给别人看的，小组成立后，组员约定彼此要互相团结，并将自己收藏的经书和别人分享，此后不能再保密。大家约定一个月要聚会一次，定期抄写经书，互相介绍好的经书。

规章制度里还明确规定，小组成员必须要参加培训，不参加培训者一次罚款50元，参加培训的一次发放20元的误工补贴。每个月由社区管委会给每个毕摩小组一定的经费，用于当月在退耕还草、还树的社区开展法事活动，保证牛羊猪不进入草地，保证退耕项目的成效。

这个项目实施之后，切切实实给传统的毕摩文化带来了一些变化。据我们聘请的评估专家反馈，以前毕摩的经书都是家传的，只内传，不外传。米索尔项目实施之后，大家的经书可以相互传阅了。原来毕摩只收家族内的人为徒，项目实施后，收了不少家族外的徒弟。

能成为毕摩，在当地不仅是一件很荣耀的事，而且有实际收入。

毕摩的日常工作主要有治病、宣传生态保护和主持婚丧庆典等社区重要活动。请毕摩参加婚丧庆典活动，择良辰吉日，念经念咒语，是需要办事的主家付费的。

客观上来讲，毕摩组成的小组，实际上成了他们互相切磋、提高技艺的平台。他们互相学习，取长补短，看到的经书内容更丰富；他们互相交流打经念咒做法事的技能，水平都提高了，参加的活动次数也多了。法事做得越多，经验就越丰富，从小法师变成了大法师，收入也提高了。以前一个毕摩只能管一个家族，现在能管三个家族。

2006年，参加毕摩小组的一个毕摩共计做法事200次，其中有50次是付费的，每次付费10元到200元不等。法事活动平均收入增加了，40%的毕摩收入有所提高。原来收入均在3000元以下，现在最少的4000元，最高的可以达到6000元。毕摩医病水平高了，病人减少了，村民更幸福，毕摩的威信更高。这样一来，毕摩也就更愿意参加小组活动了，这是个良性循环。

项目调研期间，专家们也讨论过毕摩文化项目的合理性和价值。如果没有外力介入，这种文化是不是会自动没落甚至消亡？因为毕摩文化对促进村民遵规守约方面的重要价值，项目客观上的开发利用和资金支持，某种程度上让毕摩文化又在项目区焕发了生机。对当地社区的长远发展而言，这个试验项目的作用到底是积极的，还是消极的？这个问题确实很难论断，需要进一步观察。

对于传统文化遗产的保护和利用，大凉山社区综合发展项目的做法是因地制宜，因势利导，有利用价值的加以开发利用，但会注意扬长避短，给予必要引导。合理地利用就是最好的保护，与其放任其自然发展，或许可以在不冒犯当地文化的前提下，尝试融合发展，潜移默化地实现移风易俗的作用。

以前项目区偷水、偷电的情况比较严重，毕摩小组成立后，通过下咒语等法事活动的实施,有效地制止了类似陋习,再没有出现过村民偷电和破坏水管的情况。

毕摩项目还保持了很强的后续发展势头。即使项目结束后,小组成员开展活动的热情依然很高,而且完全是自主驱动的。他们表示宁愿自己交会费也要继续开展小组活动,积极性很高。

建立民间纠纷调解机制。虽然彝族民间主要靠德古作为仲裁人来调解纠纷,但还是会遇到有些纠纷无法调解的情况。原来如果发生连德古也解决不了的纠纷,村民只能到乡级,甚至到县级的政府部门去寻求调解。费时费钱不说,往往还因为不能及时解决,引发更大的矛盾。这次项目设计了民间纠纷调解小组,尝试以组织化的方式来解决纠纷问题。

纠纷调解小组由一名组长、一名副组长和十名组员组成,共12个人,分别来自六个不同的村民小组。小组的成员由社员民主选举产生,必须经过80%社员的同意,然后经过社区管委会评定,推选组员的标准是能说会道、正直、有威望。组长和副组长由小组成员选定,再由社区管委会评定。小组成员一旦当选,不必进行换届,因为村民认为小组的成员年纪越大,经验越丰富,越有威望。小组成员每年有四次到五次共同交流和讨论的机会。

对民间纠纷调解小组组长人选的要求,一是重视大凉山项目;二是懂汉字,有文化;三是正直聪明。组长一是负责联络通知纠纷双方的家庭代表参加调解会议,二是掌有纠纷解决方案的最终决定权。

平时没有纠纷的时候,调解小组开展法律常识普及推广活动,小组成员在社区内宣传和谐相处的邻里观念。也组织小组成员和德古参加法律知识培训,提高他们的工作水平。培训活动一般请县上的司法局专家来讲课,小组成立初期,培训内容主要是如何调解纠纷,后来更多的是共同交流和总结调解经验。参加这种培训也会得到项目的误工补助，每人每天20元钱。

德古的主要任务是用传统方式来解决纠纷，每次可得到50元到300元不等的调解费。但是因为项目区的德古大都没有上过学，不了解相关法律知识，在纠纷调解的合法性和权威性方面有很大的局限。项目通过对德古开展法律知识培训，发放相关法律资料，组织德古们参加更大范围的经验交流，不仅促进了传统德古文化的挖掘利用和保护，而且提高了德古的法律意识，提升了德古调解纠纷的工作水平。

村民出现纠纷时，小纠纷由德古或调解小组的调解员出面，在村民家中进行协调解决。出现大的纠纷，德古解决不了时，由调解小组组织纠纷双方家庭到社区管委会，召开协调会议进行调解。调解成功后，由有过错一方拿出钱来购买烟酒食品，款待调解小组成员和纠纷双方家庭成员，纠纷双方当场承诺，从此不再追究此事。

通过培训和交流，德古和调解小组成员的见识增长，解决纠纷的经验和办法也越来越丰富。项目实施期间，纠纷调解小组共调解了15起村民纠纷。其中有4件较大的纠纷，包括邻里打架、子女婚嫁矛盾等；11件小纠纷，主要是牛羊吃了人家的草，啃了人家的树等。有了纠纷小组进行及时有效的调解，减少了社员上访的路费和时间，及时化解了矛盾。邻里纠纷减少了，村民关系也比以前更和谐了。

民族文化的传承。成立民间文化小组的目的，主要是继承和挖掘当地社区的文化资源，充分利用节庆文化、毕摩文化、德古文化中的积极因素，建立村民的文化自信，增加村民凝聚力，促进项目的健康实施。

昭觉县的文化小组成立于2004年4月。小组建立的程序和其他小组类似，先是组织有兴趣的村民到社区管委会报名，然后通过村民大会选举产生12个小组成员，经社区管委会批准确定。

　　文化小组每年组织开展四次活动,主要是在比较重要的节日组织庆祝活动,比如5月1日的劳动节庆祝活动,7月11日的火把节活动,10月1日的国庆节和11月份的彝年庆祝活动。开展的庆祝活动内容一般有摔跤、斗牛、斗羊、斗鸡、赛马、攀杆、选美、火把、乐器演奏、达体舞和新年聚餐等文体娱乐活动。

　　小组成员的任务是召集和组织活动,作为专项活动负责人,宣传维持秩序和担任各种比赛的裁判等。小组也开展相应的培训活动,培训小组成员如何维持秩序,怎样做好裁判,以及培训村民一些单项运动的技术技巧等,项目对参加培训的村民进行补助。文化小组对活动的冠亚军颁发奖金,奖金最多的可达500元。

　　小组成员认为最容易组织的活动是斗鸡和选美,最难组织的活动是摔跤。昭觉民间文化小组成立之前,县里组织的活动参加人数最多的也就是2000人,小组成立之后,组织的最大的一场活动吸引了一市三县的4000人参加。

　　小组成员担心的问题是,项目结束之后,奖金发放、费用补贴等资金就没有来源了,很多活动就无法开展下去了。

### 经济活动开发

　　发展种植养殖产业扶贫项目。帮助项目区农户发展产业,增加收入,是大凉山项目的重要内容。项目共安排资金200多万元,其中昭觉县投入53万元,美姑县投入150万元。

　　昭觉县主要支持农户开展三类生计可持续发展项目。一是天然低产草场的改造,通过种草增加草场的牲畜承载量,在7个自然村完成1500亩草场改造,受益农户228户。

　　二是圈养杂交猪示范,在8个自然村支持示范户70户。我们走访的一个农户,过去没有母猪,养猪完全靠买小猪来育肥,由于买小猪的成本较高,养猪所得收入较少。项目在2005年无偿提供给这个农户一头优种母猪,到2006年生了10头小猪。以每头小猪平均25斤,当时4元一斤的单价出售,销售毛收入1000元,扣除养殖成本585元,这个农户当年可获利415元。

三是圈养半细毛改良羊示范,在8个自然村支持示范户144户。通过无偿向贫困户发放种公羊的方式发展养羊项目,收到了比较好的效果。一个农户回忆,由于项目在2005年无偿提供给他一只种公羊,家里的母羊受孕产崽率提高了。2006年,他家养殖的母羊共产下9只小羊,长大后按当时每只240元的价格出售,共获得收入2160元,减去养殖成本810元,获得纯收入1350元。

美姑项目区的可持续生计项目和昭觉不太一样,主要是种草养羊和种植经济作物两类项目。2004—2006年,美姑项目区农户种草1558亩,在保持了水土的同时,给圈养山羊提供了丰富的饲料。

项目区采取赠送农户母羊,生产后农户留下小羊,再把母羊转送给下一个农户的“留犊还羊”的礼品传递方式,支持贫困户开展多胎山羊养殖项目,取得了良好效果。2004—2005年圈养美姑山羊项目共投放360只母羊,36只种公羊,到2007年已经传递102只种羊到项目区其他农户。

依德阿门村村民马卡伊林在得到项目援助的2只母羊后,严格按照圈养山羊的技术操作要求进行饲养。用了短短一年多时间,就成功传递2只母羊给该村另一个还未得到种羊的农户,目前自己家里的存栏数还有9只。他说这个羊的品种好,产羔快,一次能产2—3只,虽然刚出生的时候小羊容易死亡,但是只要多注意看护就好了。

在经济作物种植方面,2004年到2005年,项目区共组织农户种植花椒600亩,种植花椒树4万多株。2006年三个项目村外销花椒53300斤,共实现收入86700元,农民看到了实实在在的效益。由于花椒收入高,挂果时间快,农户种植积极性很高。各项目村逐步从引导农户种植阶段转入了农户自发种植阶段,种植技术也不断完善,达到了可持续的目标。通过可持续生计开发活动,提高了农户的创收能力,为他们融入市场提供了机会。项目采用综合开发扶贫模式,通过不同项目活动提高农户的创收能力。示范养羊、示范养猪项目,中药材和经济作物种植等项目,都是根据农户的需求规划的,这些适合当地条件和农户能力的创收活动,给农户带来了明显的经济效益。

农户家庭收入的变化反映在儿童辍学率的变化上。在2002年项目开始前的基线调查中,项目区适龄儿童辍学率高达33.8%,辍学的原因主要是农户家庭收入较低,因交不起学费而辍学的儿童比例达到70%。项目实施后的2007年,项目区适龄儿童辍学比例降低到10.5%,其中由于交不起学费而辍学的人数仅占辍学总人数的2.6%。这从一个侧面反映了项目区农户收入增加的情况。

挖掘与传承传统技艺。组织彝族妇女参加彝族服饰小组,交流学习服饰技术和市场信息。通过兴趣小组的活动,增加妇女的参与意识和自信心,提高服装服饰缝纫制作的技能,在大风顶自然保护区和博什瓦黑岩画旅游逐渐兴旺起来后,可以作为民族特色旅游产品,增加农户收入。

小组中有12个制作彝族上衣的成员,经过培训,提高了生产的技能和效率,原来做一件上衣需要一个月的时间,现在只需要四天的时间就可以了。原来小组成员做衣服主要是自给自足,现在除了满足自己使用,多余的还可以作为商品进行销售,服饰小组的服装商品率达到70%。2006年平均每个小组成员销售9件上衣,实现收入2000元。

小组成员中有五个女孩,以生产民族背包为主,每个背包销售价格40—50元,她们通过制作背包,平均每人每年能获得500元左右的收入。

美姑项目区处洪觉村的五户农户，2006年制作的彝族服装总量平均每户比2003年增加了4.4件，商品率增加了36%，平均每家毛收入增长了630元。

小组还组织有特长、有兴趣的村民参加民间技艺与工艺品小组，发掘和恢复民族乐器、漆器加工等，传承传统技艺，开发彝族风味的旅游产品，进行传统技艺表演等。2004年小组成立之后，通过组员的互相切磋学习，提高了传统技艺和工艺品制作水平。由于产品质量明显提高，商品率提高了，价格提高了，农户的收入也增加了。

碗厂乡的一位农民，有做斗篷的手艺。2004年以前，每年只能做2—3件斗篷。每件卖价20元，扣除成本12元，只有8元的净收入，全年总收入不过20元左右。2007年参加民间技艺和民族工艺品小组的培训活动之后，一年能做15件斗篷，产量是过去的7倍。新制作的斗篷增加了投入，提高了质量，提升了附加价值。虽然每件成本增加到25元，但是每件售价能卖120元，整整提高了5倍！年收入1400多元，收入增加了近70倍。

虽然个别有手艺的农户经济收益非常可观，但是民间技艺和民族工艺品生产都是以农户为单位进行加工和出售的，难以形成规模效应。再加上加工乐器、漆器等工艺品必要的原材料如竹子、木材等供应没有保障，可持续性存在挑战。

支持女性开展创收活动。针对项目区妇女的需求，设计了一系列的针对性项目，如彝族服饰小组、残疾妇女服饰小组、妇女能力培训等等。在项目实施前，彝族妇女生活圈子狭小，在家庭和社会中的地位不高，对男人的依附性很强。这些活动为她们提供了交流平台，社区妇女从怕见生人变得开朗大方，语言交流能力和自信心明显提高。

项目为每个项目村提供了一台缝纫机，并组织妇女参加缝纫机使用和服装服饰剪裁、缝纫技术的培训，使项目区传统服饰文化得到传承和提高。她们学习制作的服装服饰主要有彝族上衣、儿童背带、背包、百褶裙、羊皮大衣、查尔瓦等。妇女的技能提高之后,产生了很好的经济效益。

美姑县女性残疾人比较多,针对这个特殊人群,项目设计了一个残疾妇女互助小组,共有52户妇女参加。根据她们的实际情况,资助开展两个生产项目,通过培训和必要的经济扶持,引导她们自食其力发展生产,建立自立自强的信心,收到了良好的效果。

一个是小规模动物饲养项目,包括养猪和当地特色家禽美姑锦鸡的饲养,由项目提供购买仔猪和种禽的资金支持;另一个是小型手工加工,由项目提供14台缝纫机具,支持她们加工手工产品。

依德阿门村的村民阿牛石子是一位残疾妇女,在项目的帮助下,买了9只小鸡。利用培训学到的养殖技术,不仅成功地养活了这批小鸡,而且成功地实现了鸡群的繁殖扩大。在当年卖掉15只鸡,获得450元的收入之外,存栏的鸡还有21只。她说她从来没想过,她也能够做事,并能给家里挣钱。

在处洪觉村,2007年6月项目发给每个残疾妇女160元,她们都用这笔钱购买了一头母猪。当时市场价是4元一斤,一头母猪是40斤。饲养到2007年12月,母猪生产第一窝小猪,平均产崽8头到9头。生出来的小猪喂养两个月之后就能达到平均20斤左右,就能够到市场上出售了。按照当时的市场价格,9头小猪可获得纯收入720元,减去喂食的饲料成本405元,每家农户可得到315元的净收入。

另外节能灶和饮水工程项目的实施,把彝族妇女从繁重的背水、背柴等家务劳动中解放出来,让她们可以腾出手来发展养殖、种植业项目,为家庭创造收入。因为女性在家庭和社区事务中有了越来越多的参与机会,社会地位逐渐提高。

建立社区发展基金。社区发展基金是一个以社区为主导,运用参与式方法实施的金融扶贫项目,目的是解决农民发展生产贷款难的问题。为了降低资金的使用风险,保全资本金在项目区能持续滚动增加,社区发展基金坚持有偿使用原则。

美姑县三个项目村的农户经过反复讨论,并经村民代表大会表决通过,制定了《美姑县米索尔项目社区发展基金管理办法》,在基金管理运作过程中发挥了很大作用。

社区发展基金在乡信用社设专户管理,具体事务由村民选出的社区发展基金管理委员会负责管理。乡政府工作人员对贷款审批流程和用途进行监督。

管理办法规定了基金的申请过程:借贷户首先向社区管委会提交申请书,申请书中必须写明贷款用途、金额、担保人等信息,由社区管委会成员对其资格进行审查,合格后即可贷款。

如果借贷者到期不能按时还款,则由担保人承担连带还款责任。如果仍然还不上贷款,该农户就会被列入违约名单,第二年不能再申请贷款,直到其贷款还清为止。

项目为昭觉县和美姑县各投入20万元,用于启动和建立社区发展基金。2007年,项目在昭觉县的两个项目村共发放贷款10.5万元,107户农户受益;在美姑县三个项目村共发放贷款20万元,235农户受益。

实践证明,项目活动运转良好,深受项目区群众欢迎。村民希望项目活动结束后,村民自己可以管理运作社区发展基金,具有可持续性。自从设立了社区发展基金,农户借贷活动明显增加。2006年两个项目区63%的农户发生过借贷行为,主要贷款来源为社区发展基金。

2006年10月,美姑县处洪觉村开始实施社区发展基金项目,项目本金总计3.5万元。通过召开村民大会,并经过半数以上村民同意,每个农户年度贷款金额定为500—800元区间。基金的还款期限为一年,贷款利息设定为6‰月息。

甘马也是处洪觉村2村村民，家里共有6口人，经村主任担保于2006年10月借款800元，购买了两只母羊。在走访中发现他非常喜欢这个项目，只是希望能够再增加贷款的金额，以便能够购买诸如牛、马类的大牲畜，用于发展生产。

### 基础设施与公共服务改善

针对项目区恶劣的自然条件和生存条件，项目投入230万元，用于改善农户生产生活基础设施，提升公共服务水平。具体包括住房改造，人畜饮水设施改善，社区通电项目建设，村级医疗站设立，社区农贸市场建设，粮食饲料加工点的援建，修建铁索桥以改善交通状况，降低重点社区儿童失学率等。项目的实施使整个项目区的村容村貌发生了很大的变化。

昭觉和美姑项目区都是彝族深度贫困地区，人畜混居的情况比较严重。为了改善项目区群众的居住环境，项目设计了民房改造项目。

为了促进项目的实施，我们组织村民建立了彝族民居保护和改造小组，目的是研究彝族的住房文化，收集、整理和研究传统彝族民居的建筑风格和技术，保护已有的传统民居。

在农户住房条件改善的过程中，彝族传统的建筑风格正在不断弱化。民居小组帮助村民在保留传统特色的基础上，增加一些现代的生活设施和用具，比如把传统的三锅桩改造成新式节能灶台，改建新式卫生厕所等，把新房建造成既有彝族风味，又整洁适用的新式民族特色民居。

通过农户住房改造项目的实施，改变了彝族农户人畜混居的恶劣生存状况，农户的居住条件有了显著提高。项目实施前80%的农户住在泥土为墙石片为瓦的土房中，通过住房改造，超过80%的农户住上了砖墙瓦顶的新房子。

图5　住房改造后的新村

其中昭觉项目区在11个自然村完成了297户农户的住房改造，82%的农户住房改为新式土瓦房。美姑项目区完成彝族民居改造36座。项目开展前有87%的农户居住在土坯为墙、石片为顶的房子中，项目实施后居住在这类房子中的农户仅余5%；土坯加瓦的房子从项目前的5%增加到项目后的81.6%。

因为实行天然林保护政策，这一地区禁止到保护区伐木取薪，农户的薪柴来源不足。节能灶的使用改变了彝族传统的用三锅桩煮饭的历史，既节约了能源，又节省了劳动力，同时还改善了农户家庭的卫生条件，提高了项目区农户的生活质量。

原来当地村民生活用水主要靠人工背取河水，因为取水点都是露天的自然河流，受牲畜粪便和居民生活污染(排泄、浣洗等)影响，河水污染严重。不仅要付出繁重的体力劳动，而且人畜饮水质量得不到保障。为解决上述问题，项目实施了引水到户工程。工程一般以清洁的山泉为水源,并通过工程设施封闭取水口,以自来水管道连通家家户户,直接送水上门,不仅彻底改善了人畜饮水的质量,而且节省了大量的劳动力,深受农户欢迎。以美姑项目区为例,项目用了一年多的时间,为依果觉乡6个村905个农户实施了引水到户工程建设,该项目通过了水利部门验收,农户使用情况良好。

引水到户工程的建设让项目区100%的农户用上了清洁卫生的自来水,改变了以往人背马驮的取水方式。项目实施前,背水的任务都是由妇女来承担。取水点往往离农户家很远,有时甚至要到3公里以外的地方背水,一天只能背几桶水。项目实施后农户都用上了自来水,极大地减轻了妇女的体力负担。项目不仅改善了饮水质量,也影响着农户的卫生习惯。自来水入户以后,农户能够经常洗脸洗手,注重个人卫生,减少了各种疾病的发生。

项目区进行了电力设施的建设,让项目区通电农户的数量由项目前的24%,增加到2007年的87%。电力的接入不仅照亮了农户的家庭,让偏僻山村的农户用上了家用电器,而且为生产活动提供了动力。项目援建的粮食加工点、牲畜饲料加工设备都是以电力设施为基础的。

为解决毛红觉村孩子涉水过河上学的潜在风险,项目投资修建了一座铁索桥,不仅消除了孩子上学路上的安全隐患,而且极大地改善了村民的出行条件。

根据农户居住情况和农户对粮食、牲畜饲料加工的需求,在通电项目的基础上,支持建设了七个粮食加工点。不仅为每个加工点购置了粮食加工机器,还配置了牲畜饲料加工设备,完全满足了周边农户的加工需求。

项目还在两个项目区修建农产品交易市场各一座,通过地面硬化等措施,有效地改善了项目区农户市场交易的条件,促进了项目区农户的产品流通。

图6　村庄建设的铁索桥

另外,项目支持修建的乡卫生院和村卫生站项目,改善了村民就医条件,有效地缓解了社区村民看病远看病难的问题。

**生态环境修复与提升**

保护利用自然资源。针对项目区水土流失严重、草场退化等环境问题,项目设计中,很大一部分预算用于环境保护和修复,为项目区建立可持续的自然资本。为了有效实施这一项目,项目区成立了资源保护利用小组,效果也很明显。

以昭觉县为例,2004年6月项目正式启动、社区管委会成立之后,资源保护利用小组就随之成立了。该小组又分为三个分组,包括森林资源小组、草场资源小组、野生动物资源小组。

组织架构上,资源保护利用小组有一个组长、三个分组长,每个分组除一名分组长外,还有三名组员。一个分组是四个人,三个分组12人,再加一个组长,共13人。

这些小组成员由村民民主选举产生,参选标准是,必须长期在家、责任心强、尽职尽责,外出打工的人因为不能履职,是不能入选的。必须经过80%以上村民同意,选出之后再经过社区管委会评定,才有资格参加。组员产生后,再由组员选出组长。

组长的职责是监督各分组的工作,对风险问题进行防范和控制,分组组长则分别负责自己所在社区的项目组织和落实。

小组的任务首先是培训,对象是所有村民,每个月最少一次,培训地点一般是在社区管委会。培训的内容包括森林保护;种树种草的知识,如施肥、浇水等林草养护技术;讲解普及禁止捕捉野生动物的常识等。项目向参加培训的村民提供每天每人20元钱的务工补助,鼓励村民积极参加。

小组的第二个任务是组织栽树种草。项目向村民提供树种、草种,并组织农户按照培训的方法进行栽种和养护。项目区宜林树种主要是绿叶松和杉树,两种树配套栽种。两个项目村设计种树面积共计3500亩,平均每个村民小组400亩左右。主要种植黑麦草和三叶草,两个项目村设计种植面积1500多亩,平均每户6亩左右。草场修复后,每户可以用自家草场上的草料饲养牲畜。

小组的第三个任务是对森林草场的看护。一方面,小组成员要对所栽种的树苗和草场定期察看、保护,并就森林保护、树木草场养护和野生动物保护的知识对社员进行培训教育。

另一方面,项目还设立了专职的守林员,保证所种的树和草都有专人看守。守林员总共23人,其中看护树木的有12人,看护草场的有11人,每个人每年有600元钱的补助。这些守林员是从村民中选出来的,要求人要老实正直,家里有富余劳动力,有时间而且有能力看护草场和树木。

由于前期栽种技术培训有效,后期养护管理到位,植树种草的效果非常显著。项目开始的第一年,所种的树和草皮成活率为90%,到2007年的时候,保存率达到100%。资源保护利用小组成立后,通过不断的宣传教育,村民对资源的保护意识增强了。种草种树活动有效地抑制了水土流失现象,当地洪灾等自然灾害减少了。

森林资源小组的成立,增加了部分村民的收入,比如守林员每年增加600元现金补助收入。草场资源小组成立后,因为草长起来了,牲畜的饲养量得以提高,部分村民每户增加了10只左右的小羊羔,平均每户增加收入4000多元。野生动物资源小组的成立,使得野生动物损害庄稼的情况大幅减少,有人看着庄稼,保护益鸟益虫,实现了生态平衡。

开展小流域治理。针对项目区特别是昭觉项目区水土流失严重的情况,项目采取了综合措施进行小流域治理,控制水土流失,建立社区可持续发展能力,具体措施包括采用生物治理和工程治理的方法,修复破坏、裸露的地表,改善地表植被覆盖情况。

生物治理措施主要包括:通过植树种草的方法,绿化荒山荒坡,改造天然草场,恢复裸露地表的植被;采取退耕还林还草等方式,增加坡地植被覆盖率;通过改良耕作制度,包括粮草套种、牲畜饲料冬储、牲畜由放养改圈养等措施,减少对自然资源的过度开发利用,防止水土流失。

工程治理方式主要是进行坡改梯,就是把陡峭的山坡地改造成平整的梯田,减轻地表径流冲刷造成的水土流失。改造后的土地更利于耕作,也起到了保土固肥的效果,为农民的粮食增产打下了基础。美姑县依德阿门村改土前平均亩产玉米450斤,改土后亩产达到600斤。昭觉县小流域治理项目投资150万元,完成坡地工程治理200亩,坡地生物治理700亩,退耕种草面积1500亩,退耕种树面积250亩,森林恢复与重建2400亩。

美姑项目区完成坡地改造400亩,完成森林恢复和重建面积1460亩,种植日本落叶松6万株,柏树3万株,种植板栗、银杏等经济林木2.77万株,种植村貌绿化树冲天柏2.7万株,有效地改善了项目区的整体植被覆盖情况。

和大部分山区乡村一样,项目区生活用能源主要是草木为主的薪柴资源,随着人口的不断增加,取暖、做饭等生活能源需求越来越大,村民打草砍柴的活动对周围环境造成了破坏和威胁。为了提高薪柴资源利用效率,减轻环境破坏压力,项目区大量推广节能灶改造。

到2007年,项目共完成622户连眼灶的建设,最大限度地节约了能源,保护了森林资源,也在很大程度上改善了项目农户家里的卫生条件。与传统三锅桩烧火取热的方式相比,新式节能灶能够大幅提高薪柴燃烧效率,达到节省薪柴的目的。按每户每年节省薪柴2500公斤,可以保护森林面积5亩计算,实施节能灶改造的622家项目户每年可以节省薪柴1550吨,折合保护森林面积3110亩。

## 五　问题与反思:可持续性是个大问题

### 项目存在的问题

大凉山社区综合发展项目作为国际间机构合作的一个综合性扶贫项目,其设计体现了当时国际反贫困前沿的理念,在各级政府的坚强领导、多部门的真诚合作、项目管理和执行机构的努力工作、广大贫困农户的积极参与下,在扶贫模式和体制创新方面为我国农村少数民族扶贫进行了有益的探索,给项目区带来了明显变化。

　　项目的实施,使大凉山彝族地区的昭觉县碗厂乡和美姑县依果觉乡的5个行政村,25个村民小组,1094户3918个贫困群众都不同程度地得到了支持。通过参与式方法在项目全过程中的运用,农户与农户、外来人与当地人、外资与内资的互动合作与交流,调动了广大农户的积极性,激发了他们参与项目的热情,农户的精神面貌发生了明显变化。

　　通过传统文化兴趣小组,向农户提供丰富多彩、健康向上、具有地方特色的文化活动,丰富了乡村社区精神生活,让优秀的传统文化焕发出新的生机。诚实、勤劳、团结、互助、学习的风气正在社区内慢慢兴起,营造出社区良好的生活氛围。

　　通过农户的积极讨论,制定基础设施项目的后续管理办法和社区发展基金管理办法,增强了农户的自我发展和自我管理能力。通过社区主导项目管理,锻炼了基层干部的工作能力,提高了社区管委会的管理水平和社区发展能力。

　　综合来看,通过四个方面的项目实施,在大凉山少数民族地区集中投入资源,综合施策,改造了社区生存环境,完善了基础设施,增加了农民收入,提高了农民素质,有效建立了社区资本。以项目设计的各项分类指标衡量,大凉山项目实现了当初设定的目标,在短期内使贫困地区的面貌发生了较为明显的变化。与同期国内其他扶贫项目的投入产出效果相比,大凉山社区综合发展项目的成效是显著的。

　　但是,大凉山项目存在一个很大的问题,就是项目的可持续性问题,这是我们在项目设计之初不曾料到的。

　　项目实施结束后,我们请中国农业大学的专家对项目进行评估时就已经发现了这个问题。2007年的评估报告指出,"农民一方面对项目怀有莫大的感激,另一方面对项目成果的可持续性和外部的进一步支持表示出一种怀疑的态度"。

比如报告中提到，"民间文化小组的农民反映，由于缺少资金支持，缺少场地和必要的设备，将来的文化活动规模可能会缩减"；

比如办农民田间学校对农户进行培训，开展各种兴趣小组的活动，都是靠项目给农户发误工补贴的方式调动农户的参与热情，随着项目的结束，误工补贴停发，参与农户的积极性大大下降，大部分活动很难再坚持开展；

而农户生计活动和手工艺项目，虽然能给农户增加收入，但"以农户家庭为单位加工和出售产品的生产方式影响了农民收益最大化"。

尽管项目创新地设计了社区管理委员会这一组织机构，在项目实施中发挥了不可或缺的作用，但是因为社区管理委员会的成员是由县乡工作队干部和村民骨干共同组成的，随着项目结束，各级干部回到自己的岗位，这一机构显然无法持续存在。而在项目期内行之有效的一些管理方法和机制，随着项目的结束也不能再发挥作用。

我们在2016年的回访中了解到，当年的民间文化小组、农民田间学校、市场信息协会等项目早就已经停办了，虽然项目投入的基础设施项目如住房、自来水设施、输电线路、农贸市场、粮食加工点、铁索桥等成果可以在较长时间内发挥作用，但是如果没有后续的资金支持和维护，这些看似解决了的问题，迟早又会成为新的问题。

而且随着项目结束的时间过去越久，更多项目活动随着项目的结束而难以为继，可持续问题就表现得愈加明显。

2020年9月，我们再次来到昭觉县碗厂乡回访。曾经参与了项目实施的西洛村阿都书记和团结村尔古洛日惹书记对当年的项目记忆深刻，直到今天仍然对项目津津乐道，在他们的带领下，我们探访了当年的项目点。

当年项目援建的西洛村村民文化中心，经过改造装修后，现在仍然是西洛村村民活动场所，村民们时不时还在院坝中聚会跳舞。

**图7 项目建设的粮食饲料加工点**

当年大凉山项目为西洛村和团结村各援建了一座磨坊。西洛村的磨坊就在村民文化中心旁边,进入低矮的加工间,赫然可见两台灰尘满布的粮食加工设备,这是15年前购置的去壳机和磨粉机,现在仍然在为村民服务。团结村的磨坊和西洛村的几乎一模一样,甚至机器的摆放位置都是一样的,这么多年来一直没有挪动过。

团结村的沙马友今年已经70多岁了,当年是社区发展基金的监事。对于当年的社区发展基金项目,他依然记得很清楚。他告诉我们,当年村里互助发展资金是5万元,村里前前后后共有40多户贷过款,一般一户贷1000多元,主要是买牛,当时牛的价格一般1200—1500元。这个基金他管理了两年,每年村民借的钱都还上了。两年下来产生了差不多40%的利润,但是当年自己没有从这个项目中获得报酬。可惜这个项目只做了两年,后来这笔资金被县上收回去,社区发展基金的项目就停了。

在和乡里的干部交流的时候，他们认为现在国家政策支持力度大，各项工作进展都还顺利，只是说到产业扶贫，他们依然觉得比较挠头，不知道怎样才能把产业做起来，带动乡亲们实现持续脱贫和发展。

这些情况表明，当时项目虽然在短时间内给项目村庄带来了变化，但这些变化仍然是以基础设施项目为主，阶段性特征明显，本质上仍然是靠外部资源输入为动力的。并没有因为这个项目的实施，在经济上培育起村庄的自我发展能力，实现贫困乡村可持续发展的目标，从而把项目村的"贫困漏斗"堵住，这是让人感到遗憾的地方。

### 问题存在的原因

大凉山项目可持续性问题的存在，暴露出我们在项目设计思路上的局限。因为把贫困乡村不能持续发展的原因归结为资源投入量不足，所以在项目内容安排上，过于强调资源集中投入的重要性，而没有认识到影响贫困乡村可持续发展的诸多原因中，资源投入量只是其中一个必要条件，不是充分条件。于是虽然项目资金总量1000多万元，村均投入200万元，投入不可谓不多，但是项目的多目标策略导致资源过于分散。

我们设计了四大类二十几个子项目，有可持续生计开发、生态环境保护、基础设施改善、传统文化支持等内容，但是对可持续而言最重要的生计可持续开发项目，仅仅安排了20%的资金，目标太多导致重点不突出。虽然项目初衷是集中资源解决可持续问题，但项目实际结果却仍然是资源的粗放堆砌，缺少内在逻辑和有机结合。这些项目几乎都是同时铺开，执行团队又是同一群人，项目执行力度、精度都受到了一定影响。

　　根源在于我们对经济可持续问题的重要性认识不充分，没有认识到贫困村庄发展的关键问题是经济发展问题，因此对经济开发活动重视不够。从后来的实践看，如果不从培育村庄可持续经济来源入手，不从培育村庄市场参与能力入手，这些外部资源不能有效转化为群众自我发展能力，那么不管外部投入多少资源，最终都会面临可持续性问题。

# 第二章　民乐村的故事

## ——合作社的本质

## 一　为什么是民乐村

### 汶川地震响应

2008年5月12日，下午两点多，我正在中国扶贫基金会总部办公室，互联网上传说发生地震了，位置不明。有人说震源是在北京通州，震级大概3级左右。后续网上消息多了起来，大致确定应该是四川汶川地区发生了地震。灾情如何？损失多重？晚饭时，《新闻联播》里一条突如其来的消息把大家的注意力给抓住了。消息说温家宝总理已乘飞机抵达四川，汶川发生了大地震！最开始报道说是7.0级，后来又调整到7.6级。

总理第一时间去了前线，更印证了大家的推测——这是一次非常严重的地震灾害。

中国扶贫基金会于2003年设立紧急救援部，成立了灾害救援基金，重点关注自然灾害对贫困的影响。2008年汶川地震前的春节，中国南方发生冰雪灾害，交通阻断，运输不便，给很多地区的群众生活带来很大影响。中国扶贫基金会采取行动实施了有效救援，对灾害紧急救援有一定的经验积累。

晚上8点左右,我们着手准备灾害响应的启动工作。当晚11点整,基金会在新浪网发起了募捐倡议,正式启动汶川地震紧急救援行动。社会公众对地震灾情十分关注,捐赠非常踊跃。到晚上12点,仅仅用了一个小时,我们募集的善款数额就达到了1000万元。随着灾情进一步确认,各方捐赠应接不暇。那天晚上几乎一夜未眠。

当时中国扶贫基金会参与救灾的主要方式是募集资金,到受灾地区当地采购救援物资发放给受灾群众,不仅可以及时满足受灾群众所需,还可以拉动当地经济,提高救援效率。到13日晚上,两天以来接受的捐赠已经达到了几千万元。为了让捐赠资金及时发挥作用,必须尽快组织力量,到灾区一线去开展灾害评估,实施紧急救援工作。

安排好指挥部的一切工作,14日一大早,我带着第一支救援队向成都出发。到达成都后,我们很快发现受地震影响,成都已很难满足我们短期内大宗急需生活物资的采购了。于是我们迅速决定转道重庆实施采购,为了抢时间,我们一边赶路一边做采购相关准备工作。

2008年5月16日晚上,我们在重庆紧急采购的货值500多万元的食品、饮用水等救灾物资,装满了十几辆大型双挂运输车,浩浩荡荡地向灾区进发。

我们的第一批救援物资首先运抵四川德阳。因为考虑到德阳市既是重灾区,又有火车站、高速路,无论是从德阳直接向绵竹、什邡、中江这些重灾区投放物资,还是通过绵阳转运到北川、青川等重灾区都比较便捷。

5月17日,德阳市农委在市政府办公大楼协调出两间办公室供基金会使用,同时抽调农委部分工作人员和我们的工作人员共同组成了救援工作办公室,我们的一线工作机构正式建立了。后来由于余震不断,在大楼里工作不太安全,我们又搬到政府办公楼后面的自行车棚里办公,在这里度过了几十个难忘的日日夜夜。

我们的灾害救援工作一般分为三个阶段,分别是紧急救援阶段、过渡安置阶段和灾后重建阶段。

从5月12日地震发生到6月份是紧急救援阶段。工作内容主要是募捐、采购救灾物资,并组织向灾区调运、分发,工作量很大。从5月14日到6月12日,我们的紧急救援工作大约持续了一个月的时间,一共组织发放了价值6000多万元的救援物资。那时候救援办公室的工作内容,可以说一半是协调员,一半是搬运工,基金会和德阳农委的同志们日夜奋战在一起,结下了深厚的友情。

6月份到8月份是过渡安置阶段,我们投资1668万元,建了27所板房学校,建筑面积3.2万平方米;投资1233万元,建了三个板房居民区,建筑面积2万平方米。

### 灾后重建规划的建议

然而紧急救援和过渡安置阶段工作的完成,并不意味着救灾任务结束,更多的工作任务在灾后重建阶段。

到7月份,中国扶贫基金会已经累计接受捐赠资金物资3亿多元,除了紧急救援阶段和过渡安置阶段投入一个亿左右资金物资之外,还有两个亿左右的救灾资金有待规划。

关于这部分资金怎么使用,中国扶贫基金会内部有明确的共识。因为我们了解灾害救援的特点,就是灾害发生的时候,社会关注度比较高,公众捐赠踊跃,但真正困难的是灾害发生之后,度过紧急救援和过渡安置阶段,灾区群众的生活与生产的恢复重建问题。如果在前两个阶段把钱都用完,虽然社会公众也不会有什么异议,但是等到了灾后重建的时候,可能就很难再获得足够的资源去给灾民提供必要的支持了。作为专业的扶贫救灾组织,我们认为这显然不是资源配置和使用的最好方案。基于这样的认识,我们并没有急着把钱都花在采购物品和援建板房上,而是决定留一部分资金用作灾后重建。

大地震之后的灾后重建怎么做?在汶川地震之前,我们也没有经验。我们决定启动调研评估,一是通过灾区实地走访调研,了解灾区群众的需求;二是通过学习研究,了解国内外相关成功经验。希望在此基础上,形成基金会的灾后重建总体策略和方案。

6月10日至7月7日,评估小组先后在四川省小金县、丹巴县、茂县、青川县、北川县、安县、绵竹市,以及甘肃省文县和陕西省宁强县开展灾后重建需求调查。

实地调查活动主要包括现场踏勘、入户访谈、小组访谈、社区座谈会和县级业务部门座谈会等。调查重点包括调查点的受灾损坏情况,目前正在实施的紧急救援措施和灾后重建活动,社区干部群众对灾后重建的想法和建议,希望得到的外部支持等。此次实地调查共走访了9个县(其中5个县是国家认定的极重灾县,7个是国定或省定贫困县)的22个村,访谈了上百家农户。调研小组也查阅了国内外相关资料,对国际国内灾后重建的经验和教训进行了总结。

参与实地调研工作的专家不畏艰险、不辞辛苦、不计报酬,深入灾区一线,辗转奔波28天,行程千余公里,为本次调研提供了非常详细和真实的灾情评估和需求分析。经过近一个月的调查研究工作,最后形成了调研报告。

报告对中国扶贫基金会的灾后重建提了十条建议,其中有一条建议提出,"选择一批条件适合的村,开展整村灾后重建,由中国扶贫基金会独立组织实施全面综合的灾后重建计划。开展整村综合项目的目的是为地方政府的整村灾后重建行动做出样板和表率。整村灾后重建项目可以采用参与式的方法来设计、实施,灾后重建规划可以和扶贫系统开展的贫困村灾后重建行动相结合。一种可能的选择是在每一个极重灾县选择一个村,在一些合适的重灾县各选择一个村,和单项项目一起形成遥相呼应、点面结合的项目网络。"

报告建议中国扶贫基金会发挥社会组织的创新优势，借鉴当时国内很多地方采用的参与式方法，包括中国扶贫基金会曾在大凉山实施过的社区综合发展项目方式，开展一批整村重建的项目，探索"灾后重建、整村发展"的有效模式，为大规模的灾后重建和乡村发展起到示范作用。

### 只能做一个试点村

灾后重建需求评估报告是中国扶贫基金会参与汶川地震灾后重建的重要依据。根据报告的建议，我们要在灾后重建中，进行整村重建的探索。在最初的项目建议中，我们的探索项目并不只是局限一个村。

和中国大部分村庄一样，汶川地震灾区的村庄都是在长时间的历史中自然形成的。村与村之间不仅自然条件、人文历史有很大差异，村民的素质、村干部的能力也各不相同，这些客观因素决定了每一个村庄都是个性化的。由于选择村庄时不可能完全准确地掌握村庄的信息，而且因为这是一个探索项目，项目到底怎么做我们并无经验，甚至此时我们连村庄中不同要素对未来探索的重要性都不可能有一个准确的判断。如果只做一个村的话，即使在实施的过程中发现了难以克服的短板，也很难解决，别无选择，整个探索工作就会遇到很大的困难，导致模式探索失败。所以选择任何一个村庄，项目风险都会过于集中。

所以最初现场工作人员向基金会建议，在四川的重灾县每个县选一个村，总共八个到十个村庄，至少也不要少于五个村庄开展试点，探索出一套可以复制的整村重建与发展模式。即使多数项目都因为这样那样的原因失败了，哪怕只有一个成功就很有价值了。

但是这个建议没有得到批准,因为会领导认为"多村"探索方式风险太大了。的确,因为整村重建发展的模式,我们也没有成功的经验,小规模的创新尝试,即使有失败风险也还可以承受;万一这些村的试验都失败了,而多个村庄总投入的资金又比较多,最后难以向捐赠人交代,难以向社会交代,这是基金会无法承受的压力。

由于我们只能做一个试点村,这个村子怎么选择就变得极其重要。以当时我们对未来模式探索的认识,考虑以下几点是重要的:

第一个,必须是重灾村或者是贫困村,这是由扶贫基金会的宗旨决定的。但后来发现重灾与贫困这两个条件几乎是重合的。村子一旦遭遇重灾,经济上往往意味着"一夜回到解放前"。

例如绵竹市地处四川盆地的腹地,算是经济条件比较好的地方。从改革开放到2008年差不多三十年了,当地农民已经积累了一些财富,房子都是砖瓦房,农户家里都有一些常用的家具家电,生活相对宽裕。但是一场地震过去,住房几乎全部倒塌,家具、家电、衣物等用品,全都砸到里面去了,很多村民一夜之间返贫,重新变成了贫困户。以民乐村为例,数据显示民乐村在地震前贫困发生率只有10%;一场地震,贫困发生率回到50%多。除了少数有积蓄的殷实家庭,大部分都沦为贫困户。

这是第一个要考虑的条件,必须是重灾村或者贫困村。

第二个,必须是有代表性的村庄。我们当时提出的所谓"代表性"村庄,就是各方面条件比较普通的村庄,没有矿产,没有油田,没有风景区,没有挨着大企业,没有紧邻大城市等,没有任何特殊的优势和资源。我们认为,只有在没有特殊资源的情况下,通过系统地、有计划地开展灾后重建和生计恢复发展工作,能够促使一个名不见经传、资源相对匮乏的普通村庄恢复发展动力,并且各项工作绩效和指标均优于灾区恢复重建的平均水平,这样的工作经验和实践模式才是值得推广的。

　　一种发展方法只有在这样普通的村庄取得成功，才有可能成为可以在其他村庄推广复制的发展模式。因为一个有矿、有风景区等特殊资源的村庄，发展起来是相对容易的，这已经有很多成功的先例，做不做实际上意义不大。

　　所以当时要强调这个"代表性"，其实就是普遍性，可推广可复制性。

　　第三个，是投资要保持一定的强度。根据大凉山的经验，必须集中投入资源，才可能堵住贫困漏洞。2008年，距离大凉山项目立项又过去五六年了，考虑到通货膨胀影响，我们必须要投入比大凉山时期更多的资源，才有可能见到成效。一方面我们要考虑到户均投资的强度，经过测算，要争取户均匹配1万元人民币，这样做产业项目才能有点像样的规模。另外一方面我们要考虑到筹资的难度和捐赠企业的承受能力，根据当时我们的筹款情况和捐赠方情况分析，我们判断一个村投入500万元左右可能是一个比较适当的规模，太大了很难找有能力捐赠的企业；太小了资源投入不足，很难推动整村的发展。户均投入要达到1万元左右，而总体投入又控制在500万元左右，这样倒推下来，我们要选择的项目村农户应该控制在500户左右。

　　除了以上这几个基本条件，我们还考虑到项目村的交通条件要相对便利，因为它是一个试点项目，我们的工作人员需要频繁出入村庄，要有基本的交通条件保障，这也是可操作性的重要基础。另外还有一个要求，就是当地政府要认同我们的理念，支持我们的试点。村庄的老百姓、干部也要基本认同我们的发展思路。

### "普通村"是精心挑选出来的

　　因为基金会的救灾办公室在德阳，所以就请德阳市有关部门按照我们提出的相关条件给我们推荐项目村。同时因为需求评估调研组也去过一些重灾村,我们也让他们推荐适合的试点村庄。

最后,我们和德阳市农委推荐的绵竹市土门镇党委书记钟声做了深入交流,他非常认同我们的想法,欢迎我们在土门镇选择村庄开展试点,并表示愿意协调政府的资源支持我们共同打造整村重建发展样板。钟声书记按照我们列出的条件,认真分析了土门镇所辖各个村庄的情况,推荐民乐村作为试点项目备选村庄。

8月11日,中国扶贫基金会工作人员第一次到绵竹市土门镇民乐村调研。

汶川地震的重灾区是沿着龙门山地震带分布的,绵竹市和什邡市之所以受灾严重,都是因为邻近龙门山。而土门镇属于四川盆地的西部边缘,地处龙门山脚下,全镇受灾十分严重。民乐村位于土门镇的东北部,全村有530多户村民,户籍人口1300多人。

汶川地震中,民乐村受灾严重,伤亡人数众多,其中重伤9人,死亡27人。基础设施损失巨大:房屋倒塌2000多间,住宅损毁面积5万平方米,占全村住宅总面积的91.5%;全村道路受损2.2公里,还包括一座桥梁;电力系统遭到严重破坏;17条河流沟渠损毁总长度达6公里。因水利设施受到重创,灌溉设备全部受损,原来村民耕种的水田,只能改为旱田,导致农作物大幅减产;大部分家庭的牲畜、家电也都损失殆尽。全村直接经济损失估计达3000万元,农业生产、家庭养殖等农户经营活动也受到毁灭性打击。

地震加深了民乐村的贫困状况,全村贫困户的数量从震前的79户,增加到震后的309户。贫困发生率从14.7%上升到57.5%,是典型的因灾致贫重灾村。

民乐村灾情虽然严重,但是由于交通不便,因此震后受到的社会关注比较少,没有资源"扎堆"的现象。村民主要收入来源为家庭种植养殖业和外出务工,村里既无集体经济、厂矿企业,也没有特殊的旅游资源,是四川一个十分普通的村庄。即使在地震之前,也算是当地发展相对落后的,具有普遍的代表性。

民乐村的基本情况表明,它基本符合我们试点村庄的条件,因灾致贫的情况比较有代表性,环境和资源又具有普遍性。如果民乐村的试点能够成功,那么乡村扶贫模式的探索就会前进一步。

经过一系列的调研比较和论证,8月25日,我们正式确定民乐村为试点村,启动灾后重建整村重建项目试点,进入灾后重建工作阶段。

在一份总结报告中,记载着基金会同事第一次去民乐村时的情况:

"2008年8月11日,第一次来到我们即将援建的绵竹市土门镇民乐村,村里的水稻已经抽穗了,在经历沉重的打击之后,部分庄稼还是顽强地生存了下来,让人感觉到收获的希望,而农户的住房却没有逃脱这次洗劫,大部分只剩下了残垣断壁。这里,就是我们今后要工作的地方。"

### 诺基亚宝贵的信任票

选定了项目村后,接下来要协调落实项目资金。

从5月12日到7月30日,中国扶贫基金会接受的捐赠总额为3.1亿元,其中一个多亿是物资,两个多亿是资金。到当年9月14日,我们用于紧急救援和过渡安置阶段的资金大约为1.2亿元,还有1.8亿元左右可以用于灾后重建。虽然这些资金都在基金会的账上,理论上属于基金会资产,但是这些资金具体怎么使用,我们都会征求捐赠企业的意见,征得他们的认可。特别是整村重建这样规模比较大,又带有一定创新风险的项目,一定要跟捐赠方沟通,取得捐赠人的同意。

我们分析了当时捐赠人的特点,决定与捐赠金额比较多、社会责任理念比较开放的大企业进行沟通,寻求支持,于是我们就找到了诺基亚。

2008年前后的很长时间里,诺基亚都是当时中国最有影响力的手机品牌,市场占有率在20%以上,业务如日中天。2008年年初,雪灾救援紧急响应行动的时候诺基亚就跟我们有小规模的合作,这也是双方首次合作。

汶川地震发生后,诺基亚是最早宣布捐赠响应灾情的企业之一。诺基亚宣布首期捐赠资金1600万元用于地震紧急救援,但是并没有明确捐赠给哪家基金会。这是因为诺基亚对这次救灾非常重视,他们要按照严格的流程筛选合作救灾的基金会,我们只是备选基金会之一。诺基亚的社会责任部负责基金会的遴选工作,他们打电话到中国扶贫基金会,了解我们的救灾工作进展情况,了解我们下一步的救灾计划,也了解我们对捐赠企业能提供什么样的反馈,包括是否能提供项目执行报告等。经过充分沟通,诺基亚社会责任部的人很认同我们的工作,认为中国扶贫基金会救灾工作反应很快,工作人员和业务流程都比较专业,他们倾向与中国扶贫基金会合作,由中国扶贫基金会执行诺基亚的捐赠项目。

虽然诺基亚社会责任部与我们沟通良好,也对我们有了一定了解,但当时诺基亚内部员工对中国扶贫基金会并不认同,质疑社会责任部为什么不选择影响力更大的慈善机构。因为当时中国扶贫基金会的社会影响力的确不大,知名度也不高,还不是大企业大额捐赠理所当然的选择。社会责任部难以说服同事们的质疑,决定采取全体员工投票的方式确定合作的基金会。由此可见,我们和诺基亚的合作是来之不易的。

后来诺基亚又追加了一笔3500万元人民币的第二期捐赠,用于支持汶川地震灾后重建。他们同样是请专业的咨询机构调研、评估各个基金会的项目执行情况,选择项目合作方。最后这笔资金也捐给了中国扶贫基金会,用于灾后重建项目。

当然,选择是双向的。在频繁的沟通交流中,我们对诺基亚的社会责任理念有了充分的认识,认为诺基亚作为跨国公司,社会责任理念的确很先进,也很开放。所以选择创新项目合作伙伴时,首先就想到了诺基亚。我们去跟诺基亚沟通,看看他们是否愿意支持中国扶贫基金会做整村重建和乡村发展创新试点项目。

诺基亚社会责任部的负责人付蕾,是当时诺基亚中国公司的副总裁。在诺基亚的亦庄办公室,我们把关于这个项目的想法、计划、理由做了详细说明和充分的讨论沟通后,付蕾表示她原则上同意我们的建议,支持我们开展创新试点项目。我们起草的项目建议书通过了诺基亚的内部程序批准,诺基亚同意在捐赠总额中列支500万元左右资金,支持我们在民乐村开展整村发展的试点项目。

项目村确定了,项目资金也确定了,接下来就可以启动项目了。

# 二 劫后余生

### 回到地震之初

民乐村是一个普通的村子。

从方明玉家往西北走五十步左右,有一座大理石碑,碑上镌刻了张烟盒大小的相片。里面是一个梳马尾辫的女孩微笑的模样。碑上刻着一列字:"爱女宋雪之墓"。边上的小字,对孩子如流星一样短暂的生命作了这样的说明:

"生于一九九六年八月十八日,卒于二〇〇八年四月初八日"。

碑的两侧,刻下了立碑人的心愿:

"生者人间祷,逝者天国息","爸爸 妈妈 立"。

碑两边不远处,是几处废墟。每处都是几面残垣断壁,环堵萧然。一处宅基地里面种上了菜,从门里望进去,原来的厢房里绿油油的一片。另一处只剩下一个灶台,灶膛里长满了野草。

图8　汶川地震中遇难的民乐村小英雄

　　这里原来是一个聚居点，有四五户人家居住在四周。2008年5月12日的地震，把这里完全摧毁。死里逃生的人们，离开了这片宅基地，搬到了公路边上。偶尔，他们也会回到这里，从旧家具上面，扯下一些木材，用来生火做饭。

　　从这里向西北眺望，看到的是一片连绵的大山。这就是"5·12"大地震发生的断裂带所在地——龙门山脉。山上可以隐约看到当时滑坡的痕迹，从暗绿的山脊上划下的一条条灰色的伤口，诉说着这场空前浩劫的惨烈。

　　村民们这样描述当时的情景：

　　　　地震那天本来是大太阳，不知怎么就变阴了。当时正是农忙，两点钟左右大部分人都已吃完午饭出工了，大家都在地里干活。

幸亏是下午，大部分村民没有在房子里待着，要是晚上的话，十有八九都躲不过去。绝大多数的房子都倒了。

地震那天下午，我在沙发上睡觉。突然发现自己左右、上下晃动，突然意识到是地震了，人就往外跑。刚跑到院子里，回头再看，发现刚才睡觉的屋子一转眼就没了，地上全是废墟。邻居家的房子也轰隆隆都倒掉了。那时候，幸好家里的门没锁，要不然肯定跑不出去。丈夫和他弟媳也都跑出来了，三个人抱在一块，心想死也要死在一块。我们趴在地上，只听地底下轰隆隆轰隆隆地作响。我婆婆差点儿没跑出来，因为她被绊倒在灶台边上，能躲过一劫真的还是运气好。

### 生活还要继续

中国扶贫基金会驻村后，对部分村民进行了采访，村民这样回忆起"5·12"地震之后的情景：

自家和邻居家的房子都塌了。我们家还剩了一套衣柜，一张沙发。大家肚子饿了，就往自家放粮食的地方挖。看能挖出什么就吃什么。我们几家还有一口铁锅没被砸坏，于是大家用水和了面粉煮熟了就吃，填饱肚子。偶尔能挖出几个鸡蛋来，大家也都分着吃。那时候井都坏了，老人家们就到村沟里舀水，那水都是半桶水半桶泥。煮出来的饭半生不熟，大家只能强忍着往下咽。

商店里还有些糖、啤酒什么的，糖要卖到五块钱一斤，原来两块钱的啤酒卖到了四块五，可店主还是舍不得卖。过了两三天，慢慢有外边的人送盒饭和矿泉水来，水每人每天一瓶。我们住在村部附近，交通方便，很多东西都能拿到。像二组（村民小组，下同）的人，他们离得远一点，很多时候有东西送来了，他们也不知道。等人赶过来后，东西可能也早分完了。记得有一家人正抬着死去的亲人，听到有发东西的，就"咣"的一声把死人扔了，跑着去领东西，领完东西接着再去抬。

震后一两天，村里就有人组织开始巡逻，也有村里人从外边拉来水和方便面，巡逻的都是男的，其实他们也害怕，一到晚上黑漆漆的，每个院子里都是哭声一片，他们也舍不得自家的妻儿老小，怕还会出什么事儿。

地震第二、三天有谣言说，高个的长毛鬼子要杀人、抢钱、抢女人，所有人都害怕。我和丈夫就在身上都装了保命的钱，准备碰到抢钱的人就把钱给他们。地震之后的第二天开始下大雨，地底下也哗哗地冒水。

因为雨水的冲刷，人们匆忙安葬入土的亲人竟被狗刨了出来。还有人说地震是因为天地震怒，并且要发大水来惩治有罪的人们。大家听了都很害怕，就打了包裹，卷上值钱的东西就往山上跑。

那时候路上全是黑压压躲水的人，也有老人没跑的，准备要真有水来了就抱个木板在水上漂。之后，又听说绵竹的硫酸厂爆炸了，黄黄的，到处飘着烟，政府就给大家发口罩戴。之后的几十天，因为余震和谣言的影响，每个人都惶惶不可终日。有很多荒唐的传言，甚至大家相信"8月8日奥运会开幕的时候还会有一次大的地震"。那时候各种谣言很多，心里真是害怕。很多人不敢爬山，怕地震的时候在山上更加危险。家里有亲戚在外地的，有的就丢了房子，投奔他乡了。后来抓了一些人，谣言也就少了。慢慢地部队的人来了，大家总算能够安心些睡觉。

　　因为陆续有部队官兵在村里维持秩序、处理废墟，大家都能够安下心来睡觉。志愿者无私的关注，政府及时的资金和物资上的补助，新闻媒体"众志成城、抗震救灾"的宣传，暂时缓解了村民因巨大灾难打击造成的无望的心理和生活状态。失去亲人的人们在帮助他人、志愿奉献、抗震救灾中找到了心理上的安慰和支撑。团体的生活，忙碌的工作，志愿者和专家们亲切新鲜的面孔，可以让人们暂时不用独自去面对残酷的现实。大部分人的心态从原先的麻木、绝望中舒缓了许多，他们认为靠着政府的支持、社会的援助和自己的努力，倒塌的房子是能够再盖起来的，日子还是要过下去，并且有可能过得更好。

　　部队的娃儿们真是辛苦，来我们这里的解放军主要是撬房子、收庄稼。我们就跟那些年轻的娃儿说房子要怎么撬，他们大多还只是孩子呀。大热天的，被衣服裹得严严实实的，要干那么重的活，也不能休息。我们一些人就给他们送水喝，他们也不喝。他们好多人因为太累，站在太阳底下就睡着了。

　　遵道一个老太太要取挂在屋上的腊肉，就有一个孩子爬上去给她取。可没想到屋子塌了，多可惜啊，就为了一串腊肉，一个这么好的孩子就这样没了。我们村上好多女的义务给部队烧饭，做志愿者。我们心里难受，做志愿者心里才能安稳些。前一段部队走的时候大家都去送了，好多人都哭了。

　　现在村里人吃完了也就是要，再也不像以前一样，憋了一股劲要多干活、多挣钱，为以后过好日子。几十年的积蓄、辛辛苦苦置办的家具，彩电、音响什么的，转眼间就没了。要恢复到以前的生活，恐怕五六年的时间都不够。

　　这次政府干得还是不错，国家条件也好了，要不然不知道要死多少人。这次卫生工作还是做得好，要不然闹起瘟疫来还不知道要死多少人呢。

　　再到后面，每家都慢慢地拾掇着把自己家的棚子给搭起来了，用废砖、木料、帆布或者稻草，一般都搭在原址。水库、渠道也都震坏了，没法种稻子。田里只是种了玉米，国家也发了紧急补助的资金，还有粮食，慢慢地就过来了。

### 普通得不能再普通的民乐村

　　民乐村位于土门镇东北部，东北靠西南镇，北面及西北面是遵道镇。从民乐村到土门、遵道集市或者绵竹市区都有七八公里，差不多十多分钟摩托车车程。村四边都有出村的机耕路，不过只有南边的路可通卡车，其余只能走摩托车。共有7个村民小组（队），地震前农户537户，户籍人口1353人，常住人口1422人。辖区面积2200亩，耕地面积1920亩（其中水田1885亩，旱田35亩），人均1.3亩。每户1亩4分左右的自留地。耕地为黏性土质，灌溉靠抽水从民乐水库提灌，土地排水不好，易受涝灾。各组一般有数个被农田围绕的居住区。田间及路边种些速生乔木。居住点周围是当地称为"林盘子"的以竹为主的常绿植物，竹根处可倒垃圾。村主要道路已硬化，但因为施工车辆重压损毁严重，需重新维修。农户住房之间有半米宽的土路相连。一、五、六、七组居住点内有引水渠，六、七组临红岩渠。

　　村里主要农作物有水稻、小麦、油菜、玉米、红苕、马铃薯、各类蔬菜，牲畜及家禽有生猪、肉牛、鸭、鸡。一般农时（按公历）安排如下：3月底播种、育秧；4、5月小麦、油菜收获；6月插秧、种玉米；7、8月水稻田间管理；9月水稻、玉米收获；10月栽油菜、小麦；11、12月秋冬田间管理；1、2月农闲、过年。菜地一年四季都可收获时鲜蔬菜。该村小麦亩产600—700斤，水稻亩产1000—1200斤，每家平均一年可收粮食6000—8000斤,多余的粮食一般用来喂猪、鹅等。前些年一般每户出栏猪7—8头,其中有1—2头过年自家用。地震后因瘟疫及地震影响,家里有存猪的农户很少。部分农户将自家地租给外来公司种植经济作物银柳,合计面积230余亩。出租收入每亩每年300元,一般租期三年。

2007年全村农民人均收入4200元(村支书报的数字为3000元),农民主要收入来源为种植业,占收入30%,养殖业和外出务工占收入70%:养殖业以猪、鸭为主,近几年由于疫病肆虐,几无收入;外出务工人员达400—500人,绝大多数在绵竹市区及周围乡镇酒厂、建筑队等从事简单体力工作或服务行业,月平均工资800—1000元。大中专毕业的、掌握机床技术的年轻人可以拿到2000—3000元月工资。村里有50—60人在外省打工。村内无厂矿及任何形式的工业。每组基本上有一两人从事钢材、木料、建筑、饲料生意,家底好一点的家庭资产能有上百万元。

村内无学校、图书室等设施。孩子们到邓林村念小学,到土门镇念初中,初中生一般都住校。村两委的办公用房已成危房,需重建。从七组到其他村的路上有小诊所,家电、摩托修理铺,碾米铺。每个组都有一家小卖部,一般卖烟、酒、饮料、小零食以及毛巾、牙膏、洗衣粉等常用商品。村民看病一般到镇卫生院,为方便也从村诊所买药。经济情况好一些的家庭一般都买了养老保险,村民统一按照国家政策,都享受到了农村合作医疗。三、五组交界口有一小店,店面挂了"村文化活动中心"和"公共信息服务中心"的牌子,在这里打麻将、长牌的较多,该店也代理中国移动充值话费的业务。村内有一老年活动中心,中心原用房倒塌,现在原址用帆布、木料搭了临时的活动场所,中心的主要作用是组织村老年妇女学佛,成员估计有70人以上,中心每五天活动一次。

在经过地震中的巨大伤痛和恐慌之后，村民们还是很快地面对现实的处境以及今后可能的生活。从倒塌的旧家中刨出粮食、腌菜、被褥、小板凳等一切能够利用的东西。添置碗筷、铁锅，买一台小彩电，尽量让生活能够迅速正常起来。田里不能种水稻了，就种些耐旱的玉米。孩子们都搬到板房去上课；女人们每天做饭、带孩子，照顾好家里剩下的鸡、鹅、猪、狗等；男人们整理好自家的棚子后，就各处找活干。

虽然当年的粮食都没有什么收成，但大部分农户留存了去年收的一部分稻谷，政府也及时发了一部分救济金，所以都还是能够吃得饱。一日三餐一般都是米饭，早上偶尔也吃面或者稀粥。菜一般都是自家菜地里种的青菜、芹菜、蒜苗、豌豆尖等，偶尔也到边上的集市买些猪肉、马铃薯或者一些肉类的凉菜，晚上碰到亲戚朋友聚到一起还十多人一块吃个火锅。他们还保持着足够的乐观。

### 冷清的春节与变化的心态

因为有些地震救助款，又是快过年了，家里都给孩子添置些新衣服、新鞋。住的都是自家临时搭的简易抗震棚子，也有住帐篷的，天气冷些的时候就在帐篷或棚子外盖一层厚厚的稻草。几个月来村民们一直东补西修，让临时栖身的地方能够防风防雨，尽量让新家变得暖和、舒服些。睡觉的时候好多人要在床边上放个木棍——晚上老鼠太猖狂，它们有时会从人的身上甚至脸上爬过。去镇上或者是去别处干活，男人们一般都是骑摩托车。妇女们去镇上赶场，买菜买衣服什么的，一般都坐三轮车，或者走二十多分钟赶公交车。路不好，一辆三轮车坐七八个人，人坐在小小的后车厢里颠得很厉害。工资也比地震前高了许多，男杂工从震前每天收入二三十元涨到五六十元；女的相应会低十多块钱。要是有砌砖等技术，男人一天能够挣到一百多元。

平常闲的时候，很多人都会聚在村小店或者路口。店内都设有打麻将、长纸牌和扑克的桌椅等设备,还提供茶水服务。不打牌的人或站或蹲,交流各种救灾、发放物资的消息,谈论房屋重建的各类问题。妇女们往往自成一伙,站在村口或路边聊天、发表自己对某事物的看法,哄逗着孩子。村子里女人抽烟的多。村里谁家有人康复出院了,亲戚朋友们都会拿些东西去探望,经济条件好些的也会请厨子做饭回谢大家。请客还有庆祝家人出院、希望顺利康复的意思。

2009年民乐村的春节过得有些冷清,绝大部分人家都没有买对联、年画,房子都垮倒了,买了对联和年画,也没有贴的地方。村里的小店也卖鞭炮、烟花什么的。不过很少见小孩放鞭炮玩。只是在大年三十的晚上能偶尔听见和看见远处响起的爆竹和耀眼的烟花。每家每户一般都是在祭祖宗时烧些纸钱,洒些水酒,结束之后就同本家的人一块吃饭,看电视里的春节联欢晚会。

地震中好些人家的桌椅都砸坏了,人们也不像以前那样串亲戚。村里那些经济条件好些的人,也还是要邀请亲戚到自家来做客。不过也不是像往年那样家里请厨师来做饭,都是自己动手,吃完了大家各自打麻将、打牌。家里要是有够住的地方,在外打工的就能回家住。村里重建的工作这个时候都停了下来,村干部们也把工作都停下来了。人们只是在自家或亲戚家吃饭、睡觉、打牌,又或者在路上来回走,并问:"去哪耍?""吃了没有?"过节这几天,人们尽可能放松下来。

民乐村虽然是土门镇的贫困村,但在地震前,土地出产的粮食、打工积攒的现钱还是够大部分村民吃饱穿暖,也能支付"两免一补"之后孩子的学习和生活的费用。但是突如其来的大地震彻底摧毁了村民们平静的生活。就像村内一位妇女说的:"我们的生活完了,就这样了,没什么希望。后半辈子只能住在破棚子里了。"

地震给人们带来的心理创伤无疑是巨大的。地震前,和中国许多其他村庄一样，这里的农民抱着良好期望，认为通过自家辛勤的劳动，生活能够越过越好。可在地震后，他们发现几天前还好好的家人、邻居或朋友因为地震永远不能再见了，有很多人受伤住院。自己辛辛苦苦努力几十年的家业突然成为一堆废砖烂瓦，心里的感受可想而知。

民乐村也像四川其他的村庄一样，有着打麻将的传统，虽然村民活动中心没有棋牌室，但是村里到处有专门的麻将室。有的是农户自家辟出的屋子，有的是专门经营的小店。里面摆满了一张张的麻将桌。不管是白天还是晚上，哗啦啦的洗牌声在全村都可以听到。也许是四川人特有的乐观，也许是灾区人民的无奈和放弃。

村主任冯遥聚对村民心态的变化感受明显："现在我们这里的老百姓和地震前不太一样了。地震以前，大家都是憋了劲攒钱，都靠自己两只手，辛苦也不怕。现在呢，都是能要就要。等着外边的人给这里送钱，觉得国家还应该给更多。我们现在做人口普查，发现这一片的癌症发病率，比以前要翻番。可能是心态的问题吧，心态不太好了。"

## 三　请专家描绘民乐村的未来

虽然我们明确要开展整村重建的试点，也有一个大致的思考方向，比如要做村庄整体的发展，要引入参与式方法，等等，但是这个村真正要怎样去做，我们实际上是不够明确的。整体重建具体该如何实施，当时我们心里并没有十足把握，只是意识到这是一项复杂的系统工程，不仅需要基础设施的投入，也需要经济资本和社会资本的投入。能否以及如何在帮助灾民重建房屋、道路等基础设施的同时，帮助他们恢复和发展生产，提高资源利用水平，提高自身素质和能力，是灾后重建过程中各级政府及各援助机构所面临的挑战,也是灾区农村尤其是较贫困农村的难得机遇。

因此,我们既需要全面了解项目村的各种信息及其重建需求和愿望,还需要引入各领域专家,集众家之长。通过这样精耕细作的方式,把民乐村建成一个环保、生态、宜居、可持续发展的村庄。我们随即开始了相关准备工作。首先就是要请专业的第三方团队对民乐村的总体情况进行走访调查,对灾情和需求进行评估,并在此基础上,制定民乐村灾后重建的总体规划。

2008年8月22日到25日,基金会的工作人员到村里对村民进行访谈,与村干部进行交流,对村里的情况做初步摸底,为即将启动的调查评估工作做好准备。

### 需求调查评估

农村社区灾后重建的主体应该是农民自身,因此,我们帮助他们做的所有规划和设计都应该基于他们自身的愿望。为此我们要通过参与式的工作方法,对民乐村灾后重建中的资源和需求现状进行全面的评估,尽可能全面地掌握信息,了解村民对灾后重建的想法和期望,以此作为下一步进行村庄建筑规划和产业发展规划的依据。

2008年9月3—5日,基金会邀请了四川省社科院农村与发展研究所的甘庭宇副所长及庞淼、四川大学公共管理学院王卓教授一行三人对民乐村进行了专业的参与式调查,对民乐村灾后重建的需求进行了快速评估。基金会重建办的所有工作人员参与了本次调查,并且在调查之前接受了简单而专业的协助性培训。经过大概一个星期的时间,形成了《民乐村灾后重建资源与需求报告》。报告真实反映了民乐村的基本情况和受灾情况,提供了很多有参考意义的数据,并针对村民的需求提出了项目建议。

### 建筑设计与生计规划

"震后造家"行动是由北京大学中国现代艺术档案、吴作人国际美术基金会、一石文化等机构联合建筑设计领域一批资深专家发起的救灾活动。这一活动团结了国内建筑界、艺术界、教育界富有爱心的知名专家，积极投身到四川灾区的重建工作中。他们希望发挥建筑设计特长，为汶川灾后重建贡献专业力量，以"为最穷的人设计最好的房子"为目标，结合灾区、灾民的实际情况，为失去家园的灾民设计"建得起，用得惯，看着美"的新房子。

2008年7月16日，中国扶贫基金会与"震后造家"行动组正式会商"震后造家公益基金"的合作事宜，商定由中国扶贫基金会设立"震后造家"专项基金以支持专家们开展活动，并邀请他们参与民乐村的住宅重建设计与村庄空间布局规划。

农村社区灾后重建从一定程度上说是创新发展的契机：旧有的农村社区建筑方式、布局方式已经被全部打破，因此提供了一个融入环保、宜居、可持续等创新社区规划理念(如：垃圾分类收集循环利用、太阳能的利用、沼气技术的推广、雨水收集的使用等)的契机。但在客观上，农村民房重建往往是以家庭/户为单位，加之村民对于环保、可持续等理念的理解和接受程度存在天然的差异，若缺乏科学、完整的规划方案作为引导，则很难把这些新的理念真正融入到重建工作中去，灾后家园重建、社区改造难免落于窠臼。"震后造家"专家团队的加入，正好解决了这个问题。

8月28—29日，"震后造家"行动组一行十多人来到四川民乐村，包括北京大学朱青生教授、中央美院费菁教授、超城建筑总建筑师车飞和成都家琨事务所的刘家琨等，他们带来了自己关于震后房屋重建的新设计理念，并且实地考察了民乐村的地形地貌。"震后造家"行动组与村民代表面对面探讨关于震后房屋的经济、实用、安全和美观的各种话题,家琨事务所展示了小框架+再生砖的房屋构架,他们还向村民们介绍了台湾建筑师谢英俊的乡村建筑工作室在灾区建造的钢结构房屋,为民乐村重建农房的设计做了初步准备。

10月中旬,"震后造家"专家团队受中国扶贫基金会的委托,根据《民乐村灾后重建资源与需求报告》中农民的想法和期望,结合8月底对民乐村实地考察中获得的信息,完成了《民乐村灾后重建空间及单体房屋设计规划》,为民乐村空间布局规划和单体户型设计提供了基本依据。

灾后重建规划中,农户生计恢复的问题是必须要重点考虑的问题,也是灾后重建规划的重要内容。在灾区农业损失严重、农民收入大幅下降和灾区农民灾后重建高额支出的压力下,如何帮助灾区农民在尽快重建美好家园的同时,还能为他们创造更多的收入来源,帮助他们自力更生,既是一个难题,也是一个用创新手段解决问题的机会。这两个问题的统筹思考和解决值得我们花大力气探索和尝试。

在民乐村灾后需求快速评估的基础上,基金会邀请中国农业大学人文与发展学院李小云教授为代表的专家团队,就民乐村生计项目的具体规划进行调查研究。9月30日—10月3日,农大刘启明和陈冲影两位老师来到民乐村,进行了参与式调研,对民乐村适合进行的生计项目进行了初步的研究,并在此基础上形成了《民乐村生计发展规划方案》。

### 需求的视角与顺序

我亲耳听到一个小学校长讲的经历,生动反映了灾后心理重建不同流派的差异。那是地震发生后没几天,他和老师们刚刚经历了可怕的地震打击,有些老师还惊魂未定,确实需要心理疏导。有一天上午,来了一个心理学志愿服务组织,对他们说你们失去了亲人和孩子,一定会很悲伤,想哭就哭吧,不哭出来压在心里不好,一定要哭出来;当天下午又来了一个心理学的团队,对他们说你们虽然失去了亲人和孩子,但是一定要坚强,不能哭,不能过于悲伤……"到底是哭好还是不哭好?简直弄得我们哭笑不得!"这可能是由于理论模型不同、方法手段不太一样造成的差异。但是对同一件事情竟然给出如此截然相反的处理方法,还是让人感到有点不可思议。

乡村建设领域也有不同的流派,虽然都以乡村的可持续发展为最终目标,但却源于不同的专业和经验,各有不同的视角和工作方法。虽然我们前面做了需求评估,也对生计重建做了规划,大致思路是明确的,希望去做产业,从产业入手推动整村发展,但是当时也有很多不同的意见和争论。因为我们缺乏整村灾后重建的成功经验,我们希望博采众长,广泛了解吸纳各种不同的有效方法。

刚刚经受了地震打击的村庄百废待兴,面临着很多问题,包括住房重建、生计恢复,以及民风问题、教育观念落后问题、看病难问题等。另外村庄卫生环境在地震前就一般,地震后更是垃圾遍地,情况很糟糕;村民整体的文化程度也不高。因此在环境保护、文化建设等很多方面,都是有现实需求的。我们邀请在乡村建设的研究和实践方面比较活跃的专家学者,包括北京地球村创始人廖小义、中国社科院的杨团等来出谋划策,给我们的工作提供指导和建议。廖小义的角度是环保,她建议我们一定要坚持绿色重建、绿色发展,后来红十字基金会支持她的理念,实施了乐和家园项目;杨团是要做综合农协,借鉴日韩和中国台湾地区的模式,推动农民组织化建设;还有的专家建议要从文化角度切入,让村民文化生活活跃起来,用艺术活化乡村;也有专家提出要从妇女的视角看乡村发展,要培训妇女,让她们在乡村重建中发挥作用等。

这些讨论都很有价值,给了我们很多启发。但最终要具体落实的时候,当然要有一个辨别的过程,还要尽可能全面地考虑。经过反复讨论,最终我们统一了认识。这么多需求虽然都很迫切,也确实都有支持的价值,但是这些需求是有层次的,是有先后顺序的。根据我们的经验,我们认为文化、环保项目是应该做也可以做的,但是在灾后重建阶段,尤其是因灾致贫的重灾村,如果不首先回应当地最迫切的住房、收入需求,如果项目活动不能给当地村民带来收入的增加,不能缓解他们的经济困难,是很难得到村民认可和支持的。即使能调动村民一时的热情,也难以持久,时间一长,项目活动就会逐渐被村民冷落。比如搞文化项目,可以组织村民看电影、学舞蹈等活动,也许搞几天、搞几次还可以,一旦村民过了新鲜劲儿,项目活动可能就没人参加,搞不下去了,因为他们肯定还要忙着挣钱呢。他们更关心的是家里有人看病没钱,孩子上学缺学费等问题,我们认为这些需求是更优先的。

在吸收各方意见的基础上,基金会明确了重建策略,就是在住房重建完成之后首先从生计入手,想办法帮村民实现收入的增加。收入增加之后,村民才会有心思接受其他方面的培训和成长,而且培训内容也尽可能要跟生计有关,村民才感兴趣。所谓"仓廪实而知礼节",不先解决经济问题,其他问题的解决就没有"抓手"。生活的压力没那么大了,再去做文化建设,做家风教育,提倡保持优良的传统美德、孝敬父母、重视孩子教育等,这个时候村民才可能会感兴趣,才会重视。就环保项目来说,如果他自己家里生活的事还没解决好,他哪会有心思关心村里干净不干净?你们外来人觉得不干净,跟我有什么关系?根据马斯洛的理论,人的需求是分层次的,有先后顺序的。我们认为乡村建设也要尊重这个规律,顾及村民最基本的需求。

### 规划论证会

2008年10月21—22日，基金会在德阳组织召开了"民乐村灾后重建规划研讨会"，参加会议的主要是有关方面的专家学者和当地政府工作人员。这次会议的主要内容是就我们前期在民乐村开展的工作进行总结，对第三方团队的需求评估结果和整村重建规划进行论证。在对民乐村进行实地调查之后，专家们对于基金会在民乐村的工作有了感性和理性上的认识。甘庭宇和刘启明老师分别介绍了各自参与式调研的成果，"震后造家"的专家展示了各自为民乐村的农房重建所进行的户型设计方案。我也代表基金会，向与会专家们介绍了我们关于民乐村总体灾后重建的设想。

研讨会上，专家们进一步探讨了我们前期工作中的得失，并就重大自然灾难之后乡村社区的重建问题发表了各自的意见。大家对我们的整村重建设想给予了充分肯定。

根据调研和论证，我们确定了民乐村整村重建的方向、原则和指导思想。一是要坚持硬件建设和软件建设结合，不仅要做基础设施援建，也要做能力建设；二是要做到长短结合，不仅要回应灾民短期的需求，包括住房、基础设施这些需求，也要关注他们长期能力的成长、可持续生计的发展；三是要注重外部输血和自我造血相结合，在加大援助力度无偿捐赠的同时，帮助灾区村庄建立自身发展能力；四是要坚持生产和生活相结合，在解决受灾群众基本生活条件的同时，积极帮助当地恢复生产发展经济。

### 重建工作内容

在第三方规划的基础上，我们明确了参与民乐村灾后重建工作的以下主要内容。

基础设施重建。基于民乐村基础设施严重损毁的现状，多方筹措资金(中国扶贫基金会捐赠、国家财政资金、对口支援资金)，全面重建卫生所、民房、道路、桥梁、农田水利等基础设施。基础设施建筑设计在美观、大方、实用的同时，要确保文化遗产、乡俗民情得以传承和发展。同时还要引入创新、可持续的社区规划理念，如垃圾分类收集循环利用、太阳能的利用、沼气技术的推广、雨水收集的使用、污水自净系统等。

生计恢复发展。综合民乐村的地缘特点、资源特点、产业结构、人口构成等因素，为民乐村制定生计恢复发展的大致规划。在基础建设工作全面开展后，逐步实施一系列生计恢复援助内容：建立社区发展基金，鼓励村民自主创业，提供小额贷款支持；扶植优势的本土产业(以农林牧副渔为主)；筛选出若干适合农村致富的中小型项目，因地制宜地推广；对村民进行技能培训，或提供劳动力转移等服务。

能力建设和组织培育。农民是农村社区灾后重建的主体，外部力量的介入是暂时的，也是短期的，农民是农村长远可持续发展的第一要素。因此，我们在民乐村灾后重建的工作中，很重要的一部分内容是培养当地能人，帮助农民进行自身能力建设，进行必要且有条件的农村合作组织建设、培训和发展。

**项目的目标**

根据对民乐村总体情况的了解，以及对农村社区灾后重建工作的理解，我们提出了民乐村灾后重建工作的三重目标：

首先是要充分调动灾区农民的自主能动性，帮助项目村的农民尽快完成房屋重建，改善他们的生产生活条件，提高生活质量，促使本村整体面貌较地震前出现较大改观，为村民造福。

其次是在完成房屋重建的同时，启动产业发展项目，增加村民收入来源,形成可持续发展的产业,逐步把项目村建设成为环保、生态、宜居、可持续发展的农村社区。

最后是探索社会组织参与灾后重建工作的有效模式。"5·12"地震以来,国内社会组织在紧急救援工作中发挥了不容忽视的作用,但在长远的灾后重建领域中,当时尚缺乏与时俱进的实践经验。相关知识和经验较多源于对台湾1999年"9·21"大地震后的总结和借鉴,当时还没有哪家本土社会组织能够拿出系统的农村社区灾后重建方案。

我们认为社会组织最应该做的事情,是社会需要、政府想做但暂时还做不过来的事情。社会组织创新机制灵活,可以在一些未知领域进行大胆的尝试和探索,如果我们的试点项目取得行之有效的经验,无疑将为贫困农村社区的灾后重建提供可借鉴样本,是很大的贡献。

我们追求的目标是:做出我们的特色,树立农村灾后重建样板。为更多有志于乡村建设的社会力量提供有价值的参考和依据,造福更多灾民。

## 四　住房是重建"敲门砖"

### 除了建房其他免谈

民乐村地震后的工作可简单分为下面几个阶段:一是紧急救援,二是恢复基本生活秩序,三是民房重建,四是发展生产、增加收入。在政府和社会力量的积极介入下,村民依靠原有的社会、经济网络,较快适应了新环境,具备了基本的生产和生活条件。基金会进入民乐村的时候,前面两个阶段已经结束了。

　　因为有大凉山项目的前车之鉴，我们认识到乡村可持续发展的基础在于建立可持续的收入来源，因此在规划乡村发展项目时不应把资金都用在基础设施的建设方面。同时因为在汶川地震灾后重建中，政府将会对基础设施建设投入大量的资金，所以我们希望我们投入民乐村的500万元捐款，主要用于村庄的可持续生计发展项目。

　　从设计和规划上，我们一直把民乐村工作重心放在合作社建设和产业项目的经营上，因此在原来的计划中，我们并没有打算花很多的时间和精力在民房建设上。我们设想户均1万元的捐款全部用于生计发展，这样就可以建设规模较大的产业发展项目。

　　但是在实际需求评估过程中，我们发现村民最大、最迫切的需求还是住房重建。先要有地方住，这是一个无法回避的现实问题。地震后村里93%的房屋倒塌，大部分村民都住在帐篷或者临时搭建的过渡房里，漏风又漏雨。从干部到村民都希望早些把房子建起来，有个安稳的家。民房重建自然而然成为当时重建工作中最迫切的任务。对此我们很难不予以回应。

　　更关键的是，我们在调研中也分明感觉到，这时候除了建房的问题，村民对其他问题根本不感兴趣。项目人员也曾试图扭转村民的思路，把大家的注意力放在生计发展的讨论与操作上来，不过没有成功。我们告诉村民我们的担心，如果钱都用在房子上，未来的产业项目可能就没有资金开展了，未来村里的收入就没有可靠的来源。这个道理村民们虽然能听明白，但是他们会说那都是以后的事儿，眼前还是先把房子盖起来再说。

　　合作社第二任理事长洪继光后来这样评论我们当时遇到的困难："就拿资金的用途来说，基金会从开始就主张留一部分资金用于村里的产业项目，村民们当时并不是真的都不知道这样做的意义，但是在灾后重建背景下，村民们想的还是怎样找到足够的钱，尽快把房子修起来。所以村民就不愿意把钱集中起来放在别人手上，大家就想要分钱，好用这个钱来建房子，这是他们本能的反应。跟他们说什么现代企业方法、村庄可持续发展这些概念他们没有切身感受，他们也很难理解。他们只知道把钱交给集体这种事情不靠谱，这是长久以来真实形成的观念。"

"因为地震前村里面也集体办过养鸡场，但是养着养着鸡场就倒闭了。不管倒闭的真正原因是什么，总而言之，在大家的经验和记忆中，所有以集体名义搞的事都是搞不成的，村民们觉得集体的钱都会被村官吃掉，他们也沾不着什么光。村民们心里对这个事情形成了自己的判断和感觉。听我们说要办合作社，大家还有一个很刻板的印象，觉得这个合作社是不是就跟以前人民公社一样吃大锅饭？而大家认为那是没有出路的。另外大家手上真是缺钱，比如家里养猪，要买一个猪苗钱都不太够，因为当时大家都在建房子，把钱都花在房子上了。"经过前期大量的沟通和调研，我们搞明白了一件事：在灾后重建初期，只要村民的房子还没有建起来，那么房子就是村民眼中最重要的事情，其他的谈什么都没有用，做什么都做不了。在这之前，生计类的项目只能暂缓。要参与村庄的灾后重建，必须从参与住房重建开始。根据村民的实际需求和专家的建议，我们决定先集中精力帮农民建房子，等建房工作完成之后，我们再腾出手来，推进生计重建的产业项目。

为了回应村民住房重建的需求，我们完善了最初的项目计划，调整了民乐村捐赠资金的使用方向，增加了民房重建和村庄公共设施的援建内容，并在此基础上形成了民乐村整村重建的预算框架。我们不得不把530多万元捐赠款分为三个部分，其中一半约260万元预留用于产业扶贫基金，160多万元用于农户建房补贴，其余100多万元用于公共设施重建，如修桥、建村民活动中心等。

### 分歧与妥协

我们关于民乐村整村重建的思路得到了绵竹市政府的大力支持,双方商定,在民乐村灾后重建规划的基础上,由中国扶贫基金会统筹民乐村的整村重建工作,从村庄重建工作的总体规划、灾后重建项目的推动执行,到包括政府资金在内的重建资金的统一管理,全部由中国扶贫基金会负责。这无疑是政府与社会组织合作的一个大胆尝试,体现了当地政府开放创新的进取精神,更体现了对基金会工作的认可和信任。

2008年11月6日,中国扶贫基金会和绵竹市政府签订了土门镇民乐村灾后重建合作备忘录,绵竹市政府同意由基金会和土门镇政府设立共管双签账户,专项管理中央及地方政府支持民乐村的灾后重建资金,民乐村项目正式立项。11月12日,基金会开设了援建民乐村的专门账户,民乐村灾后重建项目就此正式启动。

第一阶段的主要工作包含两个部分的内容。一是集中精力帮助村民重建住房。因为政府的农房建设补助资金也由我们统一发放,所以民房重建成为当时我们最重要的工作内容。具体来说,这项工作包括村庄规划,资金统计及发放,房屋质量监管,村民、施工方、民工三方关系协调等内容。二是在帮助农民建房子的同时,开展村庄公共设施的恢复建设,包括道路修复、农田基本水利设施修复、电网修复、断桥修复、村民活动中心建设等。

在民房重建方面,基金会的工作人员主要从村庄总体布局规划、重建住房的择址、户型设计、工程施工监理和住房补贴资金管理发放等方面为村民提供帮助。在确定户型、完成施工单位招标后,按照规定程序,准确而及时地把政府和基金会的补助资金发到建房农户手中,是这一时期最重要的工作。

建设住房首先要处理好两个分歧。一是关于民房重建地址的选择，是集中修建还是原址重建，政府和部分村民的意见不太一致：政府和基金会的工作人员主张村民应该集中居住，认为集中居住有利于整合村庄资源，提高村庄公共设施的利用效率，提升村庄的公共服务水平；而部分村民更喜欢原来的居住环境，认为在原址修建省时、省力、省地，并不愿意把房子修到集中点来。其中二、七村民小组有部分村民强烈反对集中修建，并认为集中修建是"浪费耕地"（新规划点靠近路边，大部分都是农田）。经过反复的沟通协商，最终形成了适度集中重建的折中方案，根据村庄原来的分布特征，把全村规划为若干居住组团，既兼顾了集中居住的效率要求，又照顾到村民临近原来居住环境和土地，保持其原来社会关系的需求。尽管如此，还是有个别村民不愿意搬到集中点上。村里调整了住房补贴政策，明确只有在集中居住点建房的人才能享受基金会的建房补贴。这些村民为了拿到补贴，最后还是同意了折中方案。

另一个是关于工程施工组织方式的问题，是全村统一组织建房还是村民自主分散建房，村民之间有较大的分歧。统一派认为统一建房效率比较高，速度比较快，和施工方谈判有优势，可以压低施工价格；自主派则认为，统一建房存在信息不透明、村民难以参与、个性化需求得不到满足等隐患。最后协商的结果，村民们同意以村里七个村民小组为单位，分别进行统一重建。这样既有一定的规模优势，又能适当照顾到村民的个性化需求。

在以上两个问题达成共识的基础上，2008年11月，在政府指导下，我们帮助民乐村各村民小组分别成立了农户建房互助委员会，统一对接施工队伍，协调施工进度，监督施工质量。

桓靖是最早进入民乐村项目的工作人员之一，从中国农业大学一毕业就加入了中国扶贫基金会。按他所言：内心依然信守着对乡土的无比眷恋和持久热情。在绵竹市土门镇民乐村这样一个最普通的川西平原上的村庄里，曾有一丝火苗点燃过年轻人的梦想。桓靖用自己的博客记录了集中规划重建与原址重建的选择中产生的分歧与妥协：

> 二组组长来问：我们二组领的你们支持的钱，为什么是1000元，比其他组的每人少200元？
>
> 答：少拿200元的都是没有在集中规划点修房的。
>
> 问：那五组为什么有几户没有在集中规划点也发了1200元？
>
> 答：统计失误，第三笔发款时会扣掉多发的钱。
>
> 问：你们是扶贫的吧？二组是全村最困难的，既然你们是扶贫的，就应该考虑这个问题。如果你们是建设社会主义新农村的，要求一定要集中规划，那我们二组不集中的一定不多要一分钱。
>
> 答：第一，是否困难，我们也没法定，要看村里和政府的意见。第二，即便有困难，村里恐怕也没法特殊照顾，这会引起很大的不平衡。第三，关于集中规划问题，这是政府倡导的，这样有利于集中提供公共基础设施，我们也支持。原来我们制定的计划里是不资助原地重建户的，只针对集中规划点的农户，这是一种倡导也是鼓励，很多原计划原址重建的农户都在这个资助政策下搬到集中规划点了。现在考虑到大家建房普遍遇到的资金困难，我们又和捐赠方商量，也征求了村里的意见，决定给予原址重建的农户一些支持，但是这个支持又不能引起集中规划点农户的不满，所以我们制定了原址重建农户每人资助1000元的新政策。我们在村里的援助工作要考虑的因素太多，大家的利益和意见都要照顾到，也是很不容易的，不能朝令夕改，希望您能理解。

问：可是我们二组的自然条件摆在这里，调地集中修建是很不现实的，另外大家确实困难，希望你们也能理解，给予支持。

答：二组的特殊情况我们是了解的，并不是我们故意为难二组，而是我们的工作无法逾越制度和规则。您看能不能这样，集中规划点的要求是20户还是15户，是有弹性的，您应该和村里商量，是否可以根据二组的特殊情况，放宽政策，只要村里认定二组的重建户属于集中规划修建，那我们就容易操作了。

到这里，我们基本上算是给了二组组长一个说得过去的答复。送走他的时候心里想：基金会的理念和工作机制怎样可以有足够的弹性，以便我们能个性化地解决确有困难的个别农户所遇到的巨大困难呢？

念及在村子里工作的那些日子，总会想到每天都要经历的新问题，在不断的轮回中，实现着工作与个人的所谓螺旋式上升。

## "震后造家"与"建筑改变"

为了更好地帮助村民重建住房、恢复家园，基金会发挥自身优势，协调引进了"震后造家"行动和BUILD CHANGE（建筑改变）等专业志愿者组织，给民乐村的住房重建提供了高水准的技术支持。在村庄布局规划、住宅建筑设计、工程施工监理等方面积极参与，发挥了很大作用。

"震后造家"组织了十几个建筑设计师来给村民设计房屋，在8、9月份实地调研的基础上，共设计出12种户型。2008年11月4—16日，中国扶贫基金会联合"震后造家"行动组在村里举办了民乐村灾后重建农民住房户型设计展，向村民们展示、说明设计师们不同的设计理念和方案，希望村民们从中选出自己中意的户型，造出自己满意的房子。

虽然每一款设计都各有千秋,具有不同的风格,但是所有的设计无疑都凝聚了设计师的大量心血,不仅外观非常新颖,结构也很现代。我们希望各农户选择不同的户型,建成一个与众不同的新村。结果让设计师们感到意外和沮丧的是,村民犹豫了很长时间,却只选了一种户型,就是由超成建筑事务所车飞先生设计的"3×3"魔方体结构的户型方案。

在户型设计和房屋结构上,村民们认为设计师们无非是想把"美国、北京、上海的房子建到村里来",没有考虑村民的经济能力,设计的抗震标准过高,增加了建造成本。村民们觉得即便没有设计师的图样,他们照葫芦画瓢也能把房子盖成城里的样式,但刚刚经历过地震打击的他们认为只有钢筋水泥的平房才结实耐用,也最符合他们的经济承受能力。

其实大部分村民在户型选择上都拿不定主意,只要村民中有一个选了某户型,并说出充分的理由,大家就会都跟着选。所谓户型的好坏,其实就是一个主观判断问题,没有绝对的是非对错,喜欢就好,不喜欢就不好。而村民们最怕别人说自己不懂,怕自己选的户型和别人不一样,从而被别人笑话、出洋相。这种怕出洋相、怕被别人笑话的从众心理导致其他11个户型无人选择。

大部分村民接受了车飞先生设计的户型,但在房屋构造上选择了家琨事务所的小框架结构。12月4日,车飞先生来到民乐村亲自指导施工队建房,村民坚持要求更改雨棚、墙面刷白、女儿墙等相关细节上的设计,这让车飞很无奈。项目实际推进过程中,车飞也和村民生了不少气,因为村民在实际施工中对原设计做了大幅修改,甚至根本不按设计方案建造。从最后的结果来看,虽然设计师们给村民设计了非常专业的户型,但住房重建基本还是按照村民自己的想法来做的。

BUILD CHANGE是一家美国志愿者组织, 也是由一群专业建筑师组成的志愿者队伍, 有丰富的灾后重建经验。他们主要为村民提供免费工程监理服务, 帮农民监督施工队, 比如是否按照设计方案来施工, 技术细节是否符合国家规定标准, 隐蔽工程施工是否有偷工减料等。在中国扶贫基金会国际战略合作伙伴"美慈组织"的支持下, 2008年12月10日, 基金会重建办与BUILD CHANGE签订合作协议, 以便他们在民乐村以及土门镇其他村庄开展工作。BUILD CHANGE招聘专门的技术人员, 为村民住房重建提供质量监理服务, 对村民和施工队开展技术培训, 为农户提供针对特定需求的户型设计。

图9　美国的建筑师志愿者协助房屋建设

在施工队的选择上,一般都是各家承包商通过各种关系直接找村两委干部和村民小组组长。2008年11月至2009年4月,来自德阳、成都、达州、眉山、河北廊坊等地的多个施工队积极和村干部及各小组长接触,希望承揽农房重建工程。每个小组由农户建房互助委员会出面接待洽谈,请各施工单位介绍自己的施工资质、实力、报价、服务范围等,再分别由各队农户代表共同讨论,决定选择哪个施工队伍。

在这个过程当中,七组、六组、四组施工单位进场施工较快,二组、三组等到4月份才完全开工。三组之所以开工比较晚,是因为小组内部土地规划、置换、谈判的工作就花了两个月的时间,施工方选择也几经周折。在接触了四五家施工队后,三组建房代表最后选择了达州的一家建筑单位,但实际干活的却大部分是河北的工人。为了尽早拿到项目,这家施工队还免费为三组村民拆废墟,修建新的过渡房等,花了不少本钱。当时工程转包的现象比较普遍,一组、三组、五组、七组都是由本村的两个老板承包后再转包给外地施工方的。

建房过程中出现的主要问题是建房质量问题和拖欠建房款,一方面各个施工方普遍不能按照国家标准施工,另一方面绝大多数农户也不会按照合同及建房进度交付建房款。这两个问题充分地反映在上访人群的变化上:前半年到镇、县、市三级政府部门上访的主要是建房的农民,他们有建房质量、建房补贴标准及建房进度上的诉求;后半年,因为建设方无法按照施工进度收回工程款,上访的人群由建房的农民变为承包商、施工方、材料供应商以及农民工等。最后政府出面协调催收并解决建房欠款的问题,反过来又被少数农户告上法庭。整个农房重建的过程牵涉各方利益,矛盾错综复杂,甚至出现了局部暴力纠纷事件。村民们虽然在此过程中大大增强了法律意识,但是仅靠法律与合同却往往不能解决农村的实际问题。

### 村民的不满

当村民们第一次听村干部说基金会要给民乐村捐赠500多万元支持灾后重建，平均下来每户都有1万多块钱的时候，大家都很高兴，他们认为分钱最符合他们的利益。村民们以为每户都能拿到1万块钱的住房补贴，大部分农户也是在这样的预期下，同意按照集中规划的标准修建房屋。

不过等到中国扶贫基金会的驻村工作人员真正来到村里，他们发现原来的希望落空了。村民们从他们那里了解到，并不是像很多人传言的那样，基金会帮助村里人盖房子，村民可以不用自己花钱。基金会捐赠的500万元资金，大部分都要投入到产业发展项目和公共设施项目，直接发给他们的建房补助款只有每人1200元。因为他们听说别的乡镇有的村子每户能够拿到政府额外补贴的1万元，他们就认为基金会的援助没有给他们带来多少好处，反而是"占着茅坑不拉屎"，导致他们得不到更多的补贴。

村民们觉得自己被欺骗了，认为他们该得到的利益没有得到，再加上当时绝大部分农户都因修建房屋背上了几万块钱的债务，而基金会负责发放的政府建房补助款也需要复杂的手续，不能一下子就拿到，不满的矛头就指向了基金会、村干部和镇政府，他们不止一次聚集到镇政府，围着镇党委书记和镇长表达不满，讨要说法。

虽然村民们在筹款建房缺乏资金时，多次给基金会施加压力，试图改变基金会的资金使用分配方案，但是我们在村民的压力面前始终没有让步，坚持规划用于产业发展的资金必须专款专用，不能用于住房补贴，更不能一分了之。在这个阶段，村民是无奈、失望的，部分村民甚至表现出愤怒的情绪。但是随着建房工作的推进，村民们慢慢地加深了对基金会的了解，感受到基金会的诚意，也逐渐地开始理解基金会的思路,村民更多地认识到了基金会坚持要办新型的集体经济,也是为了民乐村未来更好地发展,渐渐地接受了基金会的捐赠资金不能全部用于住房建设的现实。

合作社监事徐藤禄就说:"我始终认为,基金会的出发点是非常好的。当时大家建房都缺资金,那种情况下,你把钱发给大家,大家一下子用掉了,后面你再想干点什么事情,肯定就没有钱了,那就连一点想头都没有了。他们之所以坚持不把钱全部分给我们,考虑的就是为灾后的重建发展保留一部分资金。如果不考虑未来发展的话,他们哪来这么多麻烦,这不是自己引火烧身吗?对基金会来说,把钱花掉是多简单的事儿,把钱给村民一发就完了!"

总的来说,我们参与农房重建的过程是一个与村民磨合和碰撞的过程。随着村民对项目认识的不断加深,他们对基金会的态度也一直在变化着。而我们也在不断的碰壁中进一步了解了乡村工作的特点和规律,学会了与村民沟通、合作的方法,并最终组建了合作社这个村庄发展的平台,为下一步工作的顺利开展打下了基础。

**只有发现金才能解决问题**

为实现整体工作的目标,有时我们不得不在某些地方停下来,倾听村民的意见,按照他们的意愿和方式开展工作。建房款发放方式的调整就是一个典型的例子。

按照和绵竹市政府的约定,由我们来负责政府财政和基金会捐赠共约1000多万元的住房重建补贴资金核算发放工作。按照国家的统一标准以及基金会资金管理要求,建房款应该根据建房进度分三次打到农户在信用社的粮食直补账户。在精心的准备以及艰苦的协调后,基金会重建办工作人员于12月30日把政府第一批40%的建房补助金以现金形式直接发到农户手中;又在1月8日、13日、15日经过多次操作确认,终于把政府第二笔40%的补助和基金会前两笔总计80%的资金打入建房户在信用社的账户。

但是在具体的操作中却暴露出下面的诸多问题:一是建房资金统计、发放的进度跟不上建房进度;二是国家规定的资金发放标准跟农户的实际补贴标准不一致;三是建房农户和拥有粮食直补账户的农户不能一一对应,新建账户较为困难并且不是所有的村民都能够新建粮食直补账户;四是农户补贴标准与补贴金额的核准、确认及再确认的工作需要较多的时间;五是除民乐村外其他村庄都是一次性发放,分批发放的做法受到村民诟病。

因为户主户名错误、账号错误、旧户销户、无法建户、一人两名、操作失误等诸多原因,第二笔资金虽然拨付了三次,仍有部分农户没拿到急需的建房资金。由于村干部还担心部分农户可能领了双份补助,这些农户的拨款需要反复核实与确认。

村干部抱怨资金发放流程繁琐带来的巨大工作量;农户们也来回折腾,可就是拿不到钱;施工方则认为是基金会的资金拨付流程导致他们不能及时从农户手中收回工程款。元宵节后,四组80多户村民等着支付建房资金,三、五、六、七组房屋重建也随即开工,如果资金发放流程不能够很好理顺以适应村庄实际情况,估计不仅资金发放的工作要占去基金会工作人员绝大部分的工作时间,同时还可能产生很多不可预测的矛盾,激化村民的不满,导致基金会未来的重点工作——村庄生计发展的工作也难以开展。

为解决上述存在的问题,基金会的驻村工作人员与村民、村干部、基金会总部财务人员反复讨论,根据村民的要求调整并完善了重建资金发款手续与流程,不再坚持把资金打入农户信用社账户,而是改为直接发放现金;另外为了缓解农户和施工队的资金压力,在不影响整体工作安排的前提下,我们把农户补贴发放的批次由前期的每户分三次发放简化为两次完成发放。经过上述实事求是的调整，建房补贴发放的进度和效率得以明显提高，而之前担心的准确率却并没有因此出现明显下降。

桓靖当时的博客记录了发钱过程中遇到的困难和解决的过程：

想起之前发建房资助款的事情。总部财务部要求我们根据基金会规范的做法设计发款流程，为了安全和可控，我们选择了把钱直接打入受益人账户的方式。但这里的情况不比城里，我们面对的是500多户千差万别的农村家庭。年老的、年少的、学历高的、没读过书的、唯一的账户已注销的、没有身份证的、丢了户口本的、姓名里同音异字的、户口本与身份证还有与账户名字不相符的等各种莫名其妙的情况都在这里存在着。这些问题自然导致我们账户信息的搜集、核实以及拨款等工作遇到很多困难，效率很难提高。另外，大家建房用钱在即，发钱的进度一天两天都耽误不得。还有不得不承认的是：灾民是有一些心理优越感的，一旦发钱进度慢，大家会觉得那都是你的不对。以上种种，证明一点：在北京适用的、科学的、严谨的、完善的流程，到了村里却不一定适用，或者虽然适应北方农村，却不适应南方农村，再或者适应一般农村，但却不适应重灾区农村。

他们以往是这样发钱的：村干部去镇上信用社提钱，额度较大时可申请镇上派出所协助护送到村，然后各小组干部前来领取本小组村民该领款项。小组干部领款时需向村上出纳打收条，钱发完以后，小组干部要拿全体领钱村民签字盖手指印的表格，在村上出纳处换回自己的收条。一直以来，他们都是这样发钱的，"从来没出过问题"。

尽管村干部说从来没出过问题，但我们还是担心出问题，因此坚持了打存折的方案。到后来，实际操作中，打存折的种种弊病一一暴露出来：账户信息统计困难、信用社灾后工作量过大不能及时处理、差错率高、发款速度慢、村民嫌去镇上取钱麻烦等等，不一而足。这些问题刚出现，就发生了"恶性"事件：上访——据当地镇领导说有村民直接找他，说我们发钱的速度太慢，影响了建房进度。当时建房进度是政治任务，所以镇领导马上向我们施压，要求我们妥善解决问题。这样一来我们变得十分被动，但是总部财务部坚持不同意修改发款流程，要求我们开动脑筋解决问题。

在这样两难的处境中，我们不得不再想办法解决问题。账户没有问题的自然好说，关键是账户有问题和没有账户的问题不好解决，最后，我们和村里商量出一个办法：本人账户有问题的，其直系亲属账户可以代领。这个办法也有很大的弊端，一来会给未来的发款统计与核实带来大量麻烦，这些代领的都需要在表格中注明代理缘由、关系、额度等等，但我们又对村里这些关系不够了解；二来存在一种风险，就是老人户口独立时，他的钱由大儿子代领还是小儿子代领，代领以后他们不给老人钱怎么办？我们在实际工作中遇到的类似情况表明，这个办法其实是有风险的。但当时，我们没有想到更好的办法。

存折发钱的事情折磨得我们焦头烂额，简直是怨声载道：政府那边有怨言，因为老百姓投诉、上访，影响政府形象；信用社有怨言，因为工作量太大；村干部有怨言，因为老百姓意见很大；老百姓也有怨言，因为施工队催着要钱而他们迟迟拿不到钱；施工队更有怨言，不及时支付工程款施工进度怎能保证？政治任务怎能完成？我们按照基金会制度要求设计的"科学"的发款流程难以满足当时实际工作的需要，导致住房款不能及时发放给急等着用钱的农户，遭到了全面的质疑。这期间，我们多次与财务部协商修改发款流程，财务部坚持原则，不予同意。我能够理解，因为那是他们的职责所在。

　　尽管秘书处领导很着急，催我们尽快着手生计发展、产业重建的工作，但是当时我们却有苦难言：发钱工作让我们陷入一片泥淖，挣扎不出来呀！发款的事情反映到秘书处领导那里，领导下定决心解决这个问题，要求财务部一定要结合项目实际情况合理修改发款流程。于是我们和财务部开电话会议，讨论发款流程修改事宜。沟通过程很艰难，所幸最后的结果还是值得欣慰的：财务部最终同意改打存折为发现金。但是要求不能由组长把钱领回去再发放，要求发款过程全部在我们的监控之下。至此，终于解决了安全高效发放现金这一难题。

　　那些在村子里经历的事情，虽然大多不能写入中国农村发展史，但都已写进自己的生命，成为弥足珍贵的回忆和财富。2009年5月12日上午，地震一周年的日子，领导发来邮件："我们在村里的实践，是前所未有的创新，无论其成果和曲折，都将是中国农村发展实践的宝贵经验。"

　　尽管建房工作初期遇到了一些困难，但民乐村住房重建工作总体而言还是很顺利的，从2008年7月份开始考虑住房重建的事，到2009年9月份，仅仅用了一年多的时间，全村住房就建完了。到2009年9月份，我们共发放民房重建补助资金1018.61万元，其中政府资金850.8万元，基金会资金167.81万元。民乐村共有537户村民，除去在村外居住的5户、要去其他村镇重建的1户和11户重建政策不同的特殊家庭，按照村民多户合建的需要，民乐村新建农房511户，涉及1388人；加固6户，涉及25人。到2009年10月初，全村517户重建的新房全部建成,村民们陆续搬入了新居。民乐村是绵竹灾区最早完成农房重建的村庄之一,从施工进度到施工质量都比较令人满意。

我们参与民房建设的工作持续了十个月左右的时间。因为有基金会对规划、建房、发款的介入,民乐村房屋建设质量较好、建设进度较快,农户也较早地搬入了新居,也没有像其他村庄那样出现虚报、冒领建房款以及严重的房屋质量问题。

但这项工作的难度和我们付出的代价远远超过了我们的预期。由于前期在房屋是否统一修建、资金发放的流程两个方面没有很好地满足村民实际的需求,村民对基金会的工作产生了较大的不满情绪。村民认为基金会在做我们不应该做、也做不好的事情,如管理政府给农户的建房款、提倡统一建房等。另外,因为急于推进村庄生计发展的工作,而没有及时把工作重点转移到农户民房建设上,虽然在生计发展项目上做了不少的工作,但却没能产生理想的效果。这些问题导致村民对基金会产生了一定的负面情绪,也给后面推动产业发展的工作带来了额外的阻力。

**驻村的陈晶晶**

之前的大凉山项目,是由中国扶贫基金会牵头,专家参与项目调研设计,具体由四川省扶贫办外资管理中心负责执行的,基金会参与并不是很具体,谈不上有很深的实质性体验;到了民乐村项目就全然不同了,经过艰难的摸索和博弈,合作社的机制相对完善地建立起来了,基金会的参与既深入又全面。不仅掌握着灾后重建的部分捐赠资金,而且受政府的委托,统筹主导全村的灾后重建工作,可以说有很大的主导权。为了做好民乐村项目,我们决定派陈晶晶长期驻村开展工作。陈晶晶也是中国农业大学的毕业生,对乡村工作充满热情。

尽管我们有意识地不要过多卷入村庄的日常事务,但是由于基金会实际上的影响力，村民慢慢地习惯了什么事都要请陈晶晶来给个说法，不管是家长里短还是村民之间的各种纠纷。驻村的陈晶晶不知不觉被卷入到村庄中各种复杂而琐碎的事务当中，俨然成了"二村长"，成了矛盾的中心点，而且深陷其中，难以自拔。

下面是陈晶晶写的驻村日记，记录了工作中的酸甜苦辣。

　　　灾区很大，我一个人在民乐村上班。

　　　民乐村位于四川盆地西北部的龙门山下，离成都宽窄巷子约92公里，在绵竹市西南、遵道、土门三镇交界处。村子往西6公里是剑南春酒厂，往北16公里有东方汽轮机厂汉旺镇旧址。要是坐公交车，到了绵竹后得在西门车站坐往广济镇方向的车，在邓林村加油站下，再往北走2公里，约半个多小时左右就能到村委会。2008年12月底，我从北京转火车到德阳，买了个当地的手机号，把一箱子书丢在德阳基金会灾后重建办的宿舍，一个人就住进村子里来了。

　　　民乐村大队部边上有个板房，2008年12月29日，我从北京三环边上的宿舍搬到了这个板房里。那天板房刚刚建完，有40多平米。屋里到处都是废旧的支架、满地的塑料。到村的时候晚了些，同事帮忙从水泥地面生出的厚重的尘土中扫出一块可以放床的空地来。有了睡觉的地方，村主任就领着我到边上一户姓林的农户家里吃饭。青菜鸡蛋汤、发酵过的豆豉，还有一碟花生米。肚子饿了，吃得很香。"5·12"地震之后，基金会要在灾区开展农村灾后重建和扶贫创新的试点，需要有人驻村和农民们一起工作。

　　　来村里之前想象过驻村工作的种种困难，却没想到要挨骂。村民盖房子，基金会要负责1000多万元的建房补贴款发放。不过按照国家的规定和基金会的管理办法,建房款的发放进度不能满足农户预期,所以经常被村民指责:"你们捏着我们的钱,为什么不把钱一次性发完,到底想干什么?"甚至曾经被村民从家里赶出来。在村里也经常会被老人和妇女们围攻:"你们不把钱发给我们,占着茅坑不拉屎,害得我们都拿不到其他机构的钱","把我们村里的草都踩死了,为什么不发了钱,早点走人呢?"农民们每次见到我总是吵着要分钱,他们希望基金会把所有的钱都分完,他们好拿钱还房贷。我自然是无法答应他们的要求,所以总是免不了要挨骂。基金会援建的社区中心,工程是由村民承包的。因为施工队擅自更改工程设计,我去交涉的时候被村里的包工头指着鼻子从祖宗到儿孙骂了半个小时,气得我手脚发抖,恨不得拿块板砖砸他头上。工头的父亲就站在边上看着,还劝我说:"他(我儿子)就是这个脾气,你跟他吵没必要。"

不过,时间就这样过去了,村民们的房子还是建了起来。看到民乐村的村民在土门镇最早搬入新居,看小孩子们能在新建成的村活动中心上网,看妇女们晚上和城里人一样学习跳舞,而村里的食用菌、獭兔两个农业企业也正常运转,这些都是值得高兴的事情。

路边上麦苗生长、油菜花开。时间易逝,自然和社会的春天长存。在民乐村,房子建好了,每家每户也都添置了新的家具。人们每天上班、下班,操心每一天的吃穿住用。这已经是我在四川的第三个春天了。

而2009年德阳电视台播出的一段记录扶贫基金会援建民乐村的片子里,可以看到我们工作人员在村里的日常。

镜头中模样有些瘦弱而稍显憔悴的陈晶晶作为基金会的驻村代

表，笑着站在村口，回手一指说："我叫陈晶晶，是中国扶贫基金会的志愿者，前面就是民乐村……"那副笑容中夹杂着难掩的疲惫和沉重，看样子遭受到了不少的麻烦。

"老百姓一直都怪我们为什么不把钱都发给他们盖房子，却非得要搞什么合作社、发展什么鬼产业项目。他们的普遍意见是，钱最终会被干部们装到自己腰包里去。于是我只好挨骂、被老头老太太围攻；为村里公共设施修建的事，被包工头指着鼻子，听任他的口水溅到脸上。"

这样的群众情绪，对陈晶晶来说，已经见怪不惊了。这个2005年大学毕业的浙江小伙子，作为中国扶贫基金会民乐村项目的全权代表，已经在村里待了两年。村民们在路上碰到他，早已不像对外人一样拘谨局促，或者激动地表达自己的愤怒和诉求。更常见的，是嘲弄和揶揄：

"晶晶，咋个来我们组了？你不怕我们找你要钱么？"

"晶晶，你手揣兜里做么？是不是准备给我们掏钱呀？"

"晶晶，你在这里要两年了哟，啥子都没做得。这边好要哟，你家也不想回了吧。"

一般这样取笑陈晶晶的，都是一些上了年纪的婆姨。她们大多不会普通话。陈晶晶刚来的时候，连她们的取笑都听不懂。她们信息的来源常常仅限于家中的男人。和她们讲事情的前因后果，通常是非常困难的。她们会不断地说自己的观点，根本不听其他人的解释。话题会被不断地打断，加入新的元素。每个人都要表达，也不分先来后到。当她们觉得自己的话没有引起足够重视的时候，会一再加高音量。

一开始遇到这样的情况，陈晶晶还努力去分辩解释。但是他很快发现，一旦认真地开始说明，周围就会围过来越来越多的群众，七嘴八舌的要求只有一个：发钱。作为基金会的代表，陈晶晶当然不可能答应他们的这种要求，就耐心地和他们解释为啥不能把钱都分掉。但是越解释越解释不清，因为和村民沟通的规则不是比谁说得在理，而是比谁嗓门大。陈晶晶在这样的比赛中没有一点优势，所以他现在遇到这样的取笑和揶揄，也只能一笑置之。

　　生活和工作总是这样的吧，如意的时候总是少数，不过工作还是得做，熬过一个冬天又迎来一个春天。相信总得有人花时间、花精力、用感情去尝试，把自己的一部分青春投入进去，这样农村才能有一个好的出路。村里的事还得靠村里人自己干，像我们这样念过大学、会耍电脑又懂点政策的人不过多少做一点，看能不能为农村的能人和精英们创造好一些的发展环境，并希望他们能带动大家致富。我经常到菌厂里去，女工们老开玩笑说给我介绍对象，说这样就可以留在村里不用走了。

　　我管着所有的建房资金，按照国家和基金会管钱的政策和规矩，有时候不能满足农村的实际需求，村民们就一次一次地去上访。施工队拿不到工程款，也会把进村的路给堵上。有时候基金会的规则影响了民乐村村民的现实利益，难以实施，我们只能在现有政策下寻找变通的对策，因此经常在基金会的规则和与村民的妥协中摇摆。

　　我们坚持用于产业发展的专项资金不能分，希望村民们能够在基金会和外来能人的支持和帮助下，自己管好这笔资金、找到好项目，用钱生钱；而村民们则从以前朴素的经验出发，认为办集体经济是没有前途的，集体的钱是长脚的，很快就会跑到不知道什么地方去。

图10　基金会的工作人员陈晶晶经常被村民们围住，讨要现金

### 基础设施项目与文化活动

除了住房重建项目和产业发展项目之外，我们还在村里实施了必要的公共基础设施项目，引进相关组织，开展了丰富多彩的社区文化活动。

其中村老年活动中心及配套广场、卫生站项目总投入41万元，由北京"阿尼那建造生活"设计，于2010年6月正式交付使用。该活动中心为村里老人们开展佛事活动、妇女们组织跳舞活动，以及组织小学生夏令营、刺绣培训及电影放映等提供了活动平台。

路桥建设方面，合作社投入21.4万元，修建跨度5米桥梁一座、机耕路200米，方便了村民出行，也为食用菌项目、养兔项目的发展创造了便捷的交通环境。

从上述基建项目的设计、招标、施工、监理的几个过程来看，在农村开展小型基础设施建设需要对适用于城市的严格的建设程序进行适当的简化，以降低建设成本。为切实发挥资金效果，需要发挥基层组织和群众的积极性。资金使用要公开透明，注重利益相关方的参与。

基础建设工期往往会因工程调整、气候、资金等多种因素作用而造成延期，项目的设计、规划应预留出足够的时间。

规划中的村老年活动中心虽然实际上变成了念佛堂，但这切合了老年人的需要，并在灾后重建的特殊时期为非政府组织社区服务项目和政府的培训项目提供了场地。从村口到水库的路桥项目的建设更是盘活了周边的土地，为后续的大田、大棚蔬菜、草莓等项目的引进打下了良好的基础。

房屋、水、路、电、桥等硬件建设项目效果往往立竿见影，更容易获得村民的支持，但公共活动中心、图书室、卫生站等设施要充分发挥作用，离不开后期有效的管理，依赖有组织可持续的人力资源的支持。而这些往往需要绵长而耐心的努力，因无法获得显而易见的成绩，在当时较难获得捐赠人、政府以及项目实施方的重视。

为活跃村庄氛围，提高群体的凝聚力，满足不同人群的需要，在积极推进农房建设和合作社经济项目的同时，我们的项目工作人员在力所能及的范围内，自主实施并积极引进各类社会组织，开展多样的社区服务项目。其中NPI恩派阳光社区项目、爱达讯暑期助学项目、红十字会刺绣和电脑培训项目是其间开展的比较有影响的项目。在村两委的协助下，我们利用项目人员驻点的优势，给参加民房重建的外来民工放映露天电影，在"三八"节组织妇女参加"拔河"活动，在重阳节安排老人茶话会，组织农村妇女学习舞蹈。

这些业余文化活动和外来组织提供的暑期夏令营、技能培训、节日聚餐等活动提供了人群交流分享的机会和平台，增加了老人、妇女、儿童等群体的集体参与感，花钱不多，却赢得了村民的好感和支持。这些活动丰富了村民文化生活，拓展了基金会民乐村项目的工作内容，也在一定程度上提高了村民对整体项目的认同水平，为经济项目的顺利发展提供了一定的支持。

从民乐村社区项目的操作实践来看,支教、舞蹈等项目活动方式因其服务的性质,比较容易切入社区,能很快地与当地居民打成一片。这种项目一般由项目机构(团队)负责人指导大学刚毕业或者未毕业的社工专业的学生志愿者完成。学生因其短期实习或者初次就业的关系,稳定性和专业性都有不足。怎样融入乡村社区,安顿好自己的身心,并在具体的工作中把书本知识和具体实践相结合,都是这些年轻的社区服务志愿者们自身需要学习和加强的。

只要有资金的支持,非政府组织、基层社会组织一般能比较容易地组织学生、城市白领、政府、企事业系统志愿者到农村开展短期的社区服务。但是,一般来说,社区服务的组织者和提供者都是外来人,不可能与居民生活在一起。如果不能发掘、培养当地人员掌握项目的基本技能并持续提供资金,采取适当的激励机制,项目的可持续性无法保障。随着外来人员、资源的撤离,项目随即结束,项目产生的影响也将逐渐消失。

# 五　乡村工作的观察与思考

## 慎用权力

现在回头看,农房重建过程中问题的产生,大部分源自于我们制定的项目规则未能够很好地与村庄的实际结合,满足村民迫切的现实需要。逻辑合理、符合国家法律法规要求的规则和流程有可能不符合村庄实际情况,难以为村民掌握,不被村民认可。如果我们只考虑自己工作的便利,而不及时考虑农民的利益诉求,调整相应的规则和程序,基金会的现场工作人员只能按照既有的规则操作,就可能需要付出很大的成本,甚至导致影响村民利益的现象产生,这在民房的"统规统建"、建房款发放方式的争执过程中就有充分体现。

从主观愿望上来说，我们当然很希望调动并维护农户的积极性，只是在关键点(比如避免理事会形成分钱的决定)动用否决权。但在实际操作中，由于认识的局限，加上工作进度的压力，出现分歧的时候，我们往往偏向于认为农户是错误的，我们是正确的，坚持按照我们的意见来做事。这种惯性思维影响下，基本上在任何与村民有不同意见的地方，我们都会轻易动用否决的权力。这当然在某种程度上可以降低沟通成本，提高决策效率，但是一旦我们判断失误，就会导致决策脱离实际，反过来阻碍项目的开展，就像我们在发放住房补贴一事上走过的弯路一样。

类似的事例说明，在整个项目运作中，虽然作为外来者，我们没有强制村民做什么或不做什么事的权力，但是相对于缺乏组织的村民来说，基金会在重建的过程中就是规则的制定者和权力的拥有者。因为我们不仅掌握了项目规则制定以及资金管理的主动权，而且我们还得到了当地政府的信任和支持。当我们不认同可能早已在农村实际运行，并且被村民普遍认可的规则和秩序，而坚持推行我们自以为正确的事物的时候，理论上我们完全可以不用顾及村民的意见，按照自己的愿望去行事。

而心怀不满的村民们即便通过谩骂、上访、组织妇女反映意见等途径向我们施压，也未必能够改变我们的成见。唯一能够有效影响我们的方式，就是对我们开展的工作采取消极抵制的态度。反过来这又会形成强大的工作阻力，对我们乡村工作的开展和效果带来难以估量的影响。

民乐村农房重建工作的经历让我们认识到，作为外部援助力量参与乡村建设工作，一定要尊重农民的需求和利益，慎用自己手中的权力,及时承认和改正错误。否则就有可能好心办成坏事,不仅影响项目的实施效果,甚至损害农民的利益,违背基金会的初衷,这是要慎之又慎的。

## 驻村方法与技巧

民乐村项目是中国扶贫基金会第一次派工作人员驻村工作。驻村工作人员大都是血气方刚的年轻人,热爱乡村,愿意为乡村发展贡献青春和智慧。他们的长处是精力充沛、思维活跃,短板是缺乏乡村工作经验,不知道怎么跟村民打交道。我们整理了在乡村开展工作的一些方法,以便他们能够尽快熟悉情况,进入工作状态。

### 怎么进村

如果你要长时间地在一个村庄开展工作,跟当地人同吃同住,这就意味着你(对绝大多数人来说)要面对一种新的生活方式。这种生活你可能以前想象过,觉得会特别美好、富有诗意;这种生活可能是你所不能忍受的,其中的很多人或事都可能被书本上归入错误或"欠发达或者愚昧"的类别;这种生活也可能是你很多年来一直要逃离的。我们且不管这么多,你首先要问的或许是:我是谁?为什么来这里?我和他们的关系是什么样的?我缺什么?想要得到什么?

至于进入村庄的具体方式,一般可通过相关政府部门和村里打招呼,然后由村干部或其他人员介绍进村。在进村之后,需要用简单的语言向别人介绍自己是谁,是来做什么的。进村要注意如下几点:

· 安排好住处,准备好吃、穿、住、用等基本条件;

· 熟悉当地的环境,碰到困难可以找村干部、你所住的农户家、邻居等；

　　·请村干部在公共场合介绍你和你的工作；

　　·试着到处走走，多认识村民；多和家人、朋友联系；

　　·三个月到半年后你估计能够初步适应新的生活，其间注意自己的情绪和状态；

　　·不要着急；要察觉哪些是你能做的，哪些是你做不了的；

　　·生活和工作要摆在同样重要的位置。

怎么了解村民的意见

主要的途径有这么几条：

　　·开座谈会；

　　·参与到村民的生产、生活中去，注意观察当时的场景、形势、村民的言谈；

　　·入户访谈；

　　·交朋友；吃饭喝酒；

　　·到村店铺、茶馆等一些人员聚集的地方；

　　·注意男女意见的不同。

怎么开会

　　·确定开会的事项，有预计的目标；

　　·确定参会人员，提前通知，会议时间一般可安排在傍晚或清早；

　　·安排会场、准备文件；

　　·按照主题依次讨论，主持人注意控制时间；

　　·注意相关人员插话的情况，插话说明他有自己的意见要表达，不能全部禁止，也不能因为插话影响会议进程；

　　·村民一般不会在会上表达最完全的意见；会上的同意或默许并不一定是他最真实的意见和态度；最好不要用表决的方式解决有争议的问题。

外来人的地位和角色

相对于当地的村民和干部来说,基金会或者其他任何形式的组织(在很大程度上包括乡镇以上的组织)和个人都是外来的。这些组织和个人总是在一定的时候来,然后在达到或者没有达到设定的目标后就会离开。简单地说,作为发展工作者的我们总是要来的,也总是要走的。我们的生活、工作、欲望、是非对错的观念因为生活经历的不同总和村民有很多的不同。我们不能因为工作的"部分神圣性"、奉献精神(其实这多半是自我或者社会的一种想象,跟老百姓的柴米油盐的日常生活相比,可能一文不值),就认为自己是对的、他们就不对;村里人在很多事情上就要听自己的。抱着这样的一种自以为是的态度是最容易犯错误的,从而导致生活和工作的不如意,最终严重影响项目的进行和既定目标的真正实现(这里并不是说你就不可以按照工作的流程写一个漂亮的项目报告,以免领导或捐赠方不满)。不过,这也不是说村民的态度、意见就是对的。谁都有自己的局限。因此,最重要的是我们和村民一起坐下来,抱着平等、尊重的态度沟通,一步一步地把工作做扎实。这是一个相互学习和促进的过程。

从农村目前的实际来看,很多村民对村干部、乡镇干部抱着极度的怀疑,认为"无官不贪""集体的钱都是长脚的,会跑的",但他们认为中央的政策都是好的,都是下面的人把经给念歪了。村民们并不理解村镇干部的难处,并不从干部的角度理解问题(当然,也无法对村民提出这样的要求)。实际上农村基层,特别是镇、村两级工作任务很重,工作难度非常大,他们是农村稳定发展的组织、技术、人员上的保证。从项目的具体操作来看,我们的项目工作人员的角色是介于政府干部和村民之间。我们可能是半个村干部、半个镇里的干部、半个领导,然后这个干部、领导，村民看来又是站在他们这边的，管一些钱，也有一定的权力，能对他们信不过的当地干部形成一定的制约。总之，在项目前期，在村民没有发现你的利益和他们的利益有很大的冲突的时候，他们认为你是从"成都或北京来的"，是值得信任的，是（外来的）自己人。

重要的是不做什么

如果说这个手册里有哪些重要的词句，估计这句肯定会是："重要的是不做什么。"就像要理解一个艰深的概念，你只要慢慢地知道这个概念不是什么，那么概念的边界就会慢慢清晰。在农村发展工作中，对我们这样的"外来人"来说，要是能够觉察、发现、理解工作中什么是不能做的，什么是我们已经试过的，是不妥当的，是会容易犯错误的，或者用经济学上的术语说，是成本大于收益的。如果我们能知道这些，那工作就会顺利很多，而最终的答案——"什么是能做的"也就会在不断的尝试和持续的努力中露出自己一些踪迹来。套一些大的理论，这也是党的群众路线、实事求是的传统，邓小平的"抓耗子""过河"理论，或者胡塞尔的"悬置"所反复强调的。

# 六　破解村庄贫困的根源

2009年初，虽然农房重建的工作还没有结束，但是从村庄规划、户型设计、施工组织到补贴资金的发放流程，基本上都已经完成或梳理清楚了，我们得以腾出手来继续推动产业项目的进行。

大凉山项目给我们的教训主要有两个：一是尽管我们在一个村庄集中投入了资源，但是如果村民没有真正参与进来，没有发挥主体作用，村庄重建也是很难持续的；二是乡村的可持续发展离不开能给村庄带来持续收入的产业项目发展。尽管之前已经完成了民乐村整村重建项目的规划，产业项目和村民参与的重要性也都有所考虑，但是产业项目具体如何进行？产业项目做什么？谁来做？怎么做？这些问题在规划中并没有明确，需要进一步细化方案。下面是我们在民乐村产业项目准备过程中对相关问题的认识与思考。

**村庄贫困的根源**

国务院扶贫办在《脱贫攻坚干部培训十讲》中指出，"从表象上看，贫困首先表现为低收入，但究其实质看，是缺乏手段和能力，是能力贫困"。因此贫困问题首先是一个经济问题，表现为没有稳定可靠的收入来源，而问题产生的原因则是参与市场经济的竞争能力不足。

在市场经济条件下，生产者要想获得稳定的收入来源，必须要参与市场交换，为市场提供合格的产品或者是服务，通过等价交换实现。但是因为市场上有很多生产者提供同类的产品或是服务，所以不同的生产者之间必然存在竞争的关系，只有效率高的生产者才能够充分利用有限的资源，以合理的成本生产出高品质的产品，赢得市场空间，获得持续稳定的收入。而生产效率低的生产者，没有能力以合理的性价比提供合格的产品和服务，表现为竞争能力不足，就会在竞争中失去市场，造成产品和服务无法实现价值，稳定的收入来源就无法实现。

相对于企业不仅有较大的规模，而且有更专业的人才，用更先进的管理方法和生产技术经营更优质的资产，我国大部分农村却都是单家独户的兼业生产方式。农户以家庭为生产经营单位，负责从种养、养护、收获、粗加工、储藏到销售、运输全产业链管理运营，每个农民不管能力如何都要扮演这些角色。这种经营方式的先天不足，导致我们的乡村和农户，在市场竞争过程中处于极其不利的境地。

首先资源分散，形不成规模效应。比如说，民乐村的农产品如果能运到成都去，销售价格就会比当地市场高一些，收益就会多一些。但是怎么把这些产品运到成都去呢？仅仅一家一户的产量，可能装不满一辆货车，最好是能跟邻居凑一凑。但邻居的作物品种可能又不一样，成熟的周期、价格的起落存在差别，这就需要再沟通、协调，不仅增加了时间成本，而且有可能凑不到需要的货物。而如果农户嫌麻烦，自己单独雇个车拉到成都去，实际上成本就会很高。受到农户小而散的经营方式局限，无法形成规模效应。

其次能力不足，很难做到专业。从种植养殖、养护，到加工、储存、销售，其实每个环节都是一个专业，在企业里面都是独立的部门，有专业的团队负责运营。但是每个农民不管他能力强还是弱，不管年老还是年轻，都要一个人扮演所有这些角色，不可能做到每个环节都足够专业。

这种落后的生产组织方式决定了农村资源利用水平和效率的低下，导致大部分农产品在市场中没有话语权，只能作为原材料以较低的价格出售。我们的农户在企业面前毫无竞争力，很容易被边缘化，沦为企业生产链条中的一部分，虽说也是有一定生产资料的生产者，却只能获得普通打工者的收入。

生产者市场能力的竞争，说到底就是生产效率的竞争，就是资源的利用水平和效率之争。以家庭为单位的小农户生产者和大规模的专业化生产者之间的竞争，本质上是低效率和高效率的竞争、高成本和低成本的竞争，甚至根本用不着到市场上竞争就已经注定失败了。作为农产品的生产者，参与市场竞争的能力不足，无法形成持续稳定的收入来源，这就是当代村庄贫困问题的根源。

**合作是现代企业的本质**

现代企业制度诞生于17世纪初的英国，以1600年东印度公司成立为标志。东印度公司从事海上贸易,由于当时的航海技术尚不发达,经常出现船毁人亡的海难事故,所以海上贸易存在巨大的风险。由于任何一个人都难以持续承担这样的风险,出于维持航海贸易的需要,为了分散风险,才有了东印度公司这样的股份制公司。由很多人每人拿一部分资金入股,形成足以支持海上贸易活动的资产规模,按照约定的规则成立股份公司,委托给有经验的船队经营贸易活动。一旦产生回报,每个股东都能获得丰厚的收益;即使产生风险,比如船只沉没血本无归,因为其责任只以其出资为限,入股的钱赔光了为止,并不会累及他的其他资产,风险也是有限的,代价也是"可承受"的。

现代企业制度的根本价值,就是建立了人与人之间进行有效合作的机制。通过共认的规则,把分散的资源聚合起来,形成必要规模,交给最有能力的团队经营,收益共享,风险共担。不仅最大限度地调动了社会资源,而且有效避免了投资人的风险,从而实现了社会资源的最佳配置。

所以现代企业制度一经诞生,就表现出其强大的生命力。从17世纪到21世纪的四百年的时间里,现代企业以其独立的法人地位、股份制募集资本、有限责任、财产权与经营权分离等制度(机制与规则)优势实现了人类有史以来最高效的资源配置和利用,为人类社会创造了巨大的物质财富,超过了此前人类几千年中所创造财富的总和。可以说,现代企业制度是人类社会发展史上最伟大的社会创新之一,在创造社会财富、推动人类的文明与科技进步方面做出了巨大贡献。现代企业已经成了现代社会创造财富、发展经济不可或缺的平台和工具。

现代人所谓的财富创造、财富积累,无论是投资还是就业,都是跟企业密不可分的,都需要通过企业平台参与经济活动,分享经济发展带来的利益。

但我们的村庄、农民、贫困户,恰恰不懂现代企业,远离现代企业,这就很难搭上经济发展的快车,这无疑是贫困乡村经济发展落后的重要原因。即便非要说有一定的关系,这种关系也是不对等的。他们跟企业的关系无外乎两个,第一个是把农产品作为原料以很低廉的价格卖给企业,但是增加值都被企业拿走了;第二个,是以相对高昂的价格购买企业生产的生活用品、生产资料,本来很微薄的收入又被企业赚走了。而企业创造的财富,跟他们却没有任何关系。即便是曾被寄予厚望的公司加农户的扶贫方式,在实际的操作中也很难摆脱这个窠臼。所以从大凉山项目后期开始,我就一直在思考,能否把现代企业制度引进到村庄里面来?让农民学会现代企业机制形成有效合作,改变我们乡村传统的单家独户经营方式,从而实现产业可持续发展?在民乐村产业项目设计的时候,企业机制的引进自然成为重点考虑的内容。

综合以上认识与思考,基金会渐渐明确了发展产业项目的努力方向,就是要考虑能否引入现代企业机制,让农户通过企业的运营学会合作的方法,由零散的小农生产转变成组织化的规模生产。通过合作提高农民的组织化程度,提高农业资源利用效率,从而有能力参与到市场竞争中去。为实现这个目标,我们在民乐村将重点做好以下工作:一是坚持以产业发展为重点,二是引入现代企业机制,三是提供资金支持。

## 宝山村求证

我们一边学习思考,一边开展实地调研,希望能在现实中找到乡村可持续发展的样板。

2009年年初,我偶然在报纸上看到一篇报道,介绍青海省某地扶贫部门开展了一个"扶贫资金折资入股"的创新项目模式。虽然报道中对项目具体的运作模式介绍得不是很详细,但是既然涉及股份的内容,肯定和现代企业机制有关。我们很兴奋这个模式和我们的想法不谋而合,我们决定去看一看,这个"折资入股"的项目具体是怎么运行的,扶贫效果如何?

我和王军、郑建国几个同事在青海扶贫办钟海育处长引导下,调研了循化县的几家企业,这些企业以养殖业为主。通过走访我们了解到,扶贫资金折资入股的具体做法,就是把原来要以现金方式发放给贫困户的扶贫资金集中起来,投资到当地有实力的企业,按照原来应该发给贫困户的额度折算成企业的股份。企业承诺按照投资协议约定,每年以固定的比例把收益返还给入股的贫困户,不管企业当年盈利还是亏损,这笔收益必须要保证。打个比方说,按照原来的扶贫资金使用方式,要把100万元的专项扶贫资金发给200个贫困户,平均一户5000元,一般以现金形式直接就发掉了。实行折资入股方式后,这笔钱就不直接以现金方式发给贫困户了,而是折算成贫困户的企业股份。这100万元资金集中起来,借给这家企业用于经营活动。企业跟农户签订协议,每年按照农户的5000元股金,以10%比例返还500元固定回报。不管企业是否赚钱,这10%的回报必须要保证支付。只要这家企业能够持续经营,入股的贫困户每年都能得到500元钱的收益。

与原来一次性发给贫困户,可能很快就花没了的方式相比,新模式的好处在于,只要企业还在继续经营,贫困户就可以每年从企业领取500元钱,一直享有这笔收益,更有持续性。虽然我们觉得这个创新模式非常有价值,也很受启发,但是我们发现,这并不是我们心目中的现代企业机制。真正的股份制企业,股东的风险与回报是对应的,参股人要承担投资风险,企业创造的收益也完全跟股份对应。而这种折资入股的扶贫模式,是要由企业为农户做旱涝保收的承诺,虽然贫困户不用承担企业经营失败的风险,但是企业多赚的钱也就跟他们没关系了,这不是真正的股份合作。

从青海回来后，我们继续在四川省内调研，如去大邑县调研蔬菜种植合作社，去新都县普兰克猪业看合作社养猪等。这些合作社既有由规模较大的农户合作建立的，也有由几家农业企业合作形成的，跟我们想象的不太一样。我们寻求的是普通小农户之间的合作之道，因为我们面对的，就是像民乐村村民那样的普通农户。

听说我们在苦苦地寻找农民合作社成功的样板，有了解情况的人给我们推荐了彭州市的宝山村，说"你们省内省外地到处跑什么呀？搞合作社最成功、最典型的村非彭州市的宝山村莫属，这个村就是从合作社发展起来的，现在村办企业的资产都过亿了，发展得特别好"。彭州离绵竹很近，只有70多公里的距离，我们却一直没有听说过这个宝山村，真是远在天边近在眼前。虽然有点半信半疑，我们还是很快安排了时间去宝山村调研取经。

彭州也是汶川地震的重灾区，宝山村又位于龙门山地震带的核心地带，所以村里损失非常惨重，我们到达宝山村的时候，村里面正在忙着灾后重建工作。虽然到处可见地震的痕迹，到处都是灾后重建的工地，但是目之所及，宽敞的马路、造型独特精致的农民住房等，无不透露出宝山村当时已经达到的发展程度。宝山村的贾书记听说我们的来意，热情地接待了我们，向我们介绍了宝山村发展的经过。

宝山村位于彭州市龙门山镇，村支部书记贾正芳原来在四川省地质矿产勘查开发局地质队当工人，在地质勘探事故中被炸伤了眼睛，近乎双目失明。1966年因伤返回宝山村后，他带领村民坚持走共同发展的道路，用三十多年的时间，将一个远近闻名的贫困村，建设成了人人羡慕的富裕村。2008年汶川地震之前，宝山村已经在全国范围内拥有十多个水电站，村办企业的资产规模已经超过10亿元，村庄发展得已经非常好了。

贾书记告诉我们："如果大家搞单干，每个人只顾自己的话，靠我自己的本事,我可能早就发财了。但是当时我了解村里的情况,如果搞单干,真正能靠自己的本事发展成万元户的,整个村里面也就5%的人家。100户人家最多有5户,甚至可能连5户都到不了,不可能再多了。虽然别的村具体情况我不了解,但我估计也差不多。"贾书记说他自己当时要想发财其实很容易,因为他在外面工作过,认识很多人,脑子也灵光,有很多门路。"但其他人怎么办?村里这么多户,这么多资源,就我们几个人有钱,那有什么用?整个村还不是跟过去一样穷?"他说,"要干就大家一块干,拧成一股绳!"正是因为贾书记有这样的认识,团结村里的骨干,带着全体村民一块干,宝山村才有了今天的发展。有能力有本事能发财,自己单干难道不是更好的选择吗?何必这么辛辛苦苦地带着大家一块干,创造的财富又不全是自己的?谈起他这样做的动机,贾书记很坦诚,他说搞单干他自己虽然能发财,但是毕竟发展空间是有限的,"家里才几十亩地,再能干又能干多大规模?怎么可能干出今天这样的成果,一个村有十几亿的资产?在利益分配上可能会有点差别,能干的多分点,干得少的少分点,但是只要大家拧成一股绳,就一定比单打独斗强。"

我们请教贾书记,宝山村发展得这么好,最重要的经验是什么?贾书记说,宝山村之所以能有今天的局面,就是因为他们一直坚持村民共同发展的道路。我们好奇共同发展是不是吃大锅饭?贾书记说并非如此,共同发展和吃大锅饭有着天壤之别。虽然宝山村企业的资产归全体村民所有,但是每个人都是有股份的,通过持股的方式真正拥有村办企业的资产。最开始是村合作社,后来变成股份公司,全体村民都是村办企业的股东,这样一来,全体村民都持有村办企业的资产,享有村办企业的分红,都是这个企业真正的主人。宝山村股份总公司是全体村民所有的持股平台,下面又可以根据业务发展需要设立由总公司控股的分公司,宝山村的村民可以通过竞争上岗的方式去承包经营。

贾书记的分享和宝山村的成功给了我们巨大启发，我们此前关于村庄发展方向和发展方式的一些思考和假设在宝山村的故事中得到了充分验证，而我们的一些疑惑，如共同发展和大锅饭的关系等，也得到了解答。真是踏破铁鞋无觅处，得来全不费工夫。宝山村取经，完善了我们的思路，坚定了我们引导民乐村村民抱团发展产业项目的信心。

### 民乐模式的内涵

经过前期密集的调研思考，结合宝山村的经验和大凉山项目的教训，我们决定以合作社为载体引入现代企业机制，通过股份制的方法，让全体村民均等持有合作社股份，从而转变原来单家独户分散经营的发展方式，实现规模经营和共同发展。

我们对民乐村产业项目发展模式的设计，是建立在对现代企业制度的认识基础上的：现在的企业制度，特别是股份制企业，经过四百多年来的发展和实践，被证明是能很好适应市场经济运行的一种体制和机制，能够让资源和能力得到有效的匹配，处理好多方的利益关系，从而达到人尽其才、物尽其用，能够为社会创造更多价值。基金会相信这样一种制度经过实践的检验和改造，能够在农村落地生根，为普通的农民所掌握，并为农村的发展、农民生活水平的提高做出应有的贡献。

引入现代企业机制，发展规模化、集约化的农业产业一直是民乐试验的主要内容，基金会经过反复调研，多方征求意见，提出了"将量化到农户的扶贫资金以股权形式赠予农户，成立农民合作社；以农民合作社为组织载体，发展集约化、规模化农业产业"这样一种农村扶贫及发展的新模式。同时我们也清醒地认识到，仅仅以200多万元的资金规模,无论做什么样的产业项目也不可能满足全村人的就业需求。规模化产业项目虽然重要,但指望一两个项目就能解决民乐村的全部发展问题,无疑是不现实的。因此我们考虑在坚持集中资源做有一定规模的产业项目的同时,鼓励和支持村民在自愿的基础上积极开展规模小一点的产业项目合作,并兼顾村民的自主生产项目,支持他们根据各自的条件,因地制宜开展力所能及的农业生产经营项目。我们期望以此调动全体村民的生产积极性,充分利用村民的劳动力资源,实现大项目和中小项目的搭配和组合,把鸡蛋放在不同的篮子里。即使大项目进展不顺利,也有可能从村民自主的其他项目中发现有潜力的项目,由合作社加以培育扶持,甚至发展成为合作社的核心项目。

按照这样的思路,我们最终明确了民乐村产业项目实施方案:用260万元生计发展资金投资成立农民合作社,量化给每一个村民平均持有股份。260万元中的200万元用来集中投资,做具有一定规模的项目,具体的方式是通过合作社进行"招商引资",吸引村内外有能力、有实力的企业家共同投资产业发展项目,用好这200万元资金,争取每年都能够给村民们分红;另外的40万元,用于支持村内自发联合的农户开展农、畜等产品的产供销各类生产、经营活动,为他们配套资金,并提供技术、信息等服务,从而部分解决村民创业、就业面临的困难;最后20万元,希望作为贷款风险担保基金,用来撬动银行、信用社、农村互助金融组织的信贷资金,为村民们从各类金融机构提供担保获得贷款,解决部分农户发展生产资金缺乏的问题。

在之后的一段时间,合作社尝试过农户母猪资助计划及小额信贷(与邮政储蓄合作)等小农户支持项目。不过因为地震后民乐村特殊的社会、心理状况,这些项目都没能得到理事会的批准,没有能够实际实施。

这是中国扶贫基金会第一次尝试、探索这样一种整村发展的产业项目模式,基金会上上下下对这个模式抱着非常乐观的期待,对这个项目的成功都比较有信心。我们私底下称之为"民乐模式"。

# 七　难产的合作社

## 培训村民

我们关于民乐村产业项目的发展思路已经很清晰了,但是最终能不能得到村民们的理解和支持,却面临着巨大的挑战。当时很多村民不同意我们关于产业项目的总体思路,不同意把200多万元的资金用于产业发展项目。不管是办公司还是办合作社,只要不把所有的扶贫资金发到他们每家每户的口袋里,他们都表示反对。

村民反对的意见倒也不是无理取闹,主要有以下几个原因:一是当时全村正在重建住房,各家各户都缺钱,农户几乎把能借到的钱,能贷到的款,全都用来盖房子了,经济上很紧张,确实对资金有迫切的需要。所以对这笔资金,大家都惦记着是不是能够用来盖房子。村民说得很直接,"你们不要把钱捏着,赶紧拿钱来给我盖房子"。他们认为给他股份,短时间内既不当吃又不当喝,也换不来建材,没什么价值。

二是村民们认为集体的事没有成功的。和全国乡村一样,在1983年开始实行家庭联产承包责任制之前,民乐村搞过大集体,也就是当时的人民公社和合作社。而大集体与大锅饭、吃不饱饭的印象紧密联系在一起,已经成为村民们内心痛苦而深刻的记忆。所以我们要求村民合作,共同发展产业项目,搞合作社,村民第一反应就是担心,是不是又要搞大锅饭了?

20世纪80年代,民乐村也曾经办过一家集体养鸡场,具体情况我们不太清楚,总之最终失败了。历史的记忆,失败的教训,让村民们对"合作社"丧失了热情和信心,本能地排斥和反对。

三是不放心资金使用的透明度,担心不仅赚不到钱,反而本钱也会被贪污或糟蹋掉。用村民们自己的话说,"钱自己会跑,搞项目只会喂肥少数人",体现出当时村民对村干部的不信任。

虽然我们能理解村民的疑虑和现实的困难,但是我们却不能同意他们的想法,把所有捐赠资金直接发给村民建房子。如果我们只是图省事,把钱早一点花完其实并不难,比如把钱发给农户用于补贴住房重建,一个人再增加2000多块钱就发完了。这样的话项目任务很快就可以顺利完成,既可以给捐赠人很好的交代,又可以满足村民的愿望,皆大欢喜。村民们就向我们提出了这样的疑问:"你们把钱发给我们不是挺好? 你们为什么要做这么费时费力却又吃力不讨好的项目呢?"

从1989年中国扶贫基金会成立,到2009年已经有20个年头了。在长期的农村扶贫实践中,我们深刻了解制约贫困乡村发展的瓶颈和痛点,当我们分明看到有一条新路,有可能改变乡村的发展轨迹,让乡村发展得更好时,我们责无旁贷,一定要把这条路走出来。虽然我们知道这条路不容易走,甚至不被村民理解,但是我们知道这样做的价值,决心毫不动摇地坚持下去。

我们决定从宣传培训入手,促进大家的观念转变,为成立合作社做准备工作。2009年1月,我们请中国农业大学的专家就产业发展事宜对村民进行了培训。从当年2月份开始,我们的工作人员便通过入户调研访谈,以及召开村民座谈会、社员大会等方式,对村民进行产业项目相关知识培训,向村民宣讲我们的农村社区发展项目思路和理念。我们向村民说明为什么钱不能都分掉,钱集中起来又应该怎么使用;怎样解决合作经济中存在的透明程度和效率问题。我们向村民介绍什么是股份制,什么是股权,资金和股份是什么关系,以及跟参股的农户又有什么关系等,告诉大家抱团才能形成规模化生产,才能让自己的利益最大化,鼓励大家把村里的产业发展项目当成自己的事,要积极参与和支持。虽然扶贫基金会的工作人员苦口婆心地跟村民们进行沟通交流,也多次组织村干部、村民代表等讨论座谈,反复宣传,但大家显然还是听得云里雾里,没有收到明显效果。大部分村民还是难以接受合作经济的思路,认为集体的事搞不成,大家还是嚷着要分钱。

我们意识到,对于这些从来没听过、没见过新型合作社的人来说,要让他们理解我们所说的合作社是什么,跟他们有什么关系,对他们有什么好处,跟过去的合作社有何不同,只是这样空对空地讲概念是行不通的。于是我们组织村民代表外出参观学习。2月26日和27日两天,我们组织了部分村民到崇州市、大邑县、新都区、彭州市参观学习,了解农村股份合作经营模式。一边看,一边交流,村民对新型合作社有了一些直观的认识,了解到大家可以通过合作社把资产聚集在一起,由有能力的人经营,产生的收益由大家共同分享。

紧接着的2月28日,我们趁热打铁,组织村民就发展股份制合作社进行讨论和培训。3月17日,我们又组织村民来到新都区,参观普兰克养猪合作社。村民们看到,养猪场有了规模,就可以请技术人员来进行专业的管理,可以有效地防止疫病,这对村民的启发很大。在地震前,民乐村家家户户都要养几头猪,但是因为受接二连三的疫病打击,现在村民已经不敢养猪了。

3月18日,我们第二次来到宝山村,请贾书记给民乐村的村民代表讲课,希望他们了解宝山村是怎样坚持走合作发展的道路,取得今天成绩的。贾正芳书记给大家介绍了宝山村的成功案例,并再三强调一定要走共同发展的路,如果不抱团靠自己发展,95%以上的村民都发展不起来。同时他也说,村干部、领头人一定要有公心,不能只是想着自己,否则事也做不起来。

通过一系列的培训及外出考察学习,村民们的观念慢慢开始有所转变,特别是从宝山村回来之后,越来越多的村民觉得值得试一试。他们认识到,虽然民乐村以前搞的集体项目都失败了,但从外出参观学习所看到的,尤其是宝山村的经验证明,合作抱团发展还是可以成功的。这次又有中国扶贫基金会的支持,应该再试一试,如果这次不干的话将来肯定更没有机会了。村里的骨干以及有影响力的人,大部分认同基金会的思路,认为合作社这个方式是正确的,应该朝这个方向走。

## 项目模式问答

为了更好地开展村民培训工作,我们经过反复讨论,把在民乐村开展工作经常遇到的问题,特别是有关合作社的问题,以问答的形式整理出来,也反映了当时我们工作的一些思考。

1.为什么不分钱?为什么要办合作社?办合作社要做什么?

我们现在生活在一个市场经济的社会当中,而竞争是市场经济最具代表的特征。在广大农村,绝大多数农户都是单户经营,抗风险度小,竞争力弱。直接发现金或物资资源给农户,用"平均主义"的方式扶贫,资源分散后难以形成规模,也就不能集中发挥效力,绝大部分农户的生产方式和收入结构不能因为这些资金和物资的投入而发生根本性改变。扶贫资金也就难以发挥其预想的效果。

农业产业化是国家农业工作的基本目标之一。不过农户的兼业生产、农业产业无法实现规模化经营一直是农村的现实,更是农村现代化的一个瓶颈：农户生产的方式往往是零散的、小规模的，处在产业链的最底端；单家独户力量单薄，很难应对市场风险和外部世界的诸多不确定因素。

农户能力不足是农村发展的另一个瓶颈：农民往往因为生产生活环境、知识、性格、经济、态度等因素，自我发展能力普遍不足，村内个体的差异也很大。（正如彭州年产值十多亿的宝山村书记所言："以家庭为单位的生产发展模式，全村真正有能力发展致富的人超不过5%，大部分人能力不足，很难发展致富。"）个人际遇的不同和个人能力的不足使得能够脱贫致富、摆脱自然社会环境制约、走上小康之路的农民只是农村人口中的极少数。

我们办合作社，是为了把村民组织起来，把零散的资源有效地集约起来，并找到村内、村外有知识、懂技术、会经营的人，组成一个工作团队，从而达到提高资金使用效率、带动村民致富、实现农村可持续发展的根本目的。

在我们这个项目中，合作社以中国扶贫基金会的捐赠资金（按人口均分到所有村民）为初始资本，同时鼓励村民和其他外部资金入股。合作社直接投资或与其他企业、个人合作发展规模适宜、具有一定市场前景的好项目。项目的收益为全体村民及其他投资方所共享。

2.普通村民能有什么好处？怎么才能保证村民的利益？

捐赠资金归全体村民所有。普通村民可以从合作社的经营收入中收取红利，有机会在合作社发展的项目中务工，还可以以合作社项目为依托，发展个体农户经济，并在这一过程中开阔视野，学习新知识、新技能；合作社盈利后，村集体经济积累增加，从而逐步改善村庄的公共基础设施、加强村庄的精神文明建设，提高村集体公共服务能力的供给水平。普通村民在上述所有层面都能够享受发展的成果。

资源集约是为了提高规模效应，争取更大的利润，并且达到公平和效率的良好结合。资源的所有者是全体村民，经营的收益由全体村民共享。

为保证村民的利益，我们通过引入公司成熟的治理结构为集约资源使用以及过程监督提供制度保证，建立公平且利益分享的机制，以保证扶贫工作的成果惠及所有村民，缓解日益加大的贫富分化趋势。

另外，为控制项目风险，确保多数村民的利益不被少数人（村内外）侵占，基金会作为最重要的外部决策和支持团队，在合作社中预留一股作为"金股"。该股在合作社重大决策（而非合作社日常的经营管理）中享有一票否决权，基金会的否决权受合作社理事会、监事会、村民意愿及政府相关机构所制约。

3.合作社与村两委、基金会的关系是什么？人员怎么安排？

合作社是经济发展的实体组织，坚持民主选举、民主管理、民主决策、民主监督的基本方针；合作社是独立的法人单位，在村两委的支持下开展各项工作，应认真听取村两委的意见建议，并接受村两委监督，但其工作向包含全体村民在内的所有股东负责，而不是向村两委及上一级政府机构负责。村两委通过自己所拥有的股份在合作社理事会、监事会内拥有适当的位置，行使一定的权利，承担相应的责任。

基金会作为捐赠单位，需指导和协助合作社的筹备与发展，在合作社筹备期，和村两委一起参与合作社前期的组织建设、制度建设、团队组建等相关工作；在合作社运营初期，参与规模化项目的选择和筹备，提供制度建设方面的技术支持。基金会参与上述工作，重在协助，工作主体应该是合作社理事会和项目经营团队。

合作社组织框架如下：

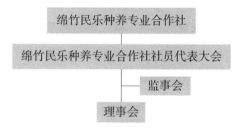

社员代表大会由社员代表组成。社员代表大会从全体村民中海选并通过差额选举的方式产生。具体的办法应在统一原则的基础上找到适合的操作模式。社员代表在每个村民小组中分布应保持均衡。社员代表中应适当平衡在任的村两委、村民小组干部的数量。

理事会和监事会应在召开社员代表大会时选举产生。理事会成员应尽量在各村民小组中保持均衡，确保各组的利益平衡。理事会成员中应合理考虑在任的村两委及村民小组的干部数量。

理事长和监事长分别从理事会、监事会中选举产生，在任村两委领导不宜出任理事长，可视情况出任监事长。

4.基金会员工、合作社理事、村干部以及外来经理人的定位和角色各是什么？怎么保证各自的积极性？

基金会员工代表基金会，在合作社的筹备和前期发展工作中发挥协助和组织的作用，引入科学适宜的管理制度(合作社章程、财务制度、人力资源制度、合作协议等)并使之本土化；基金会在更大的范围内协助选择项目，面试项目负责人等。在项目初期，也协调处理合作社、村两委、外来经理人之间的关系及工作安排。

另外,在项目初期,基金会的工作人员也承担一些项目监督管理工作。

理事会是合作社的执行机构,对社员代表大会负责。理事会执行社员代表大会决议,负责制定合作社发展规划、年度业务经营计划、内部管理规章制度,制定合作社年度财务预决算方案等一系列经营和管理活动。合作社理事在理事会中行使职权,参与上述工作的讨论、表决等。根据项目发展的需要,理事也可能负责某个具体项目的运作管理。

村干部在合作社的发展中扮演非常重要的角色,既是协调者,又是协助者。合作社筹备期间的选举和会议工作、合作社注册中的证明协调工作、合作社的经营场所解决等工作,均需要在村干部的协调和全力支持下方可完成。村干部还要协助合作社与农户沟通,关心和监督合作社日常运营。需要说明的一点是:村干部并不是合作社的领导。

外来经理人在合作社的产业项目发展中起到很关键的作用。他需要同时具备项目所需技术、管理能力、市场能力等综合素质,还要能和合作社理事会建立良好的合作关系。外来经理人对合作社理事会负责,在授权范围内开展各项经营工作,完成经营目标。

合作社当年盈利中,应拿出一定比例作为对理事会的激励,理事会可根据不同理事的贡献给予相应奖励。

基金会捐赠资金中,绝大部分捐赠给村民的同时,可以捐赠给村委会不超过10%的股份,每年村委会所得分红计入村集体收入,用于村庄的各项公共事业。

外来经理人在产业项目的经营中,除可获得自投股份的相应分红和工资福利外,还应根据其经营业绩给予相应的奖励。

5.如何选择农业产业项目？如何增强农户的参与度？

农业产业项目的选择遵循"面向社会、广选项目"的原则,通过新闻媒体等渠道,发布项目征集及人员招聘信息,进而考察投标项目、组织项目评审及项目负责人面试会,最终对拟定发展的规模化产业项目再进行论证后,方可确定并发展该项目。

在我们这个项目中,因为资源、人力、资金、技术的集约使用倾向,在项目管理上一般农户是不容易参与的。为了增强农户的参与度,保证项目的顺利开展,我们需要注意以下两点:

(1)必须让所有人(包括外来的组织和个人)认识到整个项目是村民为主体的项目。资金虽然是外来的,但资金的所有者是农户。

(2)项目的选择上要注意大小项目相互结合。大的项目可能更适合做产业化项目。但是我们要尽量分解集中项目的各个环节,把小农户能做的部分交给农户去做。小项目虽然成本大、利润率低、对组织的经济上的目标贡献较小,但能从社会效益方面为合作社的健康发展做出其特有的贡献。在很多时候,大项目的健康发展是以小项目的存在及发展为前提的。

6.为什么基金会要在合作社中保持一定的股份?

全国范围内,贫困村和贫困人口还很多,我们希望找到一种模式:利用基金会有限的人力和物质资源,在帮助一些村庄获得可持续发展能力以后,还能有办法再去帮助更多的村庄。

为此,我们计划设立"中国扶贫基金会乡村社区发展基金",基金来源一是社会捐赠,二是从我们扶持的村庄发展起来的产业中得到"反哺"。我们在合作社中保持一定的股份,一方面可以促进我们对合作社后期发展的跟进和支持,另一方面可以实现合作社反哺社区发展基金,支持其他村庄发展的基本目标。随着该基金的逐步发展和壮大,我们就有能力按照类似的模式为更多村庄实现脱贫致富、走向幸福和谐的生活贡献自己的力量。由此,基金会在乡村社区发展的工作也能够成为良性循环。

7.如何向村民准确传达项目信息,保证项目方(合作社、村委会、基金、外来经营团队等)和村民良好的沟通和反馈渠道?

其实不光是跟项目收益方的村民,项目所有各方的沟通和协调都是项目实施中最为重要,也是最为艰巨的工作内容之一。从民乐村实际的操作来看,我们需要注意以下几点:

(1)态度:态度问题体现了人们的认识、情感以及对是非的判断。作为工作人员,能不能够抱着为老百姓(他们当中的很多人你可能并不喜欢,他们也并不喜欢你)服务、和他们共患难是其中较为重要的一条。不管双方有多大的冲突,项目的开展和最终的结果都是为了当地的农民。只有在这样的一种基本工作态度下,我们才有足够的意愿、动力和持久力去和当地的老百姓一起工作,去面对各种挫折。

(2)利益:需协调农户、村干部、基金会各方的利益需求,彼此知道各方的利益关切。

(3)机制:决策机制透明,财务制度公开透明,核心人员协调机制透明,项目信息发布制度规范完善。

(4)措施:建立固定的信息发布载体和渠道,定期发布信息。信息内容要谨慎保守,避免朝令夕改。

(5)如出现很多村民不理解、质疑项目甚至无端上访的情况,我们该如何处理?

如果出现村民不理解、谩骂工作人员甚至上访的情况,最主要的原因可能在于他们认为项目的开展、资金的利用、人员的安排等方面违背了他们的意愿、损害了他们的利益,把集体的利益往少数人的口袋里揣。而村民并没有任何的措施去改变这一现状，所以只能采取谩骂甚至上访的形式。其实，上访只是矛盾和冲突激化的一种表现形式，但并不是解决矛盾和冲突的办法。

为处理上述问题，需要注意下面几个环节：

A.了解村内争论的主要问题，村民的态度、看法；多做反思；

B.注意前期村民的动向，争取在矛盾的萌芽阶段把问题解决、协调好；

C.可以通过开座谈会、找关键人物谈心的方法了解意见、协调立场；

D.有矛盾并不可怕，要敢于斗争，懂得协调和妥协；

E.有时候拖也是个办法。

8.项目的最低目标和最高目标分别是什么？

最低目标：

项目资金顺利到位，村内组织成立合作社，选出合适的带头人，建立起较完善的财务制度和治理体系，有正常运转的农业项目，合作社不解体，捐赠资金没有出现大的亏损，村民没有强烈的反对声音。

最高目标：

合作社健康稳定发展，为村庄治理提供组织和资金上的保证；投资项目能持续盈利，并带动村庄可持续发展；村民分红得到实惠，村民的能力得到较大程度的提高；作为基金会乡村社区发展基金的起点，成就全国农村工作的新模式。

9.这个项目在全国范围内有什么意义？

作为中国扶贫基金会的一个项目试点，我们希望这个项目有所创新，项目的开展对全国的农村扶贫工作有一定的借鉴意义。这是作为一个外来机构的意义和价值所在。我们希望有更多的组织能够认识到农村工作的长期性和艰巨性，他们也能够把自己的人力和资金投到农村,能够跟农民"纠缠"在一起,为乡村的发展贡献力量。

从农村工作的政策意义上来说,可能有如下几点:

(1)探索并完善农村社区参与式扶贫的新模式;

(2)宣传并推广在外部资金扶持下农村合作社为载体的新农村建设的尝试;

(3)探索城乡统筹背景下农民参与一二三产业、分享社会发展成果的可能性。

——摘自《民乐村扶贫工作手册》

### 理事会选举

时间过得很快,马上就要进入2009年的5月,汶川地震发生已经快满一周年了。从2008年8月进入民乐村,我们参与村里的整村重建工作已经将近一年的时间。在这段时间里,虽然在帮助村里恢复公共基础设施建设、帮助农民重建房屋等方面做了一些工作,但是我们最看重的产业发展项目,却因为村民忙于进行农房重建、思想认识不一致等原因迟迟没有启动。按照国务院"三年任务,两年完成"的重建任务要求,我们还有一年多的时间,大家心里未免有些着急。虽然实际上还是有相当一部分村民甚至村干部转不过弯来,不理解为什么不把钱发给大家,为什么非要搞合作社,对发展产业项目不够支持,但是我们不想再拖了,因为即使再拖下去,这个问题也未必能够完全解决。因为民乐村产业项目规划已经成形了,从逻辑框架论证到实践案例研究已经反复推敲过,而经过前期的学习培训,也已经具备了一定的民意基础,我们决定按照计划的节奏着手进行合作社的组建。4月30日,民乐合作社筹委会张贴了合作社理事会选举的通知,正式启动了合作社的组建工作。

民乐灾后重建经济发展合作总社选举公告

根据民乐村经济产业重建的切实需要,中国扶贫基金会、绵竹市扶贫办、土门镇党委政府、民乐村村两委共同组成"民乐村灾后重建经济发展合作总社筹备委员会"(以下简称"民乐合作社筹委会"),负责民乐村灾后重建经济发展合作总社的发起筹备工作。

在中国扶贫基金会的努力下,向民乐村捐赠善款的社会爱心企业同意从计划捐赠的500万元中拿出260万元,支持民乐村成立灾后重建经济发展合作总社。

民乐村灾后重建经济发展合作总社的股份归全体村民共同所有,合作总社的发展坚持"民办、民管、民受益"的原则,具体组织结构参见本公告附件。

为了加快民乐村重建进度,现定于2009年5月1—12日选举产生民乐村灾后重建经济发展合作总社社员代表大会、理事会、监事会,具体选举办法参见本公告附件。

民乐合作社筹委会<br>2009年4月30日

根据当时筹委会制定的理事会选举办法,民乐村的合作社理事会选举是经过三个步骤分层进行的。第一步是由全体村民选出村民代表,第二步是由村民代表选出理事,第三步是由当选的理事选举理事长。整个合作社的选举是在基金会和镇政府指导下,由村干部自己来组织的。

图 11 民乐村四组选举村民代表

民乐村是一个行政村,共537户村民分布在七个自然村。人口多的自然村平均超过50户,我们称其为大村,低于50户的,我们称其为小村。经过测算确定由每个大村选4名村民代表,小村选3名村民代表,由各个自然村自己去组织选举。

由全体村民海选产生社员代表25人,其中一、二、三组每组3名代表,其他各组每组4名代表,加上村党支部书记、村委会主任共27人,组成民乐村灾后重建经济发展合作总社社员代表大会。社员代表大会代表全体村民的利益,行使合作社章程赋予的权利和义务。

理事由社员代表大会选举产生,七个自然村每村1个名额。加上村委会主任占1个固定名额,基金会代表占1个固定名额,共9名理事组成理事会。七个自然村选举产生的7名理事中,村干部(小组组长、会计、妇女主任)不超过2名。理事会代表社员大会负责合作总社的日常管理运营。

监事也同样由社员代表大会选举产生,社员代表占2个选举名额,村支部书记占1个固定名额。基金会代表和基金会推荐的外部机构各占1个固定名额,共5人组成监事会。基金会及基金会推荐的外部代表不担任监事长。监事会代表全体村民监督合作总社的运营情况。

合作社选举的公告发布之后,大家参与的积极性并不高。一方面村民对合作社的认识还不太统一,大家多少心里还是存着幻想,希望能把钱分给大家;另一方面,对村民而言,选举的程序也有点复杂,选举工作有点停滞不前。我们跟村里的书记、主任商量怎么办,村书记说还是得给他们讲清楚资金的性质,打消他们的幻想。后来我们就跟村民讲,扶贫资金是企业捐赠的,企业捐给民乐村这笔钱的目的,就是做乡村可持续发展的试点,希望支持民乐村探索村庄共同发展的模式,而不是发给村民做建房补贴。而试点项目首先就是要选村民代表并且成立理事会,这是项目执行下去的前提和基础,如果不建立理事会,项目就没办法进行,企业的钱就不会捐给民乐村了。筹委会宣布,哪个村愿意参加选举,哪个村就可以参加项目,如果选不出来村民代表,就不能参加合作社的项目,也自然就没有项目资金。

任务分解到各个自然村之后,大家的积极性被激发起来了,因为村民们都知道,不加入合作社就得不到企业捐赠的产业项目资金。很快,一周左右的时间,各个自然村的村民代表就选出来了。七个自然村选了25个村民代表。这些代表再开会选理事,七个自然村每个村有一个代表,此外还有基金会代表和村主任,理事共9人。选举村书记做监事长,基金会派代表任监事。

**合作社章程用心良苦**

任何组织的有效运行离不开两件事,第一是选定领导班子,第二是制定规则。村民代表选举结束之后,马上着手制定章程,这既是合作社正常运转的需要,也是合作社注册必须要提交的文件。相对于成熟运作的组织而言,确定共同遵守的规则对于新创办的组织更为重要。而对于没有成功合作经验,甚至没有合作基础的民乐村而言,合作社能否顺利运作,章程尤为重要。因此我们不敢掉以轻心,看上去并不复杂的章程制定过程,却让我们花费了很多心思。

最初我们想得也很简单,就像大多数机构的章程一样,由我们按照国家规定的合作社章程范本,草拟出章程草案,社员代表大会表决通过就行了,这样做其实是很简单的。但是后来一讨论觉得不行,如果章程是我们事先准备好的,但村民参与度不足,基础便不牢固,村民虽然现在可以表决通过,不排除以后"不认账"的可能。但是,完全让村民们自己去起草章程也不现实,多数人甚至不知道章程是何物,自然也不知道章程里面需要涉及什么内容,明确哪些原则。话说回来,如果村民自己能够起草合作社章程,那就说明这个村里干部素质和水平,到了相当的程度,哪里还需要扶贫呢?既要给予村民必要的引导和帮助,又要让村民们有充分的参与感和规则制定决定权,就需要工作做得更细一些,流程设计得更巧妙一些,投入的时间也要多一些,而不是一味地追求速度和效率。

首先,我们根据标准章程文本,看有哪些内容需要体现在章程里,然后把这些文本内容转变成一个个村民能理解的具体的问题,以问答的方式,让村民对这些问题做出选择和决策。比如持股主体的设计,是以户为单位、一户一股,还是以人为单位、一人一股?比如确定合作社社员的数量,应该以哪个时间点的人口数为准?是按地震发生时来算,还是按合作社成立时间来算?比如如何确定村民的资格?村里每年都有出嫁的,也有新出生的,这些人都该如何划分,哪些人算是村里人,哪些人不应该算?再比如村里的账应该谁来管?理事会和村委会应该是什么关系？理事长和村书记，是由一个人兼任好还是分开好？类似这样的问题，每个问题都牵涉到村民的具体利益，每一种选择背后都会带来不同的算计。

我们把章程中必须要有的内容，以及虽然范本中没有但村民们比较关心、讨论起来非常头疼的问题做成问卷，让各村主任去村里面听取收集大家的意见。

开章程起草会时，村民代表结合村民反馈的意见，就这些问题再进一步讨论，这个问题应该怎么办，那个问题怎么办，由中国扶贫基金会的工作人员作为记录员全程记录，确定一条，就写成一条，然后大家还需要再确认一遍，看记录是否准确，最终形成章程文本。通过这样的流程，确保章程的条目都是村民代表一条一条讨论出来的结果，而不是由中国扶贫基金会或者其他项目方事先定好的。

从收集问题、问卷调查、收集答案、召开讨论会、确定章程条目、会议记录形成文本、文本再讨论，最终形成章程，整个过程都是在中国扶贫基金会和镇政府的指导下，由村两委主导，村民们积极参与下共同完成的。这既是一个选择和决策的过程，也是村民沟通和培训的过程。这份章程看上去内容虽然不长，但花了很多时间和精力。这些费时费力的工作并没有白做，一方面，村民们参与了章程的讨论和决策过程，感觉到章程是他们做主制定的；另一方面，通过这种参与式的过程，对所关心问题的讨论甚至争论，村民们增加了对合作社模式的理解。

陈晶晶回忆章程制定的过程时说："我们当时根据章程范本和村民的疑问抛出了20多个问题，把这个调查问卷发给队长，让队长拿着去征求大家的意见，希望队长能把调查表中的每一个问题都填上答案。虽然队长们并没有填满所有的调查表，但是我们再和队长开会的时候，对于每个问题，队长们其实都已经有了自己的意见。"比如关于

合作社的管理原则,有人就提出"钱要公,要分权,财务要管好",关于
基金会捐资形成的股份,有人提出,"基金会捐赠的股权,社员如果要
退社,就不能继续给他们,也不能让他们转让"。我们把这些意见记录
下来,把这些内容整理到章程文本中,再征求他们的意见,最终形成定
稿。那个时候我们已经意识到,做乡村工作不能走极端,既不能包办
代替,什么事都由我们来做,也不能过于强调农民的自主性,放手不
管,全都甩给他们自己去做。农民如果没有真正参与进来,他们就不
会认可这些规则;而如果没有我们的引导和帮助,他们也很难理解和
掌握这些相对先进的机制和方法。正如村民自己所说:"你们基金会
要给我们一些先进的东西来帮助我们,光靠我们自己是不得行的。"

### 社员代表大会

民乐村定于2009年5月18日召开第一次社员代表大会。这次会
议将通过民乐村合作社的章程,并按照合作社的选举办法,选举合作

**图12　2009年5月31日民乐村合作社挂牌仪式**

社的理事会和监事会成员。这是一个非常重要的会议,也是一个让人感到头疼的会议。因为我们有点纠结:这个会议到底由谁来主持?如果由基金会来主持,会议的流程控制和效果,自然都不会有大的问题,但是这样一来,这个会就变成了中国扶贫基金会主导的会议,显然与会议的主题不符。我们认为应该由村委会主持,却又担心村干部经验不足,把握不好会议的节奏。我们担心在讨论合作社章程的时候,与会代表各说各话,谁也不听谁的,导致会议无法进行,完不成既定的目标。

因为有村民代表选举的经历,陈晶晶向我建议:"我们也要告诉村里,这个社员代表大会是他们自己的事情。将来合作社班子一旦搭起来,村委会可以服务为主,但是没有搭起来的时候,所有的工作就还是村委会的责任。这次会议要选举的是管理捐赠资金的班子,而我们是援助方和捐赠人,我们去主持和主导显然是不对的,必须要由村委会主导。"我们建议由村主任主持这次会议。

村主任接受我们的意见,觉得他来主持是合理的,但是他自己感到没有把握。考虑到这次会议的重要性和复杂性,为了确保村主任能主持好会议,我们就很详细地把会议的流程做出来,哪个环节大概说哪几个要点等等,一一写清楚。

会议进行得还算比较顺利,到讨论合作社章程的环节,村主任就按照事先的安排,逐字逐句诵读章程草案。开始是念一条,就提示说:"同意的举手,不同意的就提出来。"没有人提意见就通过一条。后来发现这样太慢,就不停地念,有问题可以随时提问,没有问题就念下去了,不用举手。

章程一共7000多字,后来村主任念累了,基金会又建议主持人指定一个人替他念。开始村里的人不怎么提意见,但是到了劳务和工资报酬的时候,大家提出来,"这是指聘用的人员还是理事会和监事会的人员？"这是一个质量很高的问题，村主任解释不了，基金会的工作人员就站出来解释，解释完之后大家就都一起举手通过了，会议效果比想象的好得多。最后村主任进行了总结，跟大家解释这个章程是怎么来的，一方面是把大家的想法收集上来，然后征集了全村人的意见，因为章程是根据国家的法律法规起草的，大家没有提出任何不同意见。

理事长的竞争很激烈，第一轮投票，理事中得票最多的两位候选人并列第一；于是又对这两位候选人进行了第二轮投票，最终选出了理事长。有了这个正式的选举程序，村民才会认账，理事长也才会有威信，因此这个过程很重要，等于有了村民授权。

### 方诚至理事长[①]

58岁的方诚至是村里的老支部书记，他29岁那年就成为了民乐村最年轻的支部书记，而且一当就将近20年，在村民中有较高威信。他所在的生产队是全村最穷的队，生产队粮食种不好，村民只能靠国家的特困粮度日。他16岁参军当了八年兵，回来后当了六年队长。接手队长的头一年，他就带领村民把村里的耕地全都栽上了杂交水稻，当年亩产增加到500斤。

老百姓就说这个娃懂生产，现在民乐村所有水稻的种植就是他那个时候打下的底子。老百姓看这个小伙子有干劲，懂科学，推选他当了村支书。要种水稻就要打井，他上任就打了几口井，干了两年以后，粮食亩产达到670斤。

村子原来虽然很穷，却不准村民外出务工，是他带头突破禁忌，把年轻人带出去打工。几年的时间下来，老百姓的生活条件都明显改

---

① 书中村民姓名均为化名。

善,村中大部分男人都在外面打工挣钱,而妇女们则守在家里种田搞养殖。地震之后,村里的住房重建之所以进展比较顺利,与村民们出去打工挣了一些钱有一些积蓄有关系,他为此颇感自豪。

在方诚至眼里,民乐村是个偏僻之地,离土门镇远,离绵竹也远,三不靠,没有什么自然优势,就是有一点儿地。现在村上大部分年轻人都出去打工了,留不住人。他们一般到绵竹、成都,还有到深圳、广州去打工,去成都的多一些。村里老百姓精神状态比较好,普遍认为现在上面的政策好,他们对自己的生活现状比较满足。家里有房子有地,外出打工挣点钱回来也花不了多少,实在穷一点的国家还给补助,日子过得还可以,感觉挺好的。

从村支部书记的岗位上退下来之后,方诚至在土门农机站上班。地震时他正在农机站值班,当时电视机一下子就从桌子上掉下来了,他赶紧往屋外跑,接着农机站的房子就全都震倒了。

地震发生后,因为农机站设施破坏无活可干,他就回到村里,听到中国扶贫基金会捐赠几百万元来做产业发展项目,觉得是民乐村发展的好机会,就积极参加合作社的筹备工作。由于他在村里当书记时间比较长,与老百姓相处得还不错,在村里召开的社员代表会议和合作社理事会上,被选为合作社第一届理事长。基金会对他也进行了各方面的考察了解,觉得他使命感比较强,对工作充满热情,再加上对村里的情况熟悉,是比较理想的理事长人选。

但他本人对担任理事长有顾虑,一方面是因为没有接触过合作社的管理,没有经验,钱又是基金会捐赠给全体村民的,担心万一失败了,要背上骂名。另一方面家人也劝他,说这么大岁数就不要操那个闲心了,所以并不愿意出头。我和基金会的工作人员与他多次进行沟通交流,认为他既有多年乡村基层工作经验,有较高的威信和较强的组织能力,又能够理解和认同我们的思路,有带领村民组建合作社、走规模化产业发展的意愿,是当时村里比较合适的人选。经过耐心细致的工作,最终打消了他的顾虑,同意担任理事长。接下来,他和我们一起出去考察了若干合作社未来可能的发展项目。

方诚至后来回忆:"我记得考察的有一个养猪的项目。我们觉得补贴村民买母猪,生了小猪然后再卖,是比较靠谱的。但当时地震之后老百姓的房子都在修建之中,住的都是简易过渡房,买一头仔猪要花几百块钱,群众反对的意见比较大。很多社员代表也认为自家养猪比较辛苦,又容易生病,不好赚钱。还有一个食用菌项目我也去看了,人家确实搞得不错,但那是私人搞的,自己的生意当然上心,而且也不用开工钱。"

"但我对养殖业和种植业始终不看好,我真正想搞的是机械加工厂,主要是加工氢气、加工小车等,这和我搞过机械的经历有关吧,但这个项目被理事会否定了,我尊重大家的意见。"他一直觉得如果合作社建机械加工厂一定会赚钱,"但是基金会也没有经验,遇到的很多问题是他们想象不到的。种植业和养殖业风险性很大,不但要经验和技术,还要靠运气。"

### 名正言顺不容易

理事会选举完成后,5月31日,民乐村种养专业合作社就挂牌了,挂牌时实际上还没完成正式注册。我们原以为合作社的注册不是一个很复杂的事情,没想到在这件事上也拖延了很久的时间。

根据《中华人民共和国农民专业合作社法》规定,社员入社自愿,退社自由,是农民专业合作社应当遵循的原则之一。但是因为我们了解之前村民们都希望分钱单干的现实情况,我们担心项目资金进到合作社,以股份形式量化之后,社员用退社的方式达到分钱的目的,导致资金的集中使用无法实现,于是在民乐村合作社章程中规定,本合作社社员享有自由提出退社申请的权利，但中国扶贫基金会捐赠折合的股份本金不予退还。该股份在社员退社后的所有权和收益权均归合作社所有，但该股权在社员退社前的所有收益权仍旧归该社员所有，社员以自有土地、资金或其他资产等形式入股的部分，退社时一并予以清算。

另外，合作社章程规定合作社成员大会选举和表决实行一人一票制，成员各享有一票基本表决权。我们考虑到一人一票可能会导致村民联合起来，干扰合作社理事会、监事会的决策，致使合作社做出方向性的错误决策，于是在一人一票制度下又规定了中国扶贫基金会在社员代表大会和理事会的一票否决权，这两个条款的修改是我们多次与绵竹工商局协商才得到认可的。

还有一个问题就是合作社名称核准的问题。因为民乐村合作社的股本金是由社会捐赠资金形成的，捐赠资金按照全体村民的数量，平均折算成股份，每个村民都是股东。因此我们设计的时候叫"民乐村经济发展合作总社"，实际上是全体村民的一个股份合作平台，是一个经济合作总社，下边的分社或者分公司才是单一产品的专业合作社。

据我们了解，这样的名称在浙江等沿海地区是允许登记的，但四川省的实施细则还没有出台，因此此在四川没有先例。当地工商部门认为合作社章程里规定的农民专业合作社经营项目必须是同类农产品，必须是单一产品经营，比如蔬菜合作社就只能种菜，养猪合作社就只能养猪，名称中不应该有"总社"这个词；而我们认为民乐村合作社未来经营方向是规模化、多样化、综合性的，他们对合作社的政策解读是不符合民乐村合作社的实际情况的。经过反复协商，最后核准为民乐种养专业合作社。尽管如此，我们这个"种养专业合作社"能够被核准，已经是破了框框，是"找关系"做了沟通。因为如果要较真儿，按照当时四川的规定,这个专业种养合作社实际上也是不合规的。由于经历以上周折,合作社直到2009年8月份才正式完成注册。

### 有关股份的考虑

关于股权的设计,考虑到基金会投入民乐村的发展资金是无偿捐赠的,属于公共资金性质,所以首先要保证公平。通过股份制的方式,将基金会的捐赠平均量化给全体村民,每个村民持有合作社的股份。合作社的资本金虽然属全体村民所有,却可以集中在合作社统一管理使用,从而实现规模化经营,提高资源使用效率。以此让每个村民都能够分享公共投入带来的发展成果,不管老幼,也不管是健康者还是残疾人,每个人机会应该是均等的。

在《绵竹市民乐种养专业合作社章程》里,对合作社中每个村民的股权是这样规定的:

"中国扶贫基金会捐赠出资部分折股,以设立时民乐村户籍人数为基数平均计算每股股金,每人一股,每户户主代表本户所有股东出任合作总社社员,行使相应权利。……在合作社从事集体经营需要土地的时候,村集体和社员可以土地产权或承包权折资入股;社员也可以资金入股。股份折算的具体方式以及分配方式需由理事会明确,经社员代表大会表决通过。

"由中国扶贫基金会出资形成的股份不得转让;社员以土地承包权、资金等入股形成的股份,经理事会审核,社员代表大会审议通过,可以并只能在社员之间转让。

"股东名单五年调整一次,死亡、迁出、新生人口股权调整办法由社员代表大会讨论决定。"

这样对股份的严格规定,使得社员无法把股份换成现金。我和同事们解释这样设计的必要性:"一来,这是为了避免资产转移。我们的钱都是捐赠来的,如果有人出低价把合作社的权利贱买走了,我们无法对捐赠人交代;二来,这也是为了避免产生分配不公。虽然大部分村民完全不知道什么是股份,股份有什么意义,但还是有一部分村民看到这个股份升值的潜力。他们很重视股权,希望多买股份。如果随便股份交易,那么有可能会产生未来的分配不公。这和我们的初衷是不一致的。所以我们设置了这个五年调整一次的限制。这是目前的考虑。未来怎么安排,要等理事会成熟、基金会退出以后,他们自行决定。"通过这种方法,中国扶贫基金会引导着合作社把所有的股份集中到一起办劳动密集型的企业。

当时一些有见识的村民看好合作社的发展前景,提出来希望自掏腰包入股,我们认为这是一个很好的提议。一方面可以多筹集一些资金,壮大合作社的规模,另一方面,如果村民自己出了钱,可能就会更加关心合作社的发展,支持合作社的项目。

但是经过再三讨论,我们还是决定暂时不接受村民出资入股。根据我们对民乐村村民的了解,把外部捐赠的资金量化为村民的股份相对容易,因为本来就不是农户自己的钱,农户不难接受。但是要让农户自己拿钱出来入股,操作难度就大了。一方面,有些农户会因为不了解股份制从而不愿意拿钱出来,即使看好股份制,愿意自己拿钱出来,也会因为有些农户没有钱而无法执行。另外,由于对股份价值的认识不同和经济实力有差异,必然导致一部分村民愿意入股,拥有较多股份,一部分不愿意入股,股份相对变少,可这会不会造成新的贫富差距? 当时我们也是有点吃不准。

基于同样的考虑,我们认为捐赠资金量化形成的股权在一定时期内也不能转让。为什么这么考虑? 就是因为大部分村民都不了解股份是怎么回事,不知道它的价值。我们推动股份分配工作的时候,部分村民就很不理解,说:"还是给我们钱吧,我们要股份有什么用?"说明他们不理解股权的价值。因为缺乏认知,为了尽快拿到现金,他们的股份完全有可能以很低的价格就转让出去;而那些知道股权价值的人本来能力就比一般村民强一些,必然会通过低价收购等方式获得更多股权。如果未来合作社赚了钱,这些能力更强的人就会分走更多的利益,而那些卖掉了股份的人则将一无所获,这无疑将加大村民的贫富差距,是不公平的。因此,在部分村民对股份价值还没有充分理解、信息不对等的情况下,我们希望暂缓放开股权的转让。

我们不能违背市场规律做项目——因为那注定不可持续,也不想因为项目的实施反而造成收入差距过分扩大——但我们毕竟是公益机构,做的就是扶贫工作,自然对公平看得更重。我们只是希望在起步阶段能尽量做到公平,能够帮助村民保住他们进一步发展的机会和可能性。就像一场拳击比赛,贫困户就像一个既没有受过必要的体能训练,也不了解比赛规则的菜鸟选手,如果就这样站在擂台上,面对受过训练、有全套护具的对手,结局一定是很悲惨的,显然也是不公平的。我们希望有一个训练和演习的过程,提供必要的护具和规则培训,而并不是想要干扰比赛。

我们希望把这两个问题留待股份制合作社经过一段发展,村民对股份制有了足够了解,甚至让大家都赚了钱,认识到股权的价值之后,再由村民讨论决定何时放开股权的自由转让,何时接受村民出资入股。

按照我们的设想,合作总社作为捐赠资金的管理平台和全体村民的持股平台,首先要保证"公平",由此形成的股份不能轻易转让;但是总社下边设立项目公司的时候,可以考虑让市场唱主角,允许村民自愿入股,体现效率优先的原则。

在股权设计问题上,我们还差点走了弯路。开始我们动员村民加

**图13　2010年1月，民乐村全部农户都领到合作社股权证**

入合作社的时候，村民觉得股份有风险，不是很感兴趣。因为着急推动村民参与，曾经想动员基金会工作人员也出资入股，给村民做示范：我们自己都敢出钱入股，说明我们对合作社有信心，你们自己又不用出钱怕什么？后来意识到这样做虽然能起到一定的示范作用，但是却潜藏着一个巨大的隐患，村民们有可能会觉得基金会做这个项目的动机不纯：是不是个人想在里面捞点什么？如果不是及时反应过来，基金会的工作人员真的入了股，后面的事可能就更加复杂了。

　　关于未来收益分配机制，当然要把一部分利润分配给村民，但是也不能把利润全部分掉。必须留存一部分收益设立公积金，作为公共财政来源，用于支持村庄的教育、卫生、环保、技术设施等公共投入。只有村庄收入增加了，公共服务资金有来源了，公共财政收入有保障了，村庄才能实现可持续发展。

民乐种养专业合作社股权分配公告

各位村民:

民乐种养专业合作社自今年5月31日挂牌成立以来已经有近半年的时间了。这半年的时间,在合作社理事会、村两委、中国扶贫基金会的共同努力,在村民的理解和支持下,合作社确立了食用菌厂、兔场、鹅场三个项目,其中总投资160万元的食用菌厂项目已开始投产。为完善制度,让每一位村民都知道自己在合作社占多少股份、有多少钱,我们决定在本月底开展股份分配工作。

股权分配的原则和步骤如下:

一、合作社的分配总股本为260万元;分配的是合作社股权,不是分现金。

二、每户有一个股权证,由该户户主代表;股权证标明该户人口数、股份数、股份所代表资金数;股份落实到家庭每个成员。

三、分配的总原则为按照民乐村所有户籍人口平均分配。分配的人口为截至2009年12月31日为止所有在派出所登记在册及村内备案人口。

请各队村民相互通知。未办理户口登记手续的村民请在12月31日前抓紧办理。否则不能享受合作社股份。

特此公告

民乐种养专业合作社

民乐村两委

2009年12月12日

# 八　食用菌厂的失败，"心都痛起喽"

### 谁该为项目负责？

合作社的建立不是最终的目标，建立合作社的目的是要搭建一个经营平台，把村里的资源整合起来做产业。虽然合作社的建立不容易，但是合作社一旦成立，马上面临着产业发展方向和产业项目选择的问题。到底发展什么产业，做什么项目既有市场前途和良好的发展空间，又适合民乐村实际资源情况，具有可操作性？

从2008年年底开始，我们在合作社筹备过程中就已经在思考和调研这个问题了。那时候猪价正高位运行，很多人都看好养猪业。基金会年轻的同事们也兴奋地谈论着养猪业的前景，设想以此为切入点推进村民生计及产业发展项目。我们甚至还提出，将来合作社发展起来，具备一定的实力后，我们可以在村内搞种养基地，然后到城市开农家饭店，借鉴"前店后厂"的模式，形成养殖加工销售一条龙产业链，解决农产品销售难，保证农民利益的想法。

但是真正要做出选择，不能仅仅靠道听途说拍脑袋做决定。接下来那段时间，我希望通过基金会驻村工作人员的调研，能够找出几个可行的项目。陈晶晶和另外一个志愿者去调研了很久。2009年春节后的两三个月里，基金会工作人员和民乐村的骨干代表，又对包括养猪业在内的主要的种植、养殖行业进行了系统考察。我们参观了绵竹旁边的中江县的一个规模很大、经营也很成功的养鸡场，考察了周边多个食用菌种植、蔬菜种植项目和养牛、养鹅、种富硒米等项目。

几个月紧锣密鼓的考察学习下来我们发现，哪个行业都有做得好的，也有做得不好的，做得好的赚钱，做得不好的亏本。什么项目都有可能成功,也有可能失败,没有不赚钱的行业,只有不赚钱的企业,赚钱还是亏钱关键是要看谁来做。

这个结论把我们吓了一跳:既然这个项目是村民的,最终还是要由村民来做,为什么是我们在讨论做什么项目?我们凭什么能去告诉村民一定要干什么才能赚钱呢?我们忽然意识到,我们的工作是不是越位了?而越位的后果是我们难以承受的。

首先,如果我们先入为主选定了产业,和村民意见不一致怎么办?如果听我们的,那么我们就是在替村民做主,村民就会产生严重的依赖心理,丧失积极性和主动性,最终导致项目失败;如果听村民的,那么就是承认我们的错误,有可能会影响基金会在村民心目中的形象,损害村民对我们的信任,给未来的试点工作带来更多的困难。其次,如果村民不参与项目立项过程,项目确定之后谁来做项目就会成为问题。明摆着这既不是基金会所长,更不是基金会的职责。即便村民信任我们,推着我们干,我们选择的项目也很好,最后也成功了,因为不是村民干出来的,村庄的可持续发展能力也还是建立不起来,实现不了项目的初衷。

基金会内部讨论之后形成了一个共识,村民不参与进来是不行的,我们在大凉山已经有过这方面的教训。要实现项目的目标,必须要充分动员村民参与,发挥村民主体作用,让村民来选项目定项目并最终实施项目。而前一段时期替村民做决策、帮村民挣钱的想法是错误的,基金会也无力去承担决策失误带来的风险。

调研还是要做的,但调研的目的不是要替村民决策要干什么,而是要对这个行业做一个基本的了解。将来他们说要养猪的时候,有可能我们已经发现这个村子根本不适合养猪,我们就可以提出有价值的建议。

具体的项目选择方式可以让村民自己来招标,让村里的人甚至外来的人来介绍项目方案,再由村民自己选择。如果基金会觉得实在不合适,至少还有一票否决权,千万别着急这么早地先入为主替他们做决定。

我们意识到,虽然我们知道民乐村项目的项目主体问题是个事关成败的重要原则问题,但是在实际工作的推进过程中,不知不觉中就越位了。我们总是很热情,又急于见到成效,一不小心就越俎代庖了,而这是非常危险的。我们要时刻提醒自己回到正确的位置上来。

### 怕被人戳脊梁骨

虽然地震前村里路况较差,但是从村里到县城直线距离不到10公里,骑摩托车也就十分钟的车程,所以村里人对外交往并不闭塞。著名的剑南春酒厂和东汽集团公司都是绵竹市的利税大户,吸纳了周边很多村民就业,民乐村就有不少村民在这两家企业工作过。便利的交通条件、频繁的市场交流活动,让村里一些头脑灵活、抓住机会的人发展起来,所以村中不乏在外面做生意、做工程发展得不错的能人,据说生意做得好的一年有上百万的收入。

动员村民参与项目并发挥主体作用,最理想的办法是找到村里的能人,发挥带头作用,带领村民做成熟的项目。这样既简单易行,又容易成功。我们的设想是找到村中的能人,与合作社成立合资公司,将能人原有的项目规模扩大。创造的收益除了按股份或约定分给能人,其他部分作为合作社的收入按股份分配给村民。

但我们并没有主动和这些村民口中的大老板联系,一方面是因为这些人平时基本上不在村里,我们难得遇到他们;另一方面也是因为我们希望合作社未来的项目能够充分利用村里的土地和劳动力等资源进行发展,而这些人从事的主要是贸易和工程类的项目,难以满足我们的要求。所以我们也没有花太多的努力和他们取得联系,动员他们回村发展。至于能不能动员回来，则是另外一个问题。

我们还是希望找到能在本村发展的项目。

曹老板是村里顶尖的养猪大户，他每年出栏几十头猪，一年能赚十来万块钱。我们想，既然他掌握养猪的技术但规模有限，而合作社虽然有资金但缺乏行之有效的项目，如果大家共同合作，把养猪场的规模扩大，把繁殖的种群扩大，继续由他来统一管理，就会创造更大的经济效益，实现多赢的局面。另外扩大项目需要增加人手，又可以让其他村民加入进来一块干，增加就业，带动村民共同发展。

2009年初的一天，我们在村干部的陪同下来到曹老板家。当时他家的新房也还没有建好，曹老板热情地接待了我们。我们向他介绍了合作社的筹备情况和未来的发展设想，希望他积极支持合作社的筹备工作，并与合作社合作，扩大养殖规模，带领村民共同发展。曹老板向我们介绍了他的生猪养殖情况，并对我们前期的工作表示认可。但是谈到合作扩大养殖规模，他表示，作为一个村的人，他何尝不愿意带着大家一块干，就是担心风险太大。他目前自己干的方式，同样的规模已经搞了几年，经营状况很稳定，赚了钱都是自己的，得了疫病发生损失自己也赔得起。如果一下子扩大规模，投个几十万、上百万，几百上千头猪，"这么大规模我也没搞过，万一有了疫病控制不住，就搞砸了，把村里的钱全给亏了，我怕走在村里别人天天指我脊梁骨（背后议论指责）"。

虽然我们给他分析了合作社的优势，如何争取政府的支持，如何避免疫病的发生，等等，试图说服他，但他犹豫再三，还是没有当场答应我们，希望我们给他几天时间考虑考虑。

几天后曹老板答复我们，经过再三考虑，他还是决定不参与合作社的项目经营，主要的原因是他认为自己能力不够，承担不了这么大的责任。虽然我们感到有些遗憾和不甘心，但是我们也能理解曹老板的顾虑，接受了他的理由。

当时除了这个养猪大户，其他本村村民有过经营经验的还有养兔、银柳、蔬菜之类种植类项目，因为规模都很小，无论是基金会的人还是村里的骨干，都认为这些项目无法满足合作社的需求。

合作社看好的人，不愿意参与合作社经营；愿意参与合作社经营的人，又无法满足合作社的需求。在选择项目和经营者的问题上，我们陷入了困境。

### 逼出来的办法

按照国务院的要求，汶川地震灾区的灾后重建工作，三年规划任务要争取两年完成，时间非常紧迫。另外随着民乐村合作社的成立，做什么项目、由谁来做，也成了刻不容缓的问题，必须尽快确定。因为拖的时间越长，损失的不仅仅是时间，还有村民和我们的信心，对项目的实施越不利。我们讨论了各种可能性也想不出好的办法，最后受到当时各地风行的招商引资活动的启发，觉得我们为什么不能试一试，通过招商引资吸引村外的能人到村里共同发展？

我们分析了村里的实际情况，村里土地资源和劳动力资源比较丰富，又地处经济相对活跃、交通便利的德阳市，再加上200多万元的产业发展基金，具备一定的产业发展条件。一方面，虽然合作社的200多万元产业发展资金不是很多，但相对于当时一般几十万元投资的小规模农业企业而言，这个资金量还是有相当吸引力的；另一方面，在前期的项目走访调研中，我们了解到，很多小规模农业企业的经营者，虽然有一定的技术和市场渠道，但是苦于融资难，难以扩大规模实现长足发展。根据上述这些情况，我们觉得通过招商引资的方式，有可能吸引村外那些有能力、有项目，但是缺乏资金的能人加盟，与合作社合作发展适合本村自然资源条件的项目。

我们设想通过以下模式与将来的村外能人(经理人)合作：合作社与经理人以现金入股方式成立合资企业，管理经营合作项目。由合作社作为合资企业的主要投资方，占有合资企业80%—90%的股份，经理人则占剩余10%—20%的股份。项目经理人根据双方合作协议约定规则负责经营及管理工作。每个项目由合作社选派一人配合外来经理人协助其开展工作。合作社派会计和出纳直接监管项目企业的财务工作，并成立采购和销售小组，负责原料采购和产品销售工作。项目经营团队根据经营业绩领取工作报酬和奖励，并按股权比例提取利润分红。

## 广告招贤

招商引资的思路确定了，但是怎么找到这些经理人呢？从2009年6月到8月，完成民乐合作社注册的同时，在项目工作人员的努力下，我们得到了川内相关媒体的大力支持，合作社通过《四川日报》和四川电视台等报纸、电视、网络媒体刊登了前文的公益广告。

(四川)绵竹民乐种养专业合作社200万项目招聘负责人

"5·12"汶川大地震给灾区人民造成了巨大的创伤和痛苦，而农村经济和灾区农民的损失尤为严重。地震波及的51个县(市、区)中有扶贫开发工作重点县43个，涉及4834个贫困村，218.3万贫困人口。绝大部分贫困村面临扶贫、灾后重建及发展的巨大压力。四川绵竹土门镇的民乐村就是其中之一。

在中国扶贫基金会资助下，民乐村在2009年5月31日挂牌成立"绵竹民乐种养专业合作社"。合作社旨在帮助四川省绵竹市土门镇民乐村发展规模化产业经济，提高村民收入水平，壮大民乐村经济，并希望借此平台，打开制约贫困农村经济发展规模及经营人员能力的瓶颈，以顺应市场需求，提高社会援助资金使用效率。

合作社计划投入200万元项目启动资金，用于发展规模化农业及相关产业项目。现面向全社会招聘产业发展项目负责人。希望我们能够携手创业，在政府支持和倡导的农业产业化潮流中闯出一片天地，从而达到个人价值与社会价值的有机结合。

应聘人员的基本要求：

1.有创业经验或一定的企业管理经验；

2.有适合当地情况、具有发展前景的产业项目(种养殖、深加工等均可)；

3.拥有该项目所需的技术和能力；

4.能够有一定时间在村内驻扎，有跟村民及政府人员打交道的经验；

5.对农村发展、农业产业化的工作有信心、有毅力；

6.自带资金者可优先考虑。

薪酬待遇：固定工资、据经营绩效的奖金、合作社利润分成等。

我们热忱欢迎社会各界朋友来村咨询、洽谈项目。如需了解民乐村及本合作社更多信息，也可发电子邮件至×××@fupin.org.cn索取。邮件标题请标明"应聘项目负责人"。

之所以强调"自带资金者可优先考虑"，是为避免没有足够约束的机制下，合作方为追求利益最大化而出现短期行为，把企业做亏损，甚至把村里的资产转移的情形发生，希望合作方能带资合作，赚了大家都有红利，亏了大家都有损失，形成利益捆绑机制。但是又担心资金条件要求过高，挡住了真正有好项目但没有资金的人，因此既提出资金条件，又留有一定的余地。

另外,虽然招聘广告声称不管哪里的人,只要有合适的项目,有相应的技术和能力,我们都欢迎到村里来合作建立股份公司,但是我们重点还是希望在四川境内招聘项目经理,毕竟省外的人即使项目再好,也会面临诸如风俗、文化甚至语言等适应问题,具有很大的不确定性。

广告刊出之后,报名非常踊跃。排除一部分明显不成熟的项目和个人求职,我们共收到33个投标项目。村民们本来对这种方式能否找来合作者半信半疑,报名的结果让他们很受鼓舞。接下来,合作社出面邀请这些投标者到村里来考察村里的实际情况,了解项目细节,要求投标人在考察基础上,针对民乐村实际情况再提交合作建议书和项目实施方案。

经过几轮的沟通和筛选,大部分项目被淘汰,最后保留下来的九个种养业项目,合作社难以取舍。我们决定召开项目评审会,请外部有企业管理经验的人和村民代表共同选择合作项目。

## 产业项目评审会

2009年8月18日下午,民乐产业项目评审及项目负责人面试会在绵竹市土门镇活动板房会议室召开,会议由王军主持。

会议邀请了四川宏达集团副总裁刘德山、成都博世高雅企业管理(集团)有限责任公司董事长邱克、成都中小企业担保有限公司副总经理龚民、四川顶好食品有限公司经理席与媛、成都丰丰食品有限公司总经理张忠、成都香香嘴食品有限公司总经理邱俊、郫县双惠农业开发公司经理马志惠等企业家,和绵竹市扶贫办主任廖纪华、土门镇党委书记钟声、民乐村党支部书记郭晓兵、村委会主任冯遥聚、合作社理事长方诚至、合作社监事长姚界霄作为评委,我和王军也代表基金会作为评委参加了评审会。

图14 2009年8月18日民乐村产业项目评审会

　　评审会安排两轮评议,第一轮请应聘人依次上台做自我介绍及应聘项目阐述,接受评审团评委提问。评审团全体评委对所有应聘建议书进行评审打分并填写评语,得分前6名的应聘人进入第二轮评选。

　　进入第二轮评审的6位候选人再次进行项目阐述,由企业家评委和民乐种养专业合作社理事会、监事会成员根据各自对候选人的印象和对项目可行性的判断,并参考评审团第一轮的打分及评语进行二次评分。得分前3名的即作为最终入围备选项目,进入下一阶段的合作筹备工作。

　　之所以基金会和政府方面代表只参加第一轮评分而不参加第二轮评分,就是考虑到产业项目毕竟有很强的专业性,希望在大的方向没有问题的情况下,充分发挥企业家的专业作用和村民代表的主动作用。

　　最后入围的三个项目,一个是食用菌种植,一个是养鹅,一个是

富硒花生种植。在评审团指导下,合作社根据评审会的结果和村里的
实际情况,初步确定了以食用菌项目为主,养鹅、富硒花生种植为辅的
产业发展综合方案。

但是很快,养鹅的项目就被迫终止了。项目投标人因为个人原
因中途退出项目,这给合作社造成了损失。因为合作社为了修建鹅
场,已经按项目规划在平整土地上投入了3万多元施工款,自然也就
亏损了。

而富硒花生种植的项目,随着与投标人的更多沟通交流、对项目
实施方案更加深入的了解,理事会再三论证,认为这个项目做成的可
能性不大,最终项目被理事会否决。

评审会选出的三个项目,只剩下食用菌种植项目了,村民们对这
棵独苗抱以厚望。

### "海龟"梁志刚高票入选

合作社真正看重的是食用菌项目,项目的中标人叫梁志刚。他
40岁出头,个子不高,身材偏瘦,戴着眼镜,脑子灵活,口才便给,非
常健谈。

在合作社组织的评审会上做路演时,他口才很突出,提出的方案
也很有说服力。据梁志刚自己介绍,他是德阳本地人,有多年的食用
菌种植经验,掌握各类蘑菇的种植技术。他说地震前被马来西亚一家
食用菌种植企业请去做技术员,食用菌种植得很好。之所以从马来西
亚回国,就是想支援家乡灾后重建。他是在德阳的报纸上看到合作社
公开遴选合资项目信息的,就带着食用菌种植项目前来投标。虽然他
当时没有足够资金满足合作社合资要求,但是他认同这个规则并愿意
带资入股,甚至不惜把自己在德阳的房子卖了,筹款来跟我们合资。

梁志刚的演讲打动了所有人,无论是我们的村民代表、政府代表,

还是企业家代表，都认为他既有技术和经验，又有回报家乡的情怀，放弃国外的高薪不拿，回来支援家乡建设，是非常难得的理想人选。特别是他提出愿意卖房筹款来满足合作社的出资要求，让大家感到他特别有诚意，特别有信心。经过评审团的评选，梁志刚凭着激情、口才和很有诚意的项目方案高票入围，成为合作社首选合资伙伴。

**绞尽脑汁的合作机制**

2009年8月18日，产业项目评审会召开，选定了合作社的产业项目，标志着民乐村产业项目正式进入实施阶段。按照项目计划，菌厂将于2009年10月开工建设，12月正式投入生产。食用菌厂总投资160万元，规划占地面积40亩，修建25个食用菌生产大棚，年生产能力计划为50万包菌棒。按照食用菌行业一般30%的利润率，2010年利润可以达到50万元。因为川渝地区食用菌市场足够大，也不担心卖不出去的问题。这样的话，全村每个人每年都能分到300多元的红利。

要实现在10月份正式开工，还有很多准备工作需要完成，包括合作社一系列规章制度的建立，合作社要与梁志刚签署合作协议，合资公司要与梁志刚签订聘用协议等，都是前期需要准备的工作。而梁志刚筹集到足够的与合作社合资的资金，更是合作项目正式启动的前提条件。

虽然梁志刚明确表示愿意把自己家在德阳市的房子卖了筹集合作资金，但是合作社又不忍心真让他把房子卖了，于是双方协商了一个折中方案：梁志刚从合作社借了16万块钱，其中的10万作为自己的投资，与合作社合资成立公司；另外6万，把自己名下正在还贷的房子还清全部贷款后过户给合作社。相当于是用自己的房子做抵押，从合作社借了16万元现金。现在房子仍在合作社的名下，属于合作社资产，当时房子的实际市场价值约为21万元。可以说梁志刚还是非常有诚意的。为了配合产业项目的推进，2009年9月，合作社理事会紧锣密鼓地讨论确定了合作社财务和会计制度、采购管理办法和产品销售管理办法等相关规章制度。而梁志刚也还清了银行贷款，解除了自己的房产抵押，将房产过户给合作社。10月份，菌厂完成选址征地工作并开工建设。同时，在基金会指导下，合作社加班加点地研究合资企业的管理机制，准备与梁志刚签订的合资协议和经理聘用协议。合资协议是投资方之间签订的合作协议，约定各方股东的责权利关系；而聘用协议是合资公司与总经理签订的，规定了职责权限和薪酬考评机制。

能不能设计出一个好的经营管理制度，既能把那些有能力、有资源的人吸引到村庄来，又能避免别有用心的人侵蚀村民的利益和资源？如何在收益和风险上做平衡，是对扶贫基金会和合作社的理事会的一个很大考验。

因此在制度设计上，我们花了很多心血，希望通过科学合理的规则，让合作社与引进的能人形成真正的利益共同体。既要有充分的信任和授权，有充分的施展空间，又要有足够的激励机制，充分调动经营团队的积极性，还能有效约束不规范、不负责任的行为，避免给合作社造成损失。这对于没有企业管理经验的基金会工作人员和村干部而言，无疑是巨大的挑战。经过无数次的讨论沟通，就一个村办企业而言显得有点复杂的聘用协议形成了，其中最复杂的是绩效奖励部分，目的就是鼓励梁志刚创造更高的利润。协议规定总经理的收入构成有基本工资、岗位工资、绩效奖金、认股权奖励等。协议规定食用菌厂以年投资回报率达到10%为考核基准，在10%以下，是没有绩效奖励的；达到10%到30%之间，以利润的相应百分比，作为他的奖金；如果超过30%，奖金的比例更高。

除了奖金还有股份奖励，如果经营期间收益率在10%到30%之间，可以奖励他1%—3%的股份，如果超过30%，最高可以奖励7%的股份。梁志刚入股时占股10%，如果增加7%，也就是17%。双方合作期是三年，如果平均回报率超过10%，那合作社会按10%的比例每年给他兑现奖金；如果平均回报率达到30%，奖励也就相应提高到30%，这是封顶。对于可能的亏损，合作社也保留了两项权利：亏损20%以上，合作社可以解聘；如果亏损10%以内，连续两年亏损，合作社也可以解聘他。不仅如此，如果造成了损失，合作社会按实际形成的损失扣他的股份。

2009年11月，合作社正式和梁志刚签订了项目合作协议和聘用协议。

### 关于合作机制利弊的讨论

梁志刚虽然签了这两份合同，但是对经理人的待遇，他却并不满意，他认为："这种职业经理人的管理方式，是要在银行这样成熟的行业，或者利润比较高的时候，比如规模达到五六百万，能请得起几个高薪的高管才可以。我们的企业规模这么小，一个高管要几千块钱一个月，根本就养不起。现在一个管理人员1500块钱一个月，村民还觉得高了，村民还会觉得我们贪了他们的钱。反而是老板来承包，他们却没意见的。合作社拿固定的租金，经营者从销售收入中拿不固定的收益，也承担风险，这个是农民可以接受的。

"我觉得未来的合资，应该是这样：合作社的钱拿来支付原料等等可以计量的成本，经营者承担工资和经营费用。合作社不管盈亏都不承担经营风险。赚来的钱在成本(折旧、原材料)之外，按合作社投入的10%来收回，其他的钱就归经营者所有。否则就是吃大锅饭，权责不明确，我宁愿不做。"

后来菌厂经营不善的状况，对梁志刚管理能力的不满，让村民们对原来的合作机制产生了怀疑，他们也认为承包制的合作方式更好。

　　村主任冯遥聚就是承包制的支持者："还是要搞承包！我们去考察了解了一圈，发现所有的菌厂都赚钱，只有我们亏钱。就是我们管理不好，没有好的激励机制。刘秘书长他们带着四川省研究蘑菇种植的一个教授到我们这里来看过，说我们这里条件很好，就是缺管理。我看承包就可以解决这些问题。实行承包制以后，企业还是合作社的，承包人交租金给合作社，再加上一部分分红。不管承包人是赚是亏，合作社都不会亏。让承包人多赚点，我们少赚点没关系。至少可以有稳定的收入，而不是像现在这样要亏钱，老百姓都怀疑搞不搞得下去，我们村干部压力也很大。"

　　第二任合作社理事长洪继光也这样认为："和经理订合同，搞承包嘛。比如利润达到50万，经理就可以得到20万。他就会用心去管，理事会也少操很多心。管起来也要容易得多。"

　　虽然村里对承包方式抱有很大期待，但我们一直没有同意承包。因为我们知道，如果没有有效的管理，承包的方式也一样无法保证合作社的利益。承包就是收一个租金，把厂房设施交给承包方来使用。如果给经理人太多的支配权，那很多风险不好控制；如果不给，又容易失去商机。另外一方面，如果承包费高了，可能找不到合适的承包人；而承包费低了，又会造成资产的浪费甚至流失。

　　所有权和经营权分离，这句话说得简单，但分清权责并不容易，激励机制也难以确定。用梁志刚的话来说："管吧，我难受；不管吧，他（合作社和基金会）难受。"这种股东和经理人的合作与较量，就算在今天经理人制度已经非常完善的成熟企业，都是复杂多变的，充满张力的，是现代企业治理的难点和重点。而在这个小小的民乐村，理事会和梁志刚的博弈，无疑会遇到更多的问题和挑战。这也正是民乐村试验的重要内容之一。

**资金使用方向的分歧**

到了2009年10月份,虽然还有一些准备工作没有完成,甚至合作社与梁志刚的合作协议还没有来得及签订,但是为了赶上2010年春节前的销售旺季,合作社和梁志刚都希望尽快启动食用菌厂的建设。

根据梁志刚建议的选址和用地规划,合作社以每亩每年800元的价格从邻近民乐水库的民乐村三组租用了40亩土地,启动了食用菌厂的建设工作。食用菌厂的厂区规划为办公区和生产区两部分,其中办公区域的办公用房使用的材料是彩钢板。

汶川地震后,中国扶贫基金会曾经在绵竹、什邡等重灾区援建了一批板房学校和板房居民安置区,此时这些过渡用房已经完成了它们的使命,所用板材正好可在食用菌厂的建设中派上用场,合作社雇人把这些板材回收回来,用于菌厂办公用房的建设。因为这些材料本身是基金会捐赠的,菌厂只需要支付工人拆装和运输费用,梁志刚认为这是非常难得的机会和资源,希望多投入一些资金,把厂房面积建得大一些。而我们认为合资项目总共只有160万元的资本金,要尽量把这有限的资金用在生产环节,不应该在基础设施建设方面投入过多的费用。但是我们的意见,没有抑制住梁志刚的投资冲动,到2010年上半年,公司用于修建厂房的资金投入,已经超过了60万元。

11月份,菌厂用二手板房材料建起了3套办公用房,然后又陆续修建了20多个生产大棚,并于年底开始平菇、姬菇的试生产。2010年2月,食用菌项目公司正式注册成立,定名为"民富现代农业有限公司"。

图15 民乐村菌厂一角

四川民富现代农业有限公司总经理梁志刚的办公室就设在其中一栋板房里。这个戴着眼镜、穿着夹克的年轻"CEO",管理着160万元投资规模的菌厂,被村民们叫作"梁总"。

既然把房子都抵押了进去,梁志刚当然是要大干一番的,但是事情并不像他想的那么简单。从2009年投产到2010年上半年,已经投入120万元的食用菌厂,在6个月的时间里,只达到了20万元的销售收入。原因是不断产生的菌棒污染问题,导致产量一直达不到要求。下菌种的时候如果技术控制不好,或者菌包消毒不彻底,菌棒就会长出黄霉,这样整个菌包就没法用了。在2010年春天,由于受到暴雨的侵袭和气温升高的影响,加上管理不善,菌厂出现了大面积的菌棒污染,将近10万个菌棒受到污染不能出菇,一次性损失将近20万元。谈到由于技术原因造成的这些损失,用第一任合作社理事长方诚至的话说:"心都痛起喽。"这对于当时信心满满的合作社来说,是一个重大的打击。

### 菌棒污染事件

按照梁志刚的经营方案,2010年食用菌厂原计划实现经营收入50万元,但是因为生产过程中一直控制不好菌棒污染,产量不够,这一目标始终没能达成。2010年3月份,再次出现了菌棒大面积污染,因为菌棒一旦污染就不能出菇,一下就损失了十几万资金。那是规模最大的一批菌棒污染,是对菌厂致命的打击。

当时一名在菌厂工作的理事描述了亲身的经历。

之前我在工地上班,当时村里选我成了理事。梁总招我来,工资也不高,我在那上班,始终就是1500元左右的样子。他说的最辉煌(漂亮)的一句话,就是"为了我们家乡的发展"。我觉得把这个事情弄得好,也算是大功一件,虽然说不怎么挣钱,在家乡也算是有一番作为。我去上班时菌厂的地基已经平得差不多了,但是还有很多准备工作没做好。因为从村里到梁总,我们都急于求成,就开始动工。先通过基金会搞来很多板房材料,把办公区弄起来,接着开始修建大棚。大棚还没有全部建好,我们就开始投入生产了。

但是我们的生产从开始就一直不顺利。开始我们是从成都周围买的菌种,菌种应该是没有问题的,但我也不晓得啥原因,人家每批菌棒一般可以出菇三个多月时间,可以出三到四次菇,但是我们生产的菌棒只能出两次菇。我们出的第一次菇虽然质量还说得过去,但是产量也低,第二次出的菇就不漂亮,质量不好卖不出价钱。原来菇价高的时候卖三块钱,但我们达不到那个产量,后来菇价下降，我们出的菇卖不出去就腌起来，最后也没有卖出好价钱。

梁老板总是说"问题会解决的"，通过啥子办法解决？就是买了好多新的菌种，重新再来做试验，通过好长时间，也没有找到原因。后来梁老板决定自己培养菌种，他说不求人了。不知道梁总听谁说的，要培育出好菌种，得把试管买回来，但说实话，我觉得用试管培养菌种，他也不是很懂。结果本来菌种是白的，后来变成黑的了。他还买了几台空调来出菇，但是出菇的也不是很好。那时棚子里正在等着菌棒出菇，结果菌种都没有了，菌棒生产不出来。

后来我们又请来了三个师傅，说是梁老板在网上找的几个技术员。其实他们根本不会种菌子，只是把菌种接上就完事了，根本不会大面积地种植。菌厂浪费那么多钱买设备，雇技术员，但始终没能真正解决技术问题。菌棒的污染问题，出菇率低的问题，出菇质量不好的问题，始终困扰着菌厂，并最终导致了菌厂的失败。真正懂菇的那些人，人家才真的能赚到钱。

菌厂投入最大的应该是香菇。香菇的成本最高，拉一铁罐就需要几千块钱。香菇是在大棚里种的，请的人工全部是当地的，进行了一些培训。所谓培训也很不正规，就是技术员跟工人说大概怎么做，也没有正式开过会。由于技术不过关，香菇出菇率也不是很高，也没有赚到钱。

另外我们花了太多冤枉钱，比如请的当地人工，大多是老年人和中年妇女，确实花了不少的工钱，但是干活能力不行。和那些私人老板比，这方面我们的成本高得多。再比如三队的人，找梁老板说你占了我们的地，就必须要给我安排工作，梁老板没有办法，于是就给他们安排活了。类似这样的情况，导致菌厂雇了不少多余的人，浪费了很多人工。

但是梁老板好像对这些事都不太在意。比如说我们的出菇率不高，价钱也不高，梁总从来没有说过这个事情，他也不着急解决这个事情，认为都是小问题。那个时候我们发现这件事情已经不正常了，就去和他反映，我们说出菇不好，他就说"小事儿，小事儿"，他反倒嫌我们太着急，说你用不着激动。咋说呢，他的想法是这样的，他是做管理的，他就是我们的老板嘛，不是教工人怎么做具体的事情。请技术员就是帮他把这个事情做好，所以什么事全让技术员来负责。

他觉得那都是小事儿，可以慢慢解决，直到后来出了大事。2010年3月，菌厂发生了大规模的霉病。

食用菌菌棒制作过程中，要添加玉米面作为养料，用来增加菌袋的营养。玉米面泡水要泡透，然后再通过高温熏蒸来消毒灭菌，争取多出菇。但是由于工人经验不足，这个过程控制得不好，不仅浸泡做得不够充分，而且加热消毒也不均衡，结果玉米面也没有蒸熟，杀菌也不彻底，导致菌棒出现霉变。这种霉变的传染性很强，引发了大面积的菌棒污染。最终导致一整棚一整棚的菇都受到污染，一排排的菇都不能吃了。

那个时候村里的监事、理事也定期来看，第一次出现没有蒸熟发霉的现象，梁老板认为是小事儿。后来霉变越来越多的时候，理事会开会提出来，他仍然不认为是大事儿，他认为这种失误他能处理好。直到3月份气温升高导致霉菌快速传播，导致全厂菌棒发生大面积污染，梁总还是没有当回事，以至于最后我们十三四个棚子都没有咋出菇，不可收拾时，项目才被合作社喊停了，也就是不再投入了。我们有相关报告，过程以及原因记录得很详细。

这以后他就不经常到厂里来了,我们要打电话给他讲棚子里发生的事。有时候我们有事请他到厂里来,他会说我今天没得空,明天来,结果人也不一定来。

可以说我们的生产从开始做到最后都没有正常过。整体说技术根本就不过关,梁总说他种过菇,我认为他是没有种过,充其量他只略懂得一点,因为就连最简单的平菇,我们也没有种好,更加证实了这件事情。我们越做也就越没有信心,结果失败得一塌糊涂。

## 梁志刚的烦恼

面对村民和合作社的质疑,梁志刚却是一肚子委屈:

我在别的地方做都没有这么累过。这是我做得最累的一个项目。虽然说这个地方我是总经理,但我说什么都不算。像人事权,名义上是我说了算,但是我得接受村里的意见——尽量招村里人。但是这里的农民又很难管,他们接受不了公司的管理方式,比如上班打卡。打卡机我都买了,但用不起来。虽然村里的农民都是合作社的社员,在合作社有股份,但是他们只看重短期利益,他觉得这菌厂财产里有我一份,亏也是亏我的,你一个外来人凭什么对我要求那么多? 所以我对他们根本做不到像企业那样严格管理。

有时候我觉得自己就像是陷在人民群众的汪洋大海之中。比如就说这个通厂路吧,就经常被村民砍断。这条路是前段时间建厂时修的,租的是三组的地,租金也都给了。但是工厂建成运营后没多久,租地的农民就不断地来找我要到厂里工作,说他们的地修了路，没地种了，必须要给他们安排工作。其实最初我问过他们的意见，如果他们愿意，可以优先到厂里上班，但那时候他们又没说要来。后来他们想来的时候，工厂里的工人已经招满了，够用了，而且也都是村里的人，我说凭什么你想来就来，就要给你们工作啊？就没答应。结果后来三组的农民真就把路断了，我们运煤的车都开不进来。

我在实践中总结下来，在民乐村做项目，太复杂的工作都没法让村民做，他们只能做计件管理的工作。你做一个菌包多少钱，看一晚上锅炉多少钱，多劳多得。这样干多少活拿多少钱，清清楚楚明明白白，村民比较容易接受；不好计件管理的，精细的、需要技术含量的复杂工作，都只能包给外面有经验的人。我们村民做劳动密集型的简单体力工作就可以了，一样有的赚。

我们以前的菌包污染，就是由于用工管理不善，村里的工人粗放劳动产生的问题。现在用计件的方式管理了，污染问题就已经解决了。我们的菌棒蒸包只要能保证高温蒸透，就不会有污染问题了。你看我们现在七千多个菌包，都没几个出霉(污染)的。

让梁志刚头痛的另外一个问题，就是与合作社的关系协调。

说是信任我，给我充分的自主权，但是合作社控制着钱啊。两千块以上的费用支出都要理事会讨论，理事长签字。从监管的角度上来说，这个当然是没错，但是市场上瞬息万变，怎么做生意？比如有一批原料要进，现在市场上价格正低，但钱取不出来，因为你要等审批。等到理事会讨论完理事长签完字钱批下来的时候，可能原料价格早就变了。虽然说是我经理负责制，但我连钱也动不了怎么负责？

### 关键关系：村两委与合作社

在中国扶贫基金会的《民乐村工作手册》中，是这样设计合作社和村两委的关系的：

"合作社是经济发展的实体组织，坚持民主选举、民主管理、民主决策、民主监督的基本方针；合作社是独立的法人单位，在村两委的支持下开展各项工作，应认真听取村两委的意见建议，并接受村两委监督，向包含全体村民在内的所有股东负责。村两委成员通过自己所拥有的股份在合作社理事会、监事会内有适当的位置，行使一定的权利，承担相应的责任。

"社员代表大会由社员代表组成。社员代表大会从全体村民中海选并通过差额选举的方式产生。具体的办法应在统一原则的基础上找到适合的操作模式。社员代表在每个村民小组中分布应保持均衡。

"理事会和监事会应在召开社员代表大会时选举产生。理事会成员应尽量在各村民小组中保持均衡，确保各组的利益平衡。

"理事长和监事长分别从理事会、监事会中选举产生，在任村两委领导不宜兼任理事长，可视情况出任监事长。"

民乐种养专业合作社第一届理事会产生于2009年5月21日。按照合作社章程，每届理事会任期三年。2012年7月6日，在各队选举产生理事的基础上，合作社举行了换届选举工作。会议在村民代表中选举产生理事7人，加上基金会代表王军、村副书记张浪（村内当时没有正式的村主任）直接进入理事会，理事会由9名理事组成，理事长由洪继光担任。选举监事3人，由姚界霄担任监事长。

"不让村委会做理事长是有道理的。"第二任理事长支持这样的制度设计。"村委会干部的能力和热情都不够，做理事长做不起。"他显然更加认可合作社的理事会。但是他也体会到了合作社与村委会之间的制度性问题:"他们是搞行政的,我们是搞经济的,他们的兴趣点和观点和我们不太一样。所以我们经常有些意见不一致。"

根据村民们的意见,最开始设计的时候,合作社就明确理事会和村委会两套班子是独立的,村主任或书记如果当选了理事长,不能兼任两个职务,只能选择一个。因为村民们认为,如果他们可以兼任的话,权力太大了,一支笔,没人能制约得了他们,会很容易导致腐败。

民乐村合作社的确是这样设计的,也是这样实施的。但在后来我们的其他乡村发展项目中并没有严格坚持,这有两个现实因素。一方面是因为二者的关系协调成本的确很高,弄不好就会互相掣肘,严重影响合作社的运营效率;另一方面也是因为村里真正的"精英"、带头人一般就是村里的书记或主任,很多事都要靠他们去协调和解决,除了他们,一般很难再选出称职的理事长(甘达村除外)。

"把村委会和合作社分开,初衷就是既要坚持党和政府的领导,又要避免一把手权钱合一权力过大,保持合作社的公信力。"这种制度的优点已经在合作社的实际运行中表现出来。贪污腐败的可能性,在监事会的紧盯下,变得困难,而话语权的争夺,也让各种声音有更多碰撞和交流的机会。

然而,虽然分权带来了监督和制衡,但也带来了掣肘和低效。尤其在大家热情和信心不足的情况下,这种摩擦损耗不可低估。而且,当时的制度设计,更多的只是一种概念,而并未清晰地给出权力的边界。分权和制衡的细则,都需要在现实中摸索。

说到村委会和合作社的关系,民乐村村委会委员、四队队长,也是合作社监事会成员的谷怀亮认为,合作社还是要村两委管。"现在是要求合作社给村两委通账,一个星期给一个报表,但是合作社这方面一直没做到,他们的账做不清。招的那个会计是外村的,面都捞不到见一次。有一次菌厂买原材料,我们发现数字差多了,于是我们去追查,他们才把数字补上了。没有自己的会计不得行,这两个月我们招了本村的会计,现在的账目才可信。原来说我们村委会负责监督,不直接参与合作社管理工作。但后来发现做菌厂蚀本了,我们很怀疑这里的财务制度有问题。我们就找镇党委、镇政府说村两委必须要参与,所以我们就参与了,以后我们还要继续参与下去。"这种强势的参与和质疑,固然可以有效地避免合作社管理层的腐败与"一言堂"现象的发生,却也常常因为边界不清而经常产生误会,造成越来越大的矛盾。

从实际情况来看,村两委与合作社的关系并没有完全理顺。支部书记等人认为理事长不作为,无论是在合作社管理,还是在养兔、食用菌项目经营上,理事长投入的时间和精力都不够,工作的内容和效果不明显。他们认为每月为理事长实发的2000元工资过高,缺乏相应的考核指标对其工作实绩进行考核。合作社理事长则抱怨村两委对其工作不够信任,在合作社财务审计过程中表现出的质疑态度让他感到委屈,理事长本人还产生了要外出打工挣钱的想法。

### 方诚至萌生退意

2010年初,方诚至提出辞去合作社理事长职务的时候,他的任期还没到。他之所以辞职,是因为觉得压力太大。对民乐村项目的失败,第一任理事长方诚至一直心怀愧疚,觉得对不起基金会的信任。

合作社成立初期,理事会和监事会只是一个框架,具体怎么开展工作谁都没有经验。开始的时候理事会甚至连个像样的会议都开不起来,与会人员总是各说一套,最后什么决议也形成不了。他花了大量的时间和精力协调各种关系,每天几乎所有时间都在开各种会,投入了很多心血,让他感到这个理事长做得非常辛苦。

方诚至回顾合作社建立时的情况:

　　开始的时候大家的心气都是比较高的。在合作社做又没有什么待遇，差不多都是志愿投入的，钱多钱少也不在乎。合作社给我一个月300块补贴，我买烟都不够。我去村里做工作，烟都是我自己买的，到外面随便哪个地方出差都不报销，出去很多费用都是我自己负担。我都快到退休的年龄了，来做这个工作，就是希望帮老百姓多做点事情。理事会班子组建好了，食用菌就开始种植了，当时我们几位理事直接负责食用菌这块工作。理事会制度对资金管理要求比较严格，取钱没有三个人签字是取不到钱的。金额大一点的开支要通过理事会讨论，然后我签字才能支出。当时物资保管使用制度不健全，合作社的物资采买使用管理混乱，我看事情不对，就弄一个人专门负责物资保管监督，还有出货收货。

　　基金会认为合作社理事长不应该参与下属企业的具体经营管理，既然由经理人负责管理企业，就要相信他，给他充分的权力，我理解实际上就是他愿意怎么干就怎么干。虽然说是理事会有监督的权力，但是经理人的权力太大了，很多事情我们的意见也参与不进去，我当时甚至感觉连监督权利都没有，那要我当这个理事长干什么？合作社的监督作用没有发挥起来，索性就放弃了管理。我从20多岁当村干部到今年都快60岁了，从来没有干得这么憋屈。现在已经有些老百姓在议论，说我把合作社的钱吃了，我说你们去查，看我在哪个地方吃什么钱了。我这么大岁数了每天为合作社的事四处奔走，老百姓却骂我贪污了，让人心寒，我不想背这个骂名。

　　合作社给每个社员发的那个面额1800元的股权证书，因为盖的是我的名章，老百姓就来跟我要钱。当时那个股本写得很清楚，没有说这个钱是要发现金给你们，只有合作社盈利了，才能按股份给大家分红。但是就是有些人不理解，天天吵着要分钱，后来合作社被他们吵得什么都不敢干了。

还有就是，理事会和村委会的矛盾太要命了，好像是对头一样，就没有想合作社是为村里面做事情，总觉得是来争权了，生怕抢了他的活一样。

合作社的监事是由村支书兼任的，他是一个非常负责的人。开理事会的时候，他经常积极提出一些质疑的意见。而在日常的工作中，村支书作为监事对合作社项目的工程质量、工程用的材料、人工及各项开销也都盯得很紧。合作社理事会的决议中，监事是没有补贴的，只有开会的误工费每次10元。监事长也只有每月160元的补贴。作为监事的村支书这么负责任，显然并非是冲着这点报酬去的，而是作为支部书记的责任心使然。在村庄里实施集体项目，监督者的责任心很难得也很重要。

但是对村支书的这种责任感，理事长方诚至却有另一番感受，他感觉"村两委对合作社不怎么配合"。因为方诚至曾经是村支部书记，也许对于现任村委的态度更为敏感。

"虽然村委都是我带出来的，但是他们和我们那个年代的干部不同，不参与，光讲怪话。就愿意提意见，却不说应该怎么做。村委和我们合作社的关系也不得好融洽，他们要自己领导嘛。一个地方两套班子，他们（新的村委）心里不舒服。但我也不服他们，他们的工作能力也太差了。我原先在村委的时候，老百姓听话得很，现在可不行了。老百姓都不相信他们，一个地方的发展关键还是在领导，领导对群众的教育还是能起到重要作用的。"

在方诚至眼里，同样搞集体经济的彭州宝山村是一个好的榜样。这个搞集体经济、靠建水电站卖电年收入2.8亿元的"西部第一村"，当地只有一个声音。民乐村建合作社的时候曾经去宝山村参观,贾书记介绍时说:"宝山的模式是集体控股,集体有钱就好办。要有社员不听话,集体的钱就不给了,哪个又不听呢? 所以也没有谁不听话。村里也有爱扯的人,用钱来管,一下就管到了。没有钱管不到人,我的体会就是这样的。"

当时菌厂菌棒污染的情况已经开始出现,始终达不到计划的产量,一直处于亏损状态。合作社最重要的产业项目经营不顺利,加上村民的猜疑、和村委的沟通不顺畅等,让方诚至感觉做点什么事真是千难万难:做了菌厂,管理不善亏损,老百姓怀疑是他以亏损为名吃了占了;建厂房、修路,涉及征地、补偿等问题,一些村民提出很多不合理要求,他去和执拗的村民好说歹说,还常常不被理解不能顺畅解决;开理事会的时候,也经常被理事、监事特别是监事会中的村两委成员为难。这些层出不穷的矛盾和问题让他感到心力交瘁,他越来越没有信心做好这个理事长了。加上当初上任时就有些勉强,此时诸事不顺,就萌生了退意。2010年2月,方诚至执意辞去合作社理事长的职位,我们花了很大力气劝阻挽留都没有用,合作社运营一度因理事长缺位面临瘫痪。

方诚至这样表达他的想法:"有一天晚上召开理事会,基金会刘秘书长也在座,我对参会的代表和理事宣布,我要退出理事长职务。刘秘书长做了我很长时间的工作,希望我继续留任,而我打定了主意,始终没有松口。做不通我的工作,秘书长都气哭了,当时我心里也很难受。当初之所以愿意出任这个理事长,是因为认同基金会的发展思路,希望能够在基金会的帮助下,整合全村资源,带领村民发展规模经济。在和基金会共事的这将近一年的时间里,我亲眼看到秘书长和基金会的同志,为了民乐村的发展,简直是操碎了心。陈晶晶天天住在村里,大事小事什么事都要管;秘书长和王军几乎每个月都要到村里来,每次来都要待几天,他一直对这个项目特别重视,真心希望民乐村有一个好的发展。而现在合作社遇到了困难,是我自己没有足够的信心和能力做好这项工作,觉得辜负了秘书长和基金会的信任和期望。"

### 洪继光临危受命

第二任理事长洪继光在本村教了17年的书,属于民办教师,1999年民办教师政策调整,"一刀切",他从教师岗位下来之后就到县城里去上班了。地震的时候他在绵竹一家食药有限公司上班。

合作社刚成立时,他被六组的村民选为村民代表。竞选理事长时,洪继光和第一任理事长方诚至只有一票之差,对这个结果他是认可的。

洪继光非常认同基金会帮助民乐村发展的思路:"我们和基金会一样都是摸索着干。在我的认识当中,中国扶贫基金会搞这个模式,是真的希望能摸索出一套有效的方法,不仅能帮民乐村发展,而且能用来帮助其他贫困村庄发展。因此扶贫基金会不是说把资金拿来甩给你,就什么都不管了。他们不仅给钱,还给思路和方法,帮助我们实现永久的发展,这当然是最好的援助。我们如果跟你要一碗水,这碗水喝完了就没有了,而基金会要做的,就是相当于要给你打一口井在那里。"

因为菌厂的经营遇到困难,方诚至理事长辞职不干了,洪继光响应合作社和基金会的邀请,2010年初从公司辞职,回到村里专门搞合作社,出任合作社第二任理事长。"我还记得应该是2010年初的时候,当时我还是合作社理事,王军找到我,说刘秘书长给他提出要求,一定要把菌厂搞起来。王军还住到了菌厂,对我说,老洪你必须回来把这个事情担当起来啊。"由于持续的亏损,这时候合作社账上只剩下30万元左右的资金了。之所以当初积极报名参加合作社第一任理事长的竞选,现在又愿意临危受命回来继任第二任理事长,是因为洪继光对以合作社为基础、村民抱团发展产业的方式非常认同,同时认为自己的能力和素质能胜任理事长这个角色,再加上有基金会和产业基金做后盾,合作社肯定有机会干起来,对此他充满信心。

"我回去过后还是雄心勃勃的,毕竟我是在这里土生土长的,我在村里还教了17年的书,我对村里还是有感情的。地震后我在绵竹市里上班,那个时候就挣四五千块钱一个月了。辞去市里的工作回到村上干,合作社一个月给我1500块,加上旅差、通讯费一共2000块,原来的一半还不到。我就是觉得机会难得,想为村民干一点事。下了决心要干是一回事,但是你不知道这个事有多复杂,复杂的程度是超乎想象的。"

他回来担任理事长之后,做的第一件事就是把菌厂的资金管理和审批流程进行了清理。之前梁志刚根本没有成本控制的意识,结果大家发现菌厂干了几个月之后,卖了一些菇却一直见不到利,处于亏本状况。最开始的财务制度是超过一定额度才需要理事长签字,额度之下梁志刚自己说了算,后来改成所有资金流水都得受合作社的监督。比如今天销售收入了多少钱,进原材料需要多大的投资,一定要细算成本等。

相对于这些具体的管理改进,对合作社理事长而言,如何处理好合作社与经理人、村委会的关系是对他的真正挑战。

在合作社与经理人的关系上,从开始基金会就建议合作社要充分放权,让梁志刚全权负责经营管理。我们强调要坚持疑人不用,用人不疑。因为只有这样才能明确责任,避免推诿扯皮。这样如果管理上出现什么问题,毫无疑问都是这个经理人和经营班子的责任。而合作社作为投资方只要负责建立公司整个的管理机制,比如放权放到什么程度,经理人考核的标准,公司发展方向怎么定,一年之后分成怎么算等就可以了。合作社要考虑的是怎么能够把经理人的心留住,让他觉得这个事情是他自己的事情，而不仅仅是在这里干个一两年，拿一份工资而已，这对合作社尤其是理事长而言，无疑是个很大的挑战。

洪继光认可基金会的这个思路，他认为"合作社在整个利益机制设计上还是比较合理的。比如说养兔场，合作社投资70万元占大头，负责政府关系、村民关系协调、土地租用等，外面獭兔专家投30万元占小头，负责兔场的日常管理、技术把关和市场销售等等。然后我们请村里面有经验的人，也是养兔的专业户，来参与兔场的管理。整个机制设计上没有大问题，关键是你要能找到一个对的经理人把这个事情做出来，这还是比较难的。集体经济的管理者不仅要人品好有威信，而且管理水平、技术水平都过硬才可能做得好，这样的人才算对的人。要不然你辛辛苦苦在那里干，边上一堆人说闲话。菌子有点污染，就有人骂你，死几个兔子，还有人骂你，甚至怀疑你把饲料拉回家了，把合作社的钱给贪污了等，各种风言风语都有，就很难集中精力把事情做好"。

而作为项目的主要投资人代表，合作社理事长不仅要负责合作机制的维护，还要负责经理人的沟通与管理。"我当时把合作社规划的项目，食用菌厂也好，兔子的养殖场也好，都作为合作社的一个生产基地，重点放到生产的健康运转上去。"管理方面的很多细节洪继光都考虑到了，比如：食用菌卖了多少钱，谁收的钱，财务上应该怎么入账？盈亏怎么计算？兔子的销售价格怎么定？谈判时应该有哪些人在场？项目的经营状况是不是每个月在理事会上报告一下，或者是向村民公开一下？这些事必须有明确规定，财务上一定做到透明公开。在他的坚持下，兔场当时甚至把装饲料的口袋和编织袋都回收卖成钱了，在具体的制度、机制设计和完善上花了很多力气。

如果说在合作社和经理人的关系中，洪继光还有一定的主动权，在如何处理好村委会和合作社的关系上,则让他伤透了脑筋。

2010年村委班子换了之后,出现了一些复杂的问题。不光涉及经济利益,还有人和人之间的关系问题,包括新书记和老书记的关系问题,选边站队的问题,候选人选票差多少等,这些都是很复杂的问题,让洪继光疲于应付。

在洪继光看来,专业合作社与村两委应该是相对独立的,一个负责经济发展,一个负责行政管理。"但是现实中却不是这样,当时合作社每个月都要给村委会报收支报表,什么事都要村委会同意才能做。合作社没有行政权力,而村干部却随时可以召集村民来找我们的麻烦,但他们又没有能力劝解、缓和矛盾,解决问题,这是合作社经营中存在的最大困扰。"

他也曾经为此去和村委的人沟通过很多次,告诉他们,合作社搞好搞坏也是村子的脸面,虽然大家都认同这个道理,但是实际上很难从根本上解决问题。"村委会的行政权力摆在那里,管理上他们能够说了算,他们要求合作社任何事情都要通过理事会来决定。而在理事会中,村委会的人又占了一多半,我只能是孤军作战,最后实在支撑不下去了"。

"也许我失败就失败在想得太单纯了。想着无非就是带领一帮人,把账弄清楚,管理做到位,再勤奋一点,多生产一些菌子,多养一些兔子,多挣点钱就行了。如果这是一个私人企业,这样的做法可能没有问题,但放在合作社结果就不一样了。"

即便如此,当2012年民乐村合作社因为管理规范被评为市级农村专业合作社示范社,德阳市为此奖给了洪继光1万多元奖金的时候,洪继光还是把这些钱一分不少都划在了合作社的账上。他觉得,作为合作社的理事长,自己从各个方面还都是称职的,也是做得比较规范的。

## 菌厂的失败

合作社理事长的更替没能给食用菌项目带来根本的转机。

菌厂持续亏损,计划产能迟迟不能达标,生产过程中接二连三的菌棒污染,让村民和理事会对梁志刚的信任产生了严重动摇。在2010年3月,再一次发生大面积菌棒污染,造成严重经济损失,这让梁志刚彻底失去了合作社的信任。村民觉得他空有漂亮的履历,但实际能力不够;而梁志刚则认为损失是村民不听指挥、缺乏责任心造成的。双方互相指责,各执一词互不相让。

因为连续出现的污染事件,公司亏损严重。投产不到一年的时间,公司的160万元初始投资就只剩下40万元了,关键是还看不到经营好转的迹象。合作社理事们不敢再放手由梁志刚做主了,决定对食用菌项目进行停产整顿,制定新的生产、管理方案。

2010年10月,合作社终于叫停了菌厂的生产。并且扣下了原来准备继续扩大规模生产的40万元,怕这最后的40万元也折腾没了。但此时还没有完全终止合作,他们决定再给梁志刚两个月时间进行整改,让梁总以小规模试生产来证明他的能力,如果赢利了,就继续合作下去,如果不赢利就解聘终止合作。试生产所需资金也让梁志刚自己筹集,合作社只提供场地,不再继续投入资金。

对此梁志刚意见很大:"我们这个食用菌项目本来就应该是大规模生产,有规模才有效益。因为前面发生了一点污染,产生了一些损失就害怕了,办企业哪有初期不亏钱的?其实最多的那次也就污染了5万袋,只损失了10多万元,结果就换成小规模试生产了,规模化经营的优势完全体现不出来。比如我们现在要买草料,一次只能像农户那样一吨两吨地买,而我们这么大的规模开动起来最少需要十吨二十吨地买,零散采购和批量采购这个价钱能一样吗?"

"现在公司账上明明还有40万块钱,但不管我怎么着急,合作社死活不同意再支出。我不是不知道大家的疑虑,但这么多困难都走过来了,这最后的40万元投入太关键了,接着投企业就能起死回生,否则前面投的钱也会前功尽弃。但是我说服不了他们,我很无奈,只能等待和观望。我们12个月中只有2个月在生产,其他时间都是在观望,这计算下来造成的损失有多少?放弃黄金季节不生产,这种损失是不可估量的!所以我认为主要的损失,不是来自于污染,而是来自于这种不作为,这种不作为带来的损失更大。"

虽然梁志刚意见很大,但是心存疑虑的合作社,无论如何也不肯再向菌厂提供大额的资金,一定要看到切实的成效,才决定是否继续投资。

整改效果如何?村主任冯遥聚是这样描述的:"梁总现在等于是自己掏钱做经营,聘请工人的时候不再大手大脚,总是抠了又抠。工人也是,以前说做到十二点都不肯做。现在说要做到几点就几点。原来每个人觉得都是公家的钱,谁都不操心。现在搞计件工资,责任落到自己头上,就上心了。以前的原材料,像草啊玉米芯啊什么的,都直接堆放在外面,现在都保存到板房里了。"

虽然采取了计件制工资,生产效率有所提升,但最终梁志刚还是没有能够证明自己的经营能力,让菌厂盈利。由于对生产技术环节的把握不过硬,又无法形成针对当地村民的有效管理,2011年3月,经营一年多的食用菌项目被迫停产,梁志刚被合作社解雇。

其实到2010年6月,合作社已经觉得梁志刚的方法不灵了,在研究菌厂承包的方案。到了2010年9月份,食用菌厂开始讨论转型方案。2011年初,合作社终止了跟梁志刚的合作,解聘了梁志刚的总经理职务。初期投资160万元,用掉了120万元,合作社账上还剩了40万元现金。

2011年4月至2012年2月，食用菌项目处于停产闲置状态。这期间合作社也曾经试图将食用菌厂承包出去，先后动员曾经在菌厂工作过的合作社理事、本村人杨从虎，食用菌技术员、成都人张长本，联系马尾食用菌合作社理事长曾德富等，通过入股、承包等形式参与民乐食用菌项目的生产重启工作，但即便要的承包价格很低，也没有人愿意接手承包。

食用菌项目失败了。

**菌厂失败的具体原因**

导致菌厂项目失败的具体原因，第一是技术不过关，第二是经营管理不善。

技术不过关首先表现在始终没能从根本上解决菌棒污染问题，其次是品种单一、出菇率低等问题。如果技术过关，不造成连续的污染，尤其最后那次致命的污染，食用菌厂不会亏损得如此严重，可能还会有利润，村民跟经理人之间的信任也就还在，还有机会和时间调整，去实现产量的增加，进一步去打市场、积累客户。但技术不过关，这一切都失去了前提。而且投标时经理人最被看重的是技术，技术上出了问题，也就失去了村民的信任，因此说技术不过关是最重要的一个原因。

而管理不善首先体现在劳动管理上。梁志刚虽然是德阳人，但是他缺乏跟农民打交道的经验。开始的时候，工人按天计酬，按人头发工资，来一天给一天的钱，大概几十块钱。反正不干活也没人管，来干活的人没有压力，干多干少、忙一点闲一点都没什么差别。因为缺乏管理和考核，慢慢地开始出现怠工现象。一个人怠工没人管，就会有第二个第三个跟着偷懒耍滑，最后劣币驱逐良币，导致所有人都出工不出力。管理水平低，人浮于事，造成生产效率低下，资源浪费严重。

后来在菌厂上班的村里人自己都看不下去了,这才讨论解决办法,开始实行计件制,比如装一袋菌多少钱,出一袋货多少钱,采一斤蘑菇多少钱等,全部计件取酬。这样一来,劳动效率才提升上来。

这种管理不善的问题,还体现在与村民打交道上。比如菌厂租用的是三组的地,三组的村民离菌厂最近。看到在家门口就能上班,三组的人就都想去。但是食用菌厂最多用十几个、二十个人就够了,大家都来岗位不够,梁志刚开始就没答应。结果没能上班的人就威胁梁志刚,说你不让我上班,我就把地收回来,不租给你了。梁志刚被逼无奈,只能让对方来上班。三组以外的村民也想来,虽然他们没租给菌厂土地,但会用断路阻工等相威胁。梁志刚既不找村委会来解决,也不找中国扶贫基金会反映困难,他的解决办法就是妥协和让步,最后也让这些人来上班。这不仅导致人浮于事,也给菌厂本来就不多的流动资金造成了很大的消耗。

又比如菌厂跟农户签订的土地租用合同期是五年,合同约定五年以后租金再递增。而刚到第二年,村民就不顾合同约定提出了不合理要求,要挟梁总,必须把租金涨起来,声称如果菌厂不给他涨租金,菌厂租的地就要收回。食用菌场建在三组,有人威胁说如果这个问题摆不平,就把菌厂的路给挖断,不按我的要求把钱交到我手上,你们的活儿就别想干了。梁志刚对这样蛮横不讲理的敲诈和违约行为束手无策,也没有充分利用合作社、村委会,乃至镇政府、基金会的支持解决问题,竟然答应了村民违约涨租金的不合理要求。

这些问题的处理过程,让村民对梁志刚的管理能力提出了质疑。大家不明白,为什么你一个号称有企业管理经验的经理人,连计件制这么简单的管理手段都不会用?连几个无理取闹的村民也管不住?最糟糕的是这让那些喜欢占便宜的村民看到了梁志刚的弱点,觉得有机可乘,于是菌厂的管理规则愈加形同虚设。

不过关的技术和漏洞百出的管理两个问题叠加,最终导致菌棒生产流程操作失误,因为高温杀菌不彻底而引发菌棒大面积污染,直接导致了项目的失败。

# 九　养兔场重蹈覆辙

## 经验、技术双保险

2009年合作社成立的时候总共有260万元产业发展基金。通过公开招商和评审,确定了食用菌项目,项目总投入160万元,其中合作社计划投入150万元。剩下还有100多万元也不能闲置,要尽快确定项目,早投资早见效。

按照合作社产业基金的使用规划,一方面是集中资源做一到两个规模较大的产业项目,另外留一小部分资金建立一个社区产业发展基金,支持农户自主的小规模生产项目。由农户提出申请,合作社根据农户的信用、能力和项目可行性进行审核,审核通过后提供资金支持。农户项目产生收益后,将本金以及一部分利润再还给这个基金,不断循环使用。

民乐村在地震前就有养兔的基础。三组的党明凤原来就养过兔子,有一些经验。地震之前,他养殖的兔子已经有几千只的存栏规模,地震时损失惨重。地震后他愿意继续养兔子,合作社评估并通过了他的项目申请,和他签署项目协议,用产业发展基金给他提供了5万元钱支持。2009年8月至2010年5月,党明凤进行肉兔的小规模试验性养殖,在基本实现盈亏平衡的基础上,养殖规模也逐渐扩大,大家认为效果还不错。

村民们觉得与其再找其他新项目,还不如干脆投资这个兔子养殖项目,扩大养兔场的规模。当时食用菌厂由于技术不过关,已经开始出现污染的现象,村民们对产业项目的技术能力尤其在意。大家一致认为要扩大养兔场的规模,一定要先找到真正懂技术的人。

2010年4月,经绵竹市畜牧局牵线,合作社工作人员结识了四川草原科学研究院草食家畜研究所所长侯云山(化名)。侯云山所长对我们提出的合作模式很感兴趣,也愿意跟我们合资成立养殖公司。5月份双方确定合作关系,决定共同投资养殖獭兔。其中合作社出资65万元,侯所长出资30万元,党明凤的养殖场折资入股5万元,总资金一共100万元,注册成立了普惠缘兔业公司。

尽管我们不太提倡把过多的资金用来建厂房和基础设置等固定资产,但是修建厂房兔舍等还是花了差不多有70万元,算是合作社的固定资产。原来预计很快就能把厂房建起来,但是受天气原因影响,新养殖场在2011年初才完成厂房及配套设施建设。厂房建完之后很整齐很漂亮,我们都觉得这个项目很有希望。因为合作方是专业技术人员,我们觉得这一次技术上肯定是没有问题了。但是农业项目实在太复杂,最终还是遇到了技术上的问题。

图16 民乐村养兔场

## 问题出在责任心上

2011年3月,养兔场一次性引进种兔500只,从村内聘请了五位养殖员开始项目的正式生产。

从2009年党明凤开始养兔以来,养兔项目经历了不同的发展阶段,项目在技术、人员、管理、激励方面也经过了多次调整。

最开始小规模试生产的时候,为调动党明凤的积极性,肉兔采用的是分成制的办法,由合作社全额投资,员工在领取基本工资的基础上分得项目利润的60%。因为规模小,养殖员只有党明凤一个人,加之党明凤本身责任心强,技术过硬,第一年肉兔的产值能基本覆盖成本。

等獭兔项目正式开始后,人员扩展到一个技术员,四个饲养员。獭兔养殖场的管理模式是公司统一经营,饲养员承包生产,在生产过程中所有费用都由饲养员负责,待遇是按照基本工资加提成的办法。每只獭兔从配种到出栏定饲料29斤(1.5元/公斤)、药品防治费1元、工资8元;肉兔定饲料15.5斤、药品防治费1元、工资5元。每位饲养员定量管理150只母兔、20只公兔,年须出栏5斤以上的青年兔不少于3750只。场内的清洁卫生、种草料等概由饲养员负责,不再专门聘请保洁员。饲养员除了党明凤外,还有六组的傅优丽、技术员张健以及侯云山的弟弟侯云水夫妇俩。对于技术员每月从兔场领取2000元固定工资,党明凤并不认同,认为他没有发挥应有的作用。

这时候受雇去照看兔子的饲养员出现了跟菌厂工人同样的情况。工人们责任心不强,只是在工作时间内喂兔子,喂完了还是要去打牌;技术上,多数饲养员都是新手,并且都各自有自己的主意。又碰到连续高温高湿的天气,兔子的死亡率就比较高。天一热,兔子就大面积死亡。

合作社监事长姚界霄就曾多次请教党明凤："你自己养的时候能把兔子都照顾得挺好的，能及时发现兔子的病情，为什么咱们村里一养就不行了呢？为什么你的兔子养得好而别人的不行？"

党明凤一般只是笑笑，然后说："虽说都是饲养员，那可真不一样。我自己养兔子，简直是把这些兔子当成自己的宝贝，一天24小时，除了吃饭睡觉，我所有的心思都在兔子身上，兔子有什么情况就能及时发现；而其他人都是受雇来干活的村民，只管上班拿钱，哪有像我那样的责任心？他们早上八点来上班，下午六点就下班走了，该上班的时候上班，该下班的时候下班。甚至就是在上班时间，可能喂完兔子就去打麻将了，兔子的死活好像跟他没关系。一方面他们经验不足，另一方面他们又做不到随时观察照看兔子的状态，也就不容易及时发现兔子得病等问题。"

"既然你能管得好，为什么不能教教别人呢？"党明凤说他只是一个养殖员，又不是技术员，和别人一样养兔子，即使他想教，别人也未必愿意学。而且他认为这不光是技术的事儿，更重要的是责任心，而这恐怕是谁也教不会的。

### 金融危机雪上加霜

普惠缘养兔项目是合作社继食用菌项目后投入的第二个规模化种养项目。项目本来就存在着流动资金匮乏，技术不够扎实，兔子死亡率偏高，饲料用量偏大，肉料利用率低等多个问题。

雪上加霜的是，项目还受到了金融危机的冲击。原来獭兔最重要的市场是毛皮出口，受2009年金融危机的影响，国际市场兔皮的价格下跌很厉害，很多地方生产的兔皮卖不出去。2012年初，獭兔市场行情继续恶化，绵竹市养兔大户纷纷转行或者停产整顿。民乐村养兔项目也面临较大的困难。

截至2012年7月31日,有兔舍6栋,办公房用房10间,固定资产90.95万元,存栏獭兔、肉兔合计5435只(6月1日数据),估计生物资产在12.48万元左右;流动资金为17万元,待付饲料款33.64万元。2012年1—7月,养兔项目总收入10.8万元,总支出32万元,亏损21.2万元,平均每月净亏损3万元。经营情况不容乐观,需要果断采取应对措施,以便开源节流,在未来市场好转后才有机会扭亏为盈。

在市场行情低迷的情况下,合作社及村两委一直在努力向政府申请农业项目补助,试图以此来扭转项目失败的命运。

但是合作社没能等来市场的转机,申请的补助也一直都没有结果,獭兔养殖项目最终也失败了。

## 理事长眼里的养兔项目

应该说,獭兔这个项目开始看起来还是不错的,一方面当地农户有养殖獭兔的历史,在獭兔的养殖和经营方面还算比较有经验。党明凤家在地震之前就是专业养兔的,技术和经验比较成熟,村上动员他作为项目经理参与兔场管理,村里的养兔场就是在他原来养兔子的场地上扩建而来的。更让人放心的是,我们还找到了四川獭兔研究所的所长来合作,我们认为起码在技术上,整个四川省再没有比他更专业的人了。按照合作社的建议,他个人投资30万元,我们投资70万元,共同出资成立了普惠缘兔业公司。

在2012年夏天,当时种兔刚刚发展起来,由于消毒没有做到位,有些种兔身上生了螨虫,我们叫作生癞,我们就按生产流程处理掉了一些病兔。按常理,存栏几千只兔子的规模养殖场,死几只也属正常现象,但是那个时候,因为受菌厂失败的打击,村民已经失去了耐心。当地老百姓开头对这个合作社还是有点儿热情的,可是合作社成立后一直是亏损,从没分过红,后来也没有见到什么东西。特别是第一个项目失败之后,村民的信心受到了很大打击。觉得按照基金会的意见,又是打广告招人,又是搞项目评选,能做的事都做了,结果菌厂项目还不是人也跑了,项目也没有搞下去。然后又做这个养兔的项目,不仅一年两年看不到效益,兔子又得了病。老百姓再有耐心,也是有限度的。这时候很多人就主张与其这样都亏完了,还不如把这个钱分了拉倒。

当时村里面也没有做好村民的思想工作,他们看到今天死了几只兔,明天又死了几只兔,就去找村委会吵闹。村委会也没有办法,就给我施加压力,让我干脆停下来,把存栏的种兔全部处理掉。当时我们已经采取了一些办法,保留了一些种兔。我们找了技术员,准备按专家建议把这些种兔暂时隔离一下,对圈舍进行彻底消毒。我在村民代表、理事会、监事会上也跟他们讲过,搞养殖和种农田是一个道理,都有一定的生产周期,不可能今天买一只小鸡回来,明天就要让它生蛋。搞农业项目有一定的周期性,第一年亏本也不足为奇。但村委会不想再尝试了,说什么都不让搞了,最后的结局就是干脆关停下来了事。投资方当时也被迫同意把种兔全部处理掉。最后这些獭兔全处理掉了,真的好可惜。兔子总共养了一年多时间,一直到2012年底结束,虽然有一些经济收入,但总体还是亏损的。

种兔处理掉之后,村里对圈舍进行消毒并把圈舍租出去,改成了养猪场。我当时极力反对这个方案,等于我们投资了100万元,一年才有一两万的租金,简直无法理解,但是我当时的权限也受到限制,虽然理事会的理事有七八个人,但我一直处于一个人单打独斗的情况,什么都做不了主。

### 最后的努力

洪继光不甘心看着合作社的产业项目就这样都失败了，他觉得项目就这么停掉真是好可惜，所以他进行了更多的努力。

梁志刚走了之后，合作社很快另外找了一个商家来承包菌厂设施，每年交场地租赁费。但洪继光还是想要把那个厂子拿回来自己做，他认为这是村里难得的资源和机会，就这样承包出去收点租金有点可惜，最好还是自己来发展。

洪继光尝试发展高端菌菇，引进一种市场价值较高的猴头菇。为此他跑到成都考察过市场，而且把收购产品的批发商也找好了，能够保证供销。按照当时的市场行情测算下来利润还是可观的，差不多有三成的利润。他专门写了一份报告给理事会和监事会，希望通过会议来决策。

但是连续经过两次项目失败打击之后的合作社，那时候虽然理事会管理特别民主，但是要再通过上新项目的决策，已经非常困难。一方面，在主观意识上，大家都已经没有信心了；另外一方面，合作社资金也已经很紧张，账上已经没有钱了。合作社总共260万元的资金，菌厂投资150万元，兔场投资了100万元，筹办鹅厂还亏掉了几万元，当时真的是没有钱了。

洪继光不甘心，他拿着报告去找基金会的王军，说要发展这个项目。王军专程来考察了一次，觉得项目不错，协调基金会又追加了30万元的后续资金，支持合作社发展。但是此时大家的想法已经与洪继光的想法不一样了，就是多一事不如少一事。大部分理事认为已经失败两次了，再搞一次结果也是一样的，再花钱也是浪费。尽管从基金会要来的钱已经到了合作社的账上，洪继光的项目建议最终也没有得到合作社的支持。"得不到他们的支持我肯定干不下去，再多的想法也无济于事。现在想起来,真的痛心,我在村上干了两年,最遗憾的就是没有把这个项目搞起来。"洪继光无奈地说。

# 十　村民对民乐村项目的评价

## 合作社理事、村主任：老百姓亏不起了

当时我在村委会,主要是带着村民搞灾后重建,帮乡亲们修房子。2008年下半年成立合作社,把我选为合作社的理事,第一任理事长是村里的老书记。

当时我们觉得挺好的,基金会帮我们找好了发展路子,而且找到了好的合作企业,引进人家的投入,我们再出一点本钱。民乐村本来就没有什么资源,我们又不靠山,又不靠水,当时连路都还不通,是村民自己修建的路。

第一个项目是种食用菌,项目负责人叫梁志刚,也是很会讲的一个人,他说话你根本插不上一句嘴。他也在项目里投钱了,拿了10万元现金,开始大家都比较信任他。但是后面搞采购、修建厂房这一块,支出都由他自己说了算,权力太大了,就难免出问题。我们之所以放心,是因为很多人相信基金会有能力控制。因为基金会不仅投入资金,还派了工作人员驻村,又拿出了章程,所以我们还是比较放心。再加上那个时候我们又忙着住房重建工作,这块工作就完全交给他了。

菌厂出现问题的时候,我们约他谈话,第二任理事长那天晚上也在场,我那天脾气不是很好。我说："梁志刚,我们让你尝试着干,不是让你干死。我们理事跟你们开会,是来听你报告出现的问题,我们总共投了160万元,你已经花了100多万元了,现在

又说没有钱,还要投钱,我们哪里还有钱?"当时虽然有人监督他,但是他想买什么材料就买什么,一买就一大车拉回来,花钱基本上是就他一个人说了算。

我们各项资金回笼之后,现在合作社还有六七十万元,这些钱分也不好分,不分的话老百姓闹。但是也不能一直把钱放着,总要干点什么。但是目前为止还没有好的想法,六七十万元也不够干什么的。因为现在种植业、养殖业这块都是很大的风险,要请专人专业化饲养就要开工资,又要花钱。我们既不靠山也不靠水,也没有自然景观优势,能搞什么?我作为村主任是想带领全村老百姓致富,可是怎么带?我当然想让他们挣钱,但是如果老百姓在你的带动下再搞亏了,你怎么跟老百姓交代?老百姓亏不起了。

## 监事:还是人的问题

我是2009年成立监事会的时候进来的,让我监督合作社的财物收支问题。我们发现问题只能向领导做汇报,领导不处理,我们也没有办法。当时郭晓兵还是村书记,2010年村委会换届的时候,他就病退了。当时我知道的情况,刚开始合作社与村委会是完全分开的,原则上相互之间不交叉。当时虽然有矛盾,但也不是什么大矛盾。合作社作为经济实体,相对村委会是独立运营的。经过这些事情以后,包括村干部和这些村民的观念和意识是有变化的。

一开始的时候,群众还是很满意这种做法的,对项目的结果也很看好。但是到后面,发现只有投入没有产出,也就是没有效益,大家就有意见了。一般群众想法很简单,我既然投钱进去了,我就要看见效益。你不能一直投入没有利润，没有资金回笼。这种理想和现实的差异如果一直得不到扭转，他们的支持率当然就会越来越低。

我认同一句话，欲做事先做人，如果做人没有问题，肯定做事没有问题。总体来说，项目的问题还是人的问题。我认为当时在选人方面，只考虑这个人在村里有没有影响力和个人品质问题，没有考虑他适不适合做这一项工作，有没有足够能力的问题，这只是我个人的意见。

## 村民代表：集体的事不好办

原来我们村都是靠天吃饭，以种田为主，又不懂得讲科学，每亩田只能收小米、大米百十来斤；自从1958年民乐水库修起来过后，收成比没修水库之前好多了。现在我们这里小麦产量1500斤一亩，以前三亩田也不如现在一亩田的收成多，所以我们村民生活还是不错的，老百姓都能吃上饭。我的孩子都在外面打工，在矿山拉矿石，一年还能挣五六万块钱。我自己做农活一年能挣三万多块钱。村里搞菌厂，搞兔场，当时我们就是跟着合作社分了股份，具体的事情都是合作社的人在搞。

依我的看法，搞种植业、养殖业要有技术，懂管理，还要有销售门路，这些都得到位。当时我们同意搞种植业、养殖业，村里拿出来200多万元。说起搞的那个菌厂规模不小，厂房修得也还是比较像个样子，看上去也像个正儿八百办企业的单位。但就是产量一直上不去，销售也销不出去，靠卖给菜贩子那么个卖法，怎么可能赚钱？最后还是弄失败了。后来又搞了个兔场，没想到兔子害瘟死了，又黄了。这些过程我们都是从表面看的，我们没有参与管理,具体情况也不太了解。本来这是一个挺好的事,关键就是村里人自己不用心。其实民乐村有本事的个人,能挣上千万的是有的,只不过人家都忙着去搞私人的生意。如果带着大家一起干,人家自己可能就挣不了多少钱,因为集体的事都不好办。

## 项目出纳:懂技术懂管理的人才很少

开始我不是菌厂的出纳,我只管合作社的账。菌厂请了专门的会计肖会计,出纳还是我们民乐村的杨从虎在当。后来我才做了这个项目的出纳。他们那边有单子出来,合作社有一个监事会,通过监事会审核才叫会计入账。合作社整体账目还是清楚的,都是必需的开支。合作社269万资金中修路支出了30万资金,其他投资了菌厂和兔场等项目,账目倒没有什么问题。

当时建合作社,理事、监事都是经过选举由村民自己选出来的,看起来还是比较民主,当时老百姓也还是比较拥护。但是选举完之后老百姓好像也就不关心合作社的事了,每个人都想着把自己的事弄好,谁都有私心,这可以理解。

第一任的理事长年龄大,还是他那老一套管理方式,不太适合现代的人,也不够强势。第二任理事长原来是教师,比较强势一点。合作社开始没有起什么作用,还是因为监管权限的问题。具体的生产管理环节,真正懂技术懂管理的人才太少。

前年我就把账交出去了,不做出纳了。我家里的地也全部都租出去了,现在在绵竹打工,村里的年轻人基本都在外面打工了。从我的心态讲,村庄里还是要有自己的事业才好,哪个人不愿意在自己家里待着?

## 原菌厂职工：基金会送的鸡没养好

那时候村里正在忙着修房子。政策上修房子可以贷款，差不多一户最多贷两万元。那时候贷款利息是4.5%，如果三年之后不还利息就涨了。房子不是修在原来个人的宅基地，而是统一规划之后，按选到的号开始修。在修房子的同时，菌厂那个项目也开始了。

我刚进厂时做洗瓶子、装菌袋之类的事，有活就干，没有活就闲着。做到一个月，就给发工资。村里去菌厂工作的人，我们头一批人最多，我是五组的，他们三组人比较多。菌厂盖的房子都是用他们的地，主要是他们修的菌厂，所以他们打工的人也多。

当时菌厂说征人洗瓶子，用大盆洗瓶子，我就报上名，我就是那样去的。我在那里干打杂、装袋这些活路，只做了几个月。当时我看厂子管理得还是可以。小曹他们买菌种，搞猴头菇等菌种，外间引进一些，自己再培育一些。种出了平菇、猴头菇、鸡腿菇、茶树菇等品种。不过后来菌子也出现了很多问题，主要是技术问题，有污染，有虫灾，损失很大，最后没有赚到钱。当时四川农大有几个大学生志愿者过来帮着做，我进去的时候他们就在，有的住在厂里面，有的随时来随时走。

在确定项目的时候，因为当时时间比较仓促，我觉得存在一定问题。当时我们村对食用菌种植没有什么经验，把食用菌作为合作社的主打项目，本身就存在着很大风险。

基金会他们的观点是很好的，怎么说呢？他们是要给你送一只鸡，然后教你学会养鸡的方法，希望你把这只鸡照看好。只要这只鸡能养好，就会鸡生蛋、蛋孵鸡，逐步做大做强。但是有一点，一切事在人为，关键是在物色照顾鸡的人的环节上出现了问题。总而言之，基金会送的鸡没能养好，我感到非常遗憾。

### 村民眼中的梁总

"梁总文字不错,也很能说,但是操作管理不行。"方诚至这样评价梁志刚。这也是在合作社理事会普遍持有的观点。按他们的观察,梁志刚缺少和农民打交道的经验。菌厂建设起来以后,村里的人都想到厂里去打工。梁志刚不加选择随便招人就是证明。

"整不起呃。"方诚至说。作为集体经济时代走来的老支书,他对今天的农民不再那么有集体主义精神很有意见:"现在老百姓素质低得很,因为是干股,又不是自己的钱,都觉得有自己的一份。凭什么你可以在厂里干我不行? 到厂里干起来又不上心。梁总也不管,睁只眼闭只眼,就出了问题。"

第二任理事长洪继光的看法也是类似:"梁总管理不行,大手大脚。比如要多用一个工,按道理说他就应该算计要多做多少个菌包才能赚到增加的这个工钱。他也不算,就这么随便招人。在我们村里,本来三四十块钱就可以架一个棚,结果梁总给人家开120块钱。一开始工人干活也没有计件,干多干少一样。这不是还和原来吃大锅饭一样吗,哪里会管得好? 还好我们理事会当时狠下心扣下了40万元,只投了120万元,如果160万元都投下去亏掉了,那损失就更大。虽说他梁志刚也得承担损失,但他亏的是小头,我们合作社亏的可是大头。"

方诚至、洪继光还算是客气的,很多村民表达他们的不满则更加直接:"这样不得行! 那个梁志刚拿我们的钱来耍,他搞砸了就拍拍屁股走掉了。我们的钱可拿不回来了!"还有更尖锐的:"说是亏了,我们怎么知道是不是真亏? 我们的钱说不定就这样被他给吃掉了!"

### 洪继光对项目的评价

作为民乐村合作社的深度参与者,洪继光对于合作社的成败有很

多思考,可以说他的反省是比较深刻的,从中可以看出基金会的影响:

> 我理解基金会做民乐村试验的初衷,就是把现代企业的先进管理方法直接引入到农村生产经营活动中去。但是现在的农村真的很复杂,特别是我们这样的地震重灾区就更复杂。比如村里三大家族的关系怎么协调?合作社与村委会、经理人、政府行政部门的关系怎么处理等都很复杂,甚至民乐村几个小组之间的想法都是不一样的。

> 要在这么复杂的农村环境里尝试现代企业方法,必然会碰到各种挑战。运营起来没有放之四海而皆准的方法,只能根据具体情况随时调整。因此虽然民乐村的试验遇到了这样那样的问题,但我们不能求全责备。这涉及到两个层面的问题。第一个是企业管理问题,第二个是改变农民观念、提高农民能力的问题。

> 衡量一个产业项目的成功,看的是经济上的指标,但比的却是管理水平和生产效率。而从企业经营管理环境来看,相较于现代化的都市,我们农村的实际情况,差距实在是太大了。

> 从用工的灵活性来说,在现代化工厂里,员工不符合我的条件,达不到我的要求,我就能把你辞退了,我能保持一种紧张高效的运转状态,但你在一个村子是不可能的,是没的选择的。比如人家工厂实行打卡上班的用人制度,你要是干不了,马上把你辞了。但是在民乐村,你能把当地老百姓辞了吗?甚至你能批评他一句吗?

> 从经营的专业性来说,比如你种食用菌,你要跟外面已经干了10年的人比产品质量、产量、价格,本来人家是纯粹做商业的,你能和人家比竞争力吗?你能和人家复杂的组织结构、纯粹的商业体系相比吗?肯定比不了。人家整体的效率,生产的所有环节,

都是反复验证过的。人家已经干了很多年，我们还在蹒跚学步。

最后还有市场销售的问题。首先无论是食用菌还是兔皮市场，市场行情是不停波动起伏的。因为不是你一家在生产，你没有办法控制价格。项目刚开始投资的时候可能价格还是8块钱，还比较高，但是等你一年之后产品出来了，价格可能就降到6块钱了，这样一来你可能就没有什么利润了。拿獭兔来说，生产的周期要四个月，是一个循环周期，这就存在一定的市场风险。如果产品赶上淡季生产出来，市场上产品比较少，价格就比较高，利润就比较丰厚；如果赶到旺季的时候，兔子大量上市，价格就相当低廉，一只兔子只有5毛钱的收益。第二，如果你的规模上不来，你生产的产品只能卖给小商小贩。小商小贩怎么挣钱？他从你手上赊一只兔子，过一两天卖了也就挣5毛，没有规模效应，在市场上根本没有竞争力。这样你的销售就很不稳定，还不光是赚多赚少的问题，你还面临着产品卖不出去的风险。

第二个涉及农民观念改变的问题比第一个问题更复杂。组织农民建立合作社，由单家独户的经营方式向共同创业转变，这牵扯到农民长久以来观念的改变。项目要改变的不仅仅是他今年多种了几亩地、多产了几只兔子等具体生产问题，改变的是这些人的观念。如果这些人思想不变化，今年你多种了几亩地，多养了多少兔子，到明年可能就搞不下去了，很容易会回到老路上去。

合作社首先强调的是村民合作，村民合作最重要的东西是什么？第一个是价值观的一致，第二个是有契约精神。如果这两条你都做不到的话，怎么可能形成合作？我要养兔子，而你就非要种蘑菇；我要去搞规模产业，你非要搞个体经济，谁听谁的呢？没有一致的认识，就不可能有成功的合作。无论是合作社还是合资公司，毕竟你搞的是一个商业组织，商业组织首先就是要遵守契约，否则合同能执行下去吗？但是对一个根本没有经受过商业洗礼的农民来说，要在短短的一两年中具备契约精神，怎么可能呢？

转变观念之所以难，是因为村民们很现实，跟他们讲大道理没有用。除非把兔子送到他家，告诉他今年你给我养好100只兔子，兔子养出来以后，在保证质量的基础上，我就拿多少钱收走，要有这么一个承诺的话，也许他能做。否则都是基金会的人在参与，村委会在介入，聘请的经理人也是外人，村民觉得这些事跟他隔得很远，没有真正参与的权利，你想让他相信这个项目挣多少钱，最后还能分到他手里，他是不可能相信的。

因此最重要的不是解决兔子的问题，而是人的问题。所以评价合作社是否成功，一个是看这个事情本身干得怎么样，第二就是看通过干这个事情，村民的观念有什么变化，可能后面那个人的变化比前面那个事是否成功更重要。前面的事情成功了就是成功了，失败了就是失败了，很容易衡量；即使这个具体项目失败了，如果一个村能通过这件事，经过三五年时间培养出几个人，培养出一个团队出来，也还是会有成功的机会。

所以不能以单纯经营商业企业的方法做一个合作社，你要是抱着这么单纯、理想主义的想法去做，就很容易遭遇失败的下场，就像我所经历的一样。

2012年9月，獭兔养殖项目被迫停产之后，洪继光离开了合作社，没有正式的离职手续。之后合作社也没有再选新理事长，合作社就这样悬在那里了。

时至今日，他对项目的失败一直心有不甘，并对基金会的付出心怀歉疚：“中国扶贫基金会的同事在这里真的很辛苦，这几年付出了很多心血，特别是陈晶晶，就住在那个临时搭建的板房里，在村里一住就是好几年。但是本地没有一个人站出来承担这个事情，真的是挺可惜的。”

# 十一　民乐村项目的收获

从2008年8月进入民乐村，到2011年8月陈晶晶离开民乐村，我们在民乐村深度参与灾后重建工作跨越了四个年头，比计划多了一年时间。为了做好民乐村的灾后重建工作，从基金会的会领导、秘书处成员，到重建办的工作人员，我们花费了大量的时间和精力，引进了方方面面的专家和学者，并得到了当地政府的大力支持。

在四年的时间里，我们帮助受灾农户重建住房，帮助村庄重建公共基础设施，并引入社会资源开展各种文化活动，有效地促进了民乐村的灾后重建工作，为村民尽快抚平地震创伤、恢复生活、重建家园，做出了一定的贡献。但是我们花心思最多、下功夫最深、投入最大、最抱以厚望的村庄产业发展项目，无论是规模化引进的食用菌种植和獭兔养殖项目，还是村民自发的小规模合作项目，从经济角度而言无一成功，这不能不说是非常遗憾的。

但是从项目模式的调研、论证、设计，到灾后重建项目的实施、合作社的组建、产业项目的推进，再到合作社、合资企业各种规章制度、法律文件的制定，在民乐村项目四年实施工作过程中，中国扶贫基金会工作团队积累了丰富的乡村发展工作实操经验，对乡村可持续发展的核心问题有了进一步思考和认识，为我们下一步乡村发展探索奠定了坚实的基础。总结起来，我们在民乐村最重要的收获可以归纳为：一个认识，两个教训，一点感悟。

### 认识：合作社是乡村可持续发展的基石

如果说大凉山的实践让我们认识到发展产业对乡村可持续发展的重要性，通过民乐村的试点，在思考、学习、设计和实施民乐村产业发展模式的过程中，我们明确地认识到：以一家一户为生产经营单位的传统小农户经济模式，是制约乡村产业可持续发展的关键瓶颈。发展村庄产业必然要走村民合作之路，而村民合作发展，最有效的方法就是通过建立合作社，引入现代企业机制。

我们考察了很多村庄，发现经济上成功的村子都有一个共同点，就是由原来的分散经营转变为规模化经营，用公司的形式来治理。现代企业制度的伟大之处，就是让不同的人甚至互不相识的人之间有一个既可靠又有效的合作工具，可以避免互相猜疑，建立互信，从而可以积小成大，集腋成裘，实现资源的最佳配置，集中资源做大项目。

我们相信公司的方法不应该只是城里人的专利，农民也是可以学习掌握的。乡村只有通过建立合作社，引导农民积极参与学习公司的方法，才能有效突破传统经营方式的瓶颈，有效对接市场，实现可持续发展。基于此，我们设计民乐村项目模式的一个重要目标，就是希望村民通过包括不断的会议讨论、选择项目、到项目公司工作在内的参与方式，慢慢地学习股份制是什么，现代企业怎么管理，学会跟其他人合作。

民乐村模式的精髓，就是在现代企业治理结构的框架下以分股不分钱的方式集中一部分重建资本，建立村庄规模化产业经营的基础，通过经营权和所有权的分离引入有能力者对项目进行专业化管理。在该模式下，村民作为项目公司的间接股东，享有分红权及经营知情权，并通过合作社理事会参与公司重大决策；产业项目的具体经营则是用全村的资源吸引村内村外最合适的经营人才组成管理团队进行管理。合作社给项目负责人以充分的自主权，以此充分调动经营班子的积极性,实现村庄资源的有效配置和利用。

民乐村项目的目标就是要通过合作社这个现代企业平台,把村庄原本零散的资源有效集约起来,提高使用效率,增加市场竞争能力,带动村民可持续发展。尽管民乐村产业项目试水失败了,但是偶然的失败不能抹杀民乐模式的价值,更不能否定村民合作与现代企业方法在乡村可持续发展中的意义。

民乐村的思考和实践不仅让我们深刻理解了村民合作的价值以及合作社在乡村可持续发展中的重要意义,而且让我们的团队在工作中积累了丰富、完整的乡村合作社发展经验,这是我们在民乐村实践中的最大收获。

**教训之一:"外来和尚"的局限**

俗话说"外来的和尚好念经",但是民乐村产业项目失败的结果告诉我们,在带领村民发展产业这件事情上,"外来的和尚"有很大的局限性。

食用菌和獭兔两个项目的失败,看上去都是很直观的原因:第一是技术不过关,第二是管理不过硬,问题都出在合伙人身上。

在技术方面,拿菌厂来说,梁志刚虽然自称技术很厉害,但是从菌厂的实际情况来说,从开始到最后,无论是出菇率低的问题,还是菌种培养质量问题、菌棒污染的问题,生产技术问题一直没有能够很好地解决,说明梁志刚的技术是不过关的。因为技术不过关,所以生产不出合格的产品,达不到规定的产量,实现不了预期的收益,影响了村民的信心。最后的大规模菌棒污染也正是因为技术上出了问题,直接导致了项目的失败。

而獭兔项目的合伙人虽然是行业专家,技术上应该说很强,但是因为他平常不在村里,实际上没有能够发挥出应有的作用,否则就不会发生兔子死亡率过高的问题。

在管理方面，无论是过多地招用工人造成人员浪费，还是管理上的散漫随意，都足以证明梁志刚的管理是低效的，是缺乏基本管理能力的，这连在厂里务工的村民都看得明白；养兔场的管理也好不到哪里去，基本上靠村民自觉，实际上没有人为项目负责，没有人真正关心兔子的死活。劳动效率低再加上技术不过关，导致兔子死亡率较高，再叠加外部市场下滑的因素导致了养兔场项目的失败。

这样看起来民乐村产业项目的失败原因似乎很明显，无非是合伙人能力不强，再加上偶然的市场不利因素。这意味着民乐村产业项目目前外聘合伙人的基本模式没有问题，仅仅是因为我们的项目运气不好，没有遇到合适的合伙人而已。但是这个结论经得住推敲吗？如果真不是项目模式本身有缺陷，那么投入了那么多资源的民乐村产业项目尚且全部以失败告终，这个模式的失败率是不是也太高了？

我们意识到一定是民乐村的做法在某个环节上存在问题。经过反复的复盘推演，我们最终认识到这两个项目失败更深层次的原因。

虽然村民们都通过合作社间接持有项目的股份，拥有项目的权益，但是这些股份和权益并没有变成村民们支持合作方工作、维护项目权益的动力，反而成了他们与合作方博弈、谋取个人利益的资本。

本质上还是因为村民们对这种合作方式没有信心，不信任外来的合伙人，他们不相信外来的合伙人能够给他们带来真正的利益。他们内心里仍然把村里的项目当成是老板的项目，别人的项目，不认为项目做好了跟他有多大的关系，因此抱着揩油占便宜的心理，能占点便宜就占点便宜。

谁也没有长远眼光，谁也不会为集体的利益着想，在这样的环境下，合作方即使有天大的本事，也很难充分调动村民的积极性，解决好和村民的关系。必然是做什么事都会遇到算计和掣肘，用什么人都会出现跑冒滴漏——这恐怕是外聘经理人难以克服的局限,这也是民乐村产业项目失败的真正原因。要求外来的经理人有足够的管理水平和能力,既能处理好与村民的关系,还能把项目做好帮村民赚钱,相对于乡村的现实环境,这样的要求实在是有点高了。按照这样的思路发展乡村产业,把希望寄托在外来的经理人身上,失败的可能性就很大,很容易被现实碰得头破血流。

而民乐村产业发展项目,正是因为村里的能人不愿意站出来,而我们当时也没有认识到本村能人的重要性,尽最大努力动员有条件的能人带领村民一起干,而是代之以招商引资的方式,从外面聘请经理人合作,由此埋下了失败的隐患。

一方面是村民根本不把这个项目当成自己的项目,得不到村民的真正支持;另一方面是通过简单的项目评估方式,难以充分了解合作方的真实情况,存在很大的信息不对称问题。所以外聘能人的方式看似科学,却因为太多的不确定性,存在着巨大的失败风险。

当然存在例外的情况,比如大资本、大企业发起的项目,他们不仅带来专业人才,而且会带来技术与市场,这样的项目经济上也许比较容易成功。但是在这样的项目合作中,乡村一般只是大企业的一个生产车间或生产基地,其自主性、利益分配机制完全不同于本书讨论的发展路径,我们也就不展开讨论了。

### 教训之二:操之过急的代价

总的来说,我们当时的工作还是过于着急了。一方面是在汶川地震灾后重建任务"三年重建,两年完成"要求的大背景下,各方面推进速度都很快,都希望能够尽快见到重建成果,让灾区老百姓早日受益;另一方面,我们的工作团队也想早一点干出项目效果来,尽快完成民乐村项目,再去别的村推广项目经验,验证民乐村模式的可复制性。

这导致我们在两个关键节点上,都有些操之过急。

一个是进入村庄的时点把握问题。因为急着赶进度,我们在民乐村村民所有的精力都集中在建房子上的时候进入民乐村,试图实施产业发展项目,结果遭到了村民的抵制,甚至在资金的使用方向上与村民发生矛盾。后来我们只能调整工作方向,先暂缓产业项目的实施,集中力量帮农民建房。甚至迫于村民建房需求压力,不得不把原来准备用于产业发展的一部分项目资金用作村民的住房补贴。我们的工作要求和村民实际需求之间的不一致引发的矛盾冲突,一方面积累了村民对我们的不满情绪,削弱了中国扶贫基金会在村民心目中的威信;另一方面也消耗了项目资源,打击了项目工作人员的信心,这都为后来的产业项目实施带来了不利影响。

如果当时我们不是那么着急,再晚一点进入民乐村,比如等到2009年年底,村民住房重建工作结束之后,村民们的精力开始转向寻求挣钱致富门路的时候,我们再进入民乐村开展产业发展项目,那么村民的态度、项目实施过程和最后的结果,也许会有很大的不同。

另外一个是合作社建立时机的把握问题。虽然在合作社建立之前,我们组织村民进行了一系列的培训考察活动,部分村民的观念有所转变,但是尽管如此,还是有相当一部分村民甚至骨干不理解我们的项目思路,不认同我们的工作方向,坚持要把钱分掉建房。如果我们有更多一点耐心,愿意花更多一些时间与村民沟通,也许最后能够把村民们的认识都统一起来。在这个基础上建立合作社,效果可能就会好很多。但是因为有项目进度的压力,我们不愿意拖延更长的时间,虽然群众基础还不牢固,还是强行推进了合作社选举等工作。这导致合作社缺乏足够的认同和支持,经常会遇到村民的挑衅和非难。

总而言之,如果当时我们不是那么着急,更从容一些,我们的工作可能会做得更细一些,会少走很多弯路。这说明,从事乡村工作,耐心是有特殊价值的。

### 感悟：难点是转变村民观念

民乐村项目让我们体会到，找到合适的方法固然重要，但是让农民真正接受并掌握才是关键。民乐村项目最根本的意义在于，给村民提供了一个学习的机会，让村民在项目实施过程中摈弃以往的陈旧观念，转变原来习惯的小农户经营方式，学习企业管理方法，学会合作，提高市场竞争能力。而让农民学习合作发展，学习企业的方法，非常不容易，最难的是观念的转变。

因为单家独户的生产方式在我国农村已经延续了很长时间，要在一朝一夕之间让村民们改变观念，适应新的生产方式，是很不容易的。必须要找到合适的方式，经过一个适应过程，才有可能完成这个转变。

而最有效的办法，可能就是找到村民信任的有本事有能力的带头人，由他们带着大家一块来干。因为有足够的号召力，他们认可的方法和模式，他们认准了的事儿，村民出于信任一般不会有太大的质疑。只有在他们的带领下，才能团结村民形成真正的抱团合作，才有可能实现既定的目标和结果。而有说服力的结果最终又会反过来教育眼见为实的村民，从根本上扭转他们的观念。

但这个前提就是要找到村民信任的人，既有村里人信服的本事和实力，又有足够的公心和威望，才有可能在比较短的时间，带领村民学会合作，接受新的事物，实现抱团发展。而从外部空降产生的人，显然很难同时满足这些条件。

# 第三章 甘达村的故事

## ——带头人的作用

## 一 没有汇缴的亿元重建款

### 玉树地震赶赴前线

2010年4月14日早上7点49分，玉树地震不期而至。

玉树地震震级为7.1级，虽然没有汶川震级高，但是伤亡很严重。后续调查和公开报道显示，玉树地震造成2698人死亡，270人失踪，90%房屋倒塌。因为玉树地震房屋倒塌严重，而且地震的时间是在早晨，很多居民还在睡梦中，所以死亡比例比较高。玉树州政府所在地结古镇目之所及，都是一片又一片的废墟，看不到几幢完整的房子，这跟当地土坯房的建筑结构和建筑材料有很大关系。

按照中国扶贫基金会灾害紧急应对机制，我们第一时间启动了玉树地震救援工作。中国扶贫基金会的汶川地震救灾大本营是在德阳，我们在当地建了物资储备库，玉树地震发生时，德阳储备库中尚存有200顶帐篷。4月14日玉树地震发生的当天下午，我们已经将德阳储备库中的帐篷装车发往灾区，几乎是和政府的第一批救灾物资同时到达玉树灾区的，那是外界运往玉树灾区的第一批帐篷。

4月20日，中国扶贫基金会救灾第一梯队在西宁完成准备工作，将更多的救灾物资装车发往前线后乘车赶往灾区。因为玉树地处偏远，从青海省会西宁出发到玉树只有一条公路连接，各地赶来的救援队都赶赴灾区，交通压力很大。

基金会领队负责人途经玛多县的时候，由于海拔比较高，高原反应很严重，身体出现了水肿现象，他们不得不在玛多县休息了一晚后暂时返回西宁。回到西宁的次日，国务院扶贫办刘书文司长从西宁乘车前往玉树，汤后虎、何蕾等几位同志搭他的车，一块到达玉树前线。

玉树地震发生时，正是汶川地震灾后重建高潮期，中国扶贫基金会在汶川灾区的重建任务还没结束。我当时的主要精力还在汶川灾后重建上，所以开始并没有直接参与玉树救灾工作。后来因为秘书处当时分管紧急救援工作的同事无法参加玉树灾区工作，我就接下了救援工作任务。

玉树地震灾区生存环境恶劣，工作环境复杂，要做好救援工作，首先要确定一个得力的执行团队负责人，既要有一定的工作能力和经验，还要有一点奉献精神，愿意在玉树这样的高海拔民族地区开展工作，这谈何容易。

最初有人建议调王军参加玉树救援工作，我坚决不同意。

从汶川地震发生后的5月14日和我一起赴成都参加救灾开始，王军就一直坚守在四川一线工作，到2010年，已经是基金会驻德阳抗震救灾办公室的负责人。在四川灾区的两年时间里，工作辛苦不说，由于长期两地分居，家庭压力也很大。

参加玉树地震救灾任务，意味着又是少则一年、多则两到三年的常驻工作，我觉得再调他去玉树前线不太合适，苦活累活不能可着一个人来。我们盘算来、盘算去，在是否派王军去玉树的问题上纠结不已。一方面当时基金会找不到比王军更合适的人选，另一方面救灾的任务又很急迫，需要尽快确定人选，最后我不得不同意征求王军的意见。

没想到王军同志倒是挺痛快："行，没问题！"甚至还没和家人商量，就一口答应下来。这位血气方刚的年轻人，干劲足，充满理想主义气概。

4月26日，王军接受任务后，便立即联系企业家梁高、乡村发展专家张浩良作为志愿者一起去玉树开展救援。

4月27日早上，王军一行到了成都，购买物资和装备，中午出发赶往玉树。开车的是志愿者梁高，他年轻时经常开车跑川藏线，很有经验。去玉树必须要经过石渠县，而石渠县海拔太高了，途中最好要住一晚，以逐渐适应高原。他们于是在道孚县住了一晚上，4月28日一口气开到海拔4200多米的石渠县城。到石渠后，王军高原反应现象严重，走路需要几个人架着。4月29日到达玉树，海拔从4000多米降下来之后，他的高原反应症状才有好转。

中国扶贫基金会在玉树的救灾工作得到了社会各界的认可和支持，到4月底累计接受捐赠1.4亿元，其中加多宝集团一家企业就捐出1.1亿元，是我们玉树地震救灾的主要捐赠者。

当时加多宝在凉茶领域一枝独秀，并在汶川地震救援中首开国内企业亿元捐赠先河，社会影响特别大。在汶川灾后重建过程中，加多宝了解到中国扶贫基金会的做法，对我们在汶川地震灾后重建中的工作理念和成效非常认同。玉树地震发生后，加多宝找到中国扶贫基金会，希望通过中国扶贫基金会来实施玉树地震救援项目。田薇女士是加多宝企业责任部门负责人，风度优雅，富有创新精神。我们在汶川地震后持续探索乡村发展、产业扶贫的路径，为农村发展建立可持续能力这样一套思路，得到了田薇女士的认可和支持。

**实事求是的政社合作**

2010年玉树地震发生的时候，国家刚举办完奥运会不久，经济飞速发展,GDP增速很快,社会乐观情绪高涨。同时,两年前的汶川地震大大提高了社会公众的公益热情,对灾害的关注和参与积极性较高。在这样的社会背景下,玉树地震灾区接受的社会捐赠资金和政府专项资金较多。州政府所在地结古镇是受灾最严重的核心灾区,虽然因为传统建筑抗震性能差等因素导致人员伤亡严重,经济损失巨大,但相对于范围不算很大的重灾区而言,救灾援助资源相对比较集中,灾后重建资金也比较充足。

由于玉树地区平均海拔3600米以上,空气中氧气含量不足,高原反应现象突出,一般内地人很难适应并长期驻扎开展工作;再加上是藏区,当地绝大部分居民都是藏民,听不懂普通话,语言沟通是很大的障碍;另外当地文化、风俗、习惯等跟内地都不一样,所以跟汶川相比,灾区重建工作难度非常大。

如何在玉树这样特殊的环境中实施灾后重建项目,按照捐赠人的意愿花好这1.4个亿的善款,实现较好的扶贫效益,成了我们必须要思考和回答的问题。

汶川地震灾后重建工作是我们第一次设立专门办事机构参与大规模灾后重建,之前并没有成熟经验。对于如何选择和规划项目,如何与各地政府合作,很多时候都是在摸着石头过河,边实践边学习总结。因为不存在语言、文化方面的困难,我们的工作人员可以直接到灾区一线开展工作,所以我们在汶川灾后重建实际采取的工作策略,是依托四川省扶贫办和德阳市政府,自主在各个重灾区直接实施重建项目。

虽然项目实施总体来说还算顺利,但是除了在德阳地区与政府沟通协调比较顺畅、配合比较默契、项目规划也比较完整外,其他地区的项目在规划、审批与执行过程中,与当地政府部门的沟通和协调,就增加了很多沟通成本和工作量。一方面,对我们而言,这种分散的、零散的合作，影响了项目实施的进度和质量；另一方面，对项目实施地政府来说，我们投入的资源很难纳入当地灾后重建的统一规划，影响了重建资源的整合效益。

所以在汶川重建工作过程中，我们就有思考，在今后的救灾工作中，要加强与项目区政府沟通，主动让政府了解我们的资源和能力，争取将我们的工作纳入政府工作统一规划。虽然项目还是我们来执行，但是由于资源能够统筹规划，我们的资源和贡献就成了整个灾区重建的有效组成部分，必然能发挥更好的社会效益。

另一方面，玉树不同于汶川灾区，不仅地理条件特殊，生活工作环境恶劣，而且藏族聚居区的语言文化、生活习惯、工作能力等，都和内地存在很大的差别，我们的工作人员很难像在汶川灾区那样直接在一线开展工作。

鉴于我们在汶川灾后重建中的经验教训，结合玉树灾区的特殊情况，我们向国务院扶贫办领导提出建议，请国务院扶贫办统筹扶贫系统玉树灾后重建工作，与青海省政府合作，将扶贫救灾纳入青海省政府灾后重建统一规划。范小建主任很认可中国扶贫基金会在大灾中及时开展救援响应，接受了我们的建议，决定由扶贫办出面向青海省政府捐赠。

4月底，国务院扶贫办和青海省政府在玉树一个救灾帐篷中举行了简单的签约仪式，扶贫办范小建主任和青海骆惠宁省长共同签订了玉树地震灾后重建工作框架协议，约定由国务院扶贫办向青海省捐赠1亿元救灾资金，用于玉树灾后恢复重建。

协议规定了双方合作开展玉树灾后重建的工作框架，明确由国务院扶贫办开发指导司、中国扶贫基金会和青海省扶贫局三个单位组成专门工作班子，负责灾后重建项目具体实施。

三家单位经过讨论，进一步细化了各自的分工和责任，由国务院扶贫办开发指导司负责政策指导，中国扶贫基金会提供社会捐赠资金，中国扶贫基金会和青海省扶贫局组成项目联合执行办公室，共同对捐赠资金和扶贫重建工作进行科学规划、组织实施。

这样一来，我们的玉树地震灾后重建活动，就正式纳入了政府救灾、扶贫体系，成为青海省政府玉树灾后重建总体框架的一部分。

7月7日，民政部会同五部委发布《青海玉树地震抗震救灾捐赠资金管理使用实施办法》，要求各慈善组织募集的善款，统一汇缴拨付到青海省政府、青海省红十字会、青海省慈善总会的专用账户中，由青海省统筹安排使用，这让我们有点进退两难。

一方面，因为此前的4月份，中国扶贫基金会募捐的资金通过国务院扶贫办和青海省政府部级协作的方式，已经纳入了青海省的总体规划。另一方面，我们在签订协议之后，工作推进很快，已经通过参与式的方式，进行了项目调研和论证，灾区很多地方的藏族群众已经知道中国扶贫基金会和扶贫局要去做灾后重建项目，如果中途取消，恐怕会引起不满，影响灾区稳定。

我们把这些情况向有关部门进行报告，希望中国扶贫基金会所募捐资金继续按照国务院扶贫办和青海省政府约定使用，不必集中汇缴。有关部门对我们的意见给予了充分的理解和支持。

## 又见老朋友

青海省扶贫局是一个富有创新意识的省级扶贫部门，在各省扶贫部门中，给我留下的印象尤其深刻。在汶川地震之后，我们调研产业项目的时候，曾经去青海调研学习过。调研的项目是青海省扶贫局正在推动的扶贫资金折资入股的模式。去青海循化县考察学习过程中，青海省扶贫局的工作积极性、工作能力、创新精神给我留下了很深印象。

当时青海省扶贫局局长罗松达哇,是从玉树直接调任到扶贫局的藏族干部。调任青海省扶贫局局长之前,罗松达哇恰好就在玉树担任州长,所以他对玉树的总体情况、对当地的干部都很熟,协调工作有独特优势。关于扶贫工作,他有一套自己的想法,而且敢想敢干,跟很多地方扶贫办领导的风格都不太一样,对于和社会组织合作,他的态度也很开放很包容。罗松达哇性格爽朗,说话办事有魄力,推动工作力度很大。

这次国务院扶贫办与青海省合作实施玉树地震灾后扶贫重建工作的落实,正是由青海省扶贫局和中国扶贫基金会联合办公室来执行的。2008年我们到青海调研时的社会扶贫处处长钟海育,此时已经是省扶贫局副局长,具体负责联合办公室工作。海育同志思想开放,沟通能力强,对产业扶贫不仅有想法,而且非常有干劲。

老朋友见面,大家都很高兴,办公室的工作很快就运转起来了。

青海扶贫局方面,钟海育、若见两位副局长参与的工作比较多,他们在协调项目用地、手续审批、资金落实等方面对项目的开展都发挥了很大作用。

## 二　合作社唱主角

### 灾后重建评估报告

4月25日至5月5日,我们请北京师范大学的陶传进教授和韩俊魁教授领衔,组成评估小组,对玉树地震灾区进行了调研评估,了解灾后重建需求,为中国扶贫基金会参与灾后重建做准备。

评估报告对我们参与玉树灾后重建的原则和定位重点提了几条建议:

一是坚持救灾资金效用最大化原则。报告建议我们应该充分发挥自身特有优势,结合以往项目实施经验,吸纳行业内先进的理论和实践,大胆创新,使捐赠资金发挥最大作用,而不是追求短平快,简单地把救灾资金花完了事。

二是提出建立长效机制和模式优先于基础设施援建项目。评估组认为,通过赋能为当地社区建立可持续发展能力,远比做一个简单的硬件援建项目更有价值。建议把重点方向放在长效机制建立和创新模式探索上。报告认为,中国扶贫基金会在民乐村探索的合作社模式是解决乡村发展问题的正确思路,应该充分吸收民乐村经验教训,让合作社在玉树灾后重建和建立可持续扶贫机制方面发挥更大作用。

三是提出公共性项目优先于个体化项目。因为个体化项目的社会效益偏低,又容易引起社会不公平,建议我们积极探索公共项目,引导项目区群众谋求共同发展。专家认为,在玉树地震之后,中国扶贫基金会紧急资助灾区10000户藏民,每户发放500元现金,缓解了灾民的燃眉之急。类似给农户发钱等应急项目虽然可以做,但如果大量资金以这种简单方式分散下去,效果是有限的、难以持续的。建议尽量把资源集中起来,建立共同发展机制,寻求可持续发展。

四是建议中国扶贫基金会凭借与当地政府的良好合作关系,结合群众所需以及扶贫系统的专长,选择有市场潜力的产业,在充分考虑项目扶贫效应和传递机制的基础上,尽快实施项目,为当地注入产业扶贫项目,授人以渔,让灾区贫困群众学会自我发展的方法。

五是建议探索保护贫困户利益的新模式。报告指出,在我国自然资源的开发利用过程中,存在一种不公平现象,一些在政治经济方面有特殊权力的企业或个人,往往会利用自己的特权,以很小的代价,取得公共资源的控制权。这对当地居民和贫困户来说,会产生一种"挤出效应"。这个建议与我们在汶川地震灾后重建工作中的观察和思考是一致的。

## 让资源红利流向村民

在汶川重建项目调研过程中,我们曾经遇到这样一个村庄。村庄虽然贫困,但是原来村旁有一条清澈的小溪,水量充沛,水流湍急,很漂亮。几年前一个私营企业主投资几百万元,把这条河的水电资源买下来,建了一个小型水电站。水电站要蓄水发电,村旁的溪水被截流,通过修建在山间的隧洞,引流进入发电厂完成发电。清澈的河水从此绕过了村庄,只留下一条干涸的旧河道。据说这个小型水电站一年净利润可能有几十万,但是这个盈利跟村民却没有任何关系。

类似的自然资源开发项目,无论是煤矿、铁矿、有色金属矿,还是水电、旅游、房地产开发,投资回报率往往是很可观的,初期一个很小的投资,就可能实现较高的利润回报。资源所在地的居民如果能够参与初期投资,同样可以用较小的投入获得较高的回报。但是因为当地居民既没有必要的资本投入能力,又欠缺相关知识和机会参与项目投资,导致他们赖以生存的环境资源被开发利用了,他们却不能从中享受到红利。有些运气好的村民还能在开发企业找到就业机会,更多的村民不仅得不到工作机会,还要面对被破坏或污染的环境,甚至被迫离开他们原来居住的地方,另外寻找安家立命之所。

与其任由当地居民的利益在资源开发过程中被忽视、被边缘化,政府回过头来又要投入大量的资源去帮助他们摆脱贫困,为什么不能在资源开发的初期,就给当地居民和贫困户参与其中的机会呢? 比如说能不能把本来应该发给贫困户的扶贫资金,折资入股加入到开发企业里面去,让当地居民占有开发企业的股份,分享资源开发带来的收益? 或者引导贫困户集中资源合作投资,用这些资源去自主开发一个项目,给当地居民带来可持续利益? 而不是把扶贫资金分发给贫困户,简单而低效地消费掉。

结合两家单位以往的扶贫工作经验,参考评估报告的建议,中国扶贫基金会和青海省扶贫局讨论明确了玉树灾后重建和扶贫工作两个重点方向:一是延续汶川地震后中国扶贫基金会在民乐村的探索,大力引导贫困村庄改变单家独户的小农户生产经营方式,走抱团发展的合作社之路;二是在政府主导的商业资源开发过程中,寻求合适的产业扶贫项目,为贫困群众争取机会和利益。

我们决定玉树灾后重建的1亿多元救灾扶贫资金,尽可能用于以支持农民合作社的方式实施产业扶贫项目。我们在调研基础上规划了四类合作社项目,其中最大的项目是加涅滩农贸市场,项目预算7000万元,实际投资6000多万元;第二个是甘达村运输合作社项目;还有德达村奶牛养殖项目以及东风村的蔬菜大棚项目。东风村蔬菜大棚和德达村的奶牛项目相对简单,另外两个项目相对复杂。

## 三 小农户参与大项目

### 丝绸之路上的三省区交界地

玉树位处青、川、藏三省区交界之地,历史上就是交通要道,是古丝绸之路进藏的必经之地,自古商贸活动就很发达。《西游记》中"晒经台"所在的通天河就在玉树州境内。

玉树州府所在地结古镇,同时也是玉树市市政府和结古镇镇政府所在地。虽说是三级政府所在地,其实也就是由团结、红卫、解放、民主、先锋等几个村和牧委会组成。结古镇中心有一个丁字路口,整个城市的商业铺面都集中在那个地方。虽然玉树主要街道基础设施非常落后,两边大部分都是土坯房子,但是商业气息比较浓厚。

玉树全州共30多万人口，除了结古镇是全州人口和商品集散地，其他地方都是牧区。玉树地理位置离省会西宁比较远，当地所有生活物资，包括蔬菜、水果等，都要从西宁运输到结古镇，以此为节点，再分散到其他的六个县。因为全州30万人所需物资都要经过这里流通，所以虽说城区街道不多，但商贸、物流都比较发达，基本上能保证全州的正常供应。

结古镇大多居民住的都是土坯房，很少有砖房子，抗震性能较差。因为地处玉树地震震中不远，所以地震损失很大，也是我们灾后重建的主要工作区域。作为玉树州经济、文化的中心，其灾后重建工作特点完全不同于我们在四川的工作，因为我们在四川灾区的灾后重建工作大部分是农村社区项目，与市场和商业关联性不是很强。所以相对于在四川开展的灾后重建项目而言，我们在设计玉树产业项目的时候，如何把握住市场的特点和作用，就成了非常重要的考量因素。

在地震前，青海省扶贫局就已经开始尝试用扶贫资金支持各县贫困户在玉树买商铺，租金收益作为贫困户的经济来源，在建设农贸市场、批发市场，购置商铺等方面，他们已经积累了一些经验。

地震发生后，为了实施好扶贫灾后重建项目，青海扶贫局派出区域规划研究所的专家去玉树调研，重点是研究产业扶贫项目实施的地点和项目类别。他们通过对结古镇周围九个村庄的调研评估，建议围绕农贸市场建设实施产业扶贫项目。由联合办公室出资修建农贸市场，农贸市场的铺位归贫困村民所有，他们无论是自己经营，还是出租给他人收取租金，都可以获得可持续的收入来源。

### 从北京请来大腕加持

我们虽然很认同扶贫局的意见，但是毕竟没有建大型农贸市场的经验，对项目可行性没有把握。主要是吃不准在玉树这个人口较少、市场规模较小的城市,是否适合建立大型的农贸市场,大量开发商铺。我们担心万一投入大量资金建设,超出了市场的实际需求,就会造成商铺过剩,形成闲置和浪费。为了慎重起见,我们决定请高人来把脉,帮忙出谋划策。我们邀请到北京新发地批发市场的创始人张玉玺董事长、城外诚大卖场的副总经理刘振宇等行业大家作为项目评估专家,到玉树实地进行考察评估,论证农贸市场项目的可行性。

专家们不辞辛苦,克服严重的高原反应和艰苦的工作条件,马不停蹄地对结古镇方方面面的情况进行了调研。在项目论证会上,大家对农贸市场项目进行了热烈讨论,认为结古镇自古以来就有经商的传统,又是玉树州的商业中心和三省区交界之地,商品流通比较活跃,具备建立较大规模农贸市场的条件和基础。只要不是同类的市场项目上得过多,如果运营得好,可以让项目区贫困户长期受益,无疑是一个产业扶贫的好项目。

经过前期的项目调查评估和专家论证,我们在建设较大规模农贸市场、为项目区贫困户建立可持续收益来源方面形成了共识,决定投入7000万元灾后重建资金,建设玉树规模最大的农畜产品交易市场。根据当地的造价估算,可建成面积3万多平方米的商业铺面,足以覆盖整个结古镇五个贫困村,所有的贫困户都可以从中受益。

### 州政府承诺帮忙"垄断"

为了确保项目的成效,避免同类市场重复建设,造成不必要的资源浪费,作为实施项目的先决条件,我们在援建协议中要求玉树州政府做出承诺,一旦我们援建的农贸市场立项后,不能再批准建设同类农畜市场,除非这个市场已经满负荷运转,不能满足市场的需求。我们最大的担心就是同类市场建设得过多,造成资源的闲置和浪费,影响产业扶贫项目的效果。

玉树农畜产品市场项目是我们在玉树灾后重建中投资最大的一个单体项目,出发点是利用灾后重建的机会,用相对集中的资金,在地方商业资源开发中为贫困户争取可持续发展机会和空间,成为商铺资产的持有人,既可以通过商铺经营获得短期收入,也能够分享未来资产增值的超额收益。有效避免了一般商业开发中贫困户的"挤出效应"。

不过这样的机会是可遇而不可求的。首先,贫困户必须要有合作发展的觉悟,才能聚集起必要的资本。如果这次农户不同意项目规划方案,我们把钱直接发给贫困户,资金势必很难再集中起来。没有足够的资金,哪怕有再好的机会,也没有参与的资本,自然也就分享不到更好的收益。

其次,如果没有国家扶贫大背景,没有灾后重建这样的机会让我们介入,没有当地政府和扶贫部门真正为贫困户着想的出发点,没有开放大胆务求实效的创新精神,即使农民有足够的资金,也不一定能拿到农贸市场这样排他性项目的审批。因为比较好的地段是稀缺资源,谁都在争,单纯从收益上看,卖给商业开发商显然收益更大。在竞争的市场上,农户是其中最不占优势的参与者,如果没有当地政府和扶贫部门的特别支持,不要说无偿使用土地,就是按市场价格出资也未必能拿到项目用地。

### 五村联社全体村民入股

产业项目方向确定后,我们要做的第一件事是组建合作社。结古镇上共有九个村,其中有五个贫困村,分别是红卫、解放、民主、团结和扎西大同,五村共有村民906户,人口5000多人。我们要借鉴民乐村实验,组建合作社,但是与民乐村有所不同的,是由结古镇的五个贫困村共同组建合作联社,五个村的村民通过合作联社参与项目实施和管理,实现对项目的共治共享。

我们和政府进行项目选址时,有几点考虑:一是项目不能距离城市太远;二是道路交通要相对便利;三是根据新发地老总张玉玺的建议,农贸市场所在地最好要有"商业基因",也就是以往有相对活跃的贸易行为;四是考虑尽量把项目选址限定在五个村子范围内,不占用其他村的土地。经过反复权衡比较,最后州政府在红卫村加涅滩划拨了50亩建设用地,用于交易市场项目。项目选址靠近市区,附近有一条河流,不远的地方就是高速公路的出入口,地理位置和交通条件虽然没有办法和市中心相比,但是就玉树有限的建设用地资源而言,已经算是不错了。

因为是五村联合社,所以股权的分配要充分考虑各村的差异。主要是参考村庄的土地占用、其他项目平衡、经济发展水平三项指标。首先按照多投入多受益的原则,因为项目选址在红卫村,所以红卫村在联社中股权最多,占到30%;其次是扶贫项目投入的平衡,已经开展了扶贫项目的村这次股份少一些,没有开展过扶贫项目的村股份多一些。没有得到过扶贫项目的扎西大同和解放两村各占17.5%股权,已经实施过扶贫项目的民主、团结两村则各占10%。总体原则上,还是参考各村不同的发展程度来平衡股权分配。各村根据股份占比,选派相应数量的代表,加入合作社任理事,形成理事会决策机制,共同管理项目。五个村子全体村民都是联社的社员,也是企业的股东。

由于项目投资巨大,又得到了政府的特殊支持,为了平衡项目村与其他贫困村的发展差距,在项目村分配的股权之外,还保留了15%的股份作为扶贫基金,用于支持其他贫困村的发展。项目办公室与几个项目村约定,项目实现分红之后,扶贫基金股权对应的收益要交给玉树州扶贫办,用于帮扶上述五个村之外的其他贫困社区脱贫发展。

## 从甲方变乙方

虽然项目的规划和设计得到了各方面的认同和支持,但是真正实现项目落地,还要经过复杂的审批流程。土地使用指标不用说了,从项目规划,到开工许可、特许经营等都需要报批,涉及多个业务主管部门。由于是第一次由政府无偿划拨土地给贫困户做扶贫项目,涉及多方面、多环节的政策创新,往往会因为一个很具体的问题,反复论证很长的时间;另外因为是扶贫项目,既没有什么土地转让收入,也没有什么税费收入,相关部门的积极性可能也不是很高。总而言之项目审批过程很复杂,时间很漫长,总共历时一年,项目才正式通过审批,可以开工建设。

项目审批不容易,项目的建设更不容易。

玉树特殊的地理位置和恶劣的气候条件,给项目的实施带来了很多挑战。除了高原缺氧这一令人头疼的问题,还要面临昼夜温差大、施工期短、用工成本高等困难,项目建设工作的难度比内地要大得多。

项目实施初期当地还没有国家电网,供电主要靠自备发电机以及小型水电站。小水电受降水量影响实行季节性给电,夏天洪水季节有电,其他季节水量小,供电没有保障。直到2012年,国家电网才进入玉树,实现了稳定供电,而那时候我们大部分灾后重建项目已经快结束了。也就是说从2010年到2012年,在玉树大部分灾后重建工作中,我们都没有稳定的电力供应。作为三级政府所在地的结古镇都没有稳定的电源,可以想象当时的重建工作有多少困难。

玉树地区无霜期短,每年一到9月末就开始结冰,工程就要被迫停工。等待一个漫长的冬天过去,到来年4月才能重新启动工作。到了冬天,玉树当地的很多干部就去西宁过冬了,很多工作就不得不停顿下来。即便我们的工作人员想继续驻守,也因为找不着人而难以开展工作。

选择施工队伍的时候,当地人提醒我们,因为冬天停工期很漫长,当地干部很多人又不在玉树，如果施工队没有足够的实力，不能派人妥善看管，存放在施工现场的建筑材料说不定会被当地人分掉。如果施工方因为这样的损失破产，我们的重建项目也势必会受到很大的影响，所以必须找有实力的企业来承接农贸市场的工程。

玉树地震后，国务院指定中国中铁、中国铁建、中国建筑、北京市政路桥、北京城建五家大型建筑企业，以分片包干形式承担灾后重建任务，我们只要找到其中一家就可以放心了。

本来我们觉得农贸市场的项目有6000多万元的投资，已经是一个规模很大的项目，一般情况下，会有很多建筑公司抢着来干，所以我们对于找一家央企来施工，也是信心满满。但是接触了几家建筑公司才发现，我们投资6000万元的项目，根本入不了央企的法眼。因为玉树灾后重建总投入数百亿的盘子，每家央企手中都是近百亿的项目，在我们眼中已经是天大的项目，对这些央企来说却太小了。

最后不得不去找关系协调，恳请有实力的企业予以支持——在玉树特殊的工作环境中，我们就这样从甲方变成了乙方。最后是北京城建承接了我们的项目建设。由于当地建筑队伍技术水平达不到要求，内地的建筑队伍又不适应高原环境，再加上施工工期又短，所以工程造价和总体成本非常高，这是玉树基建工程和其他地区不一样的地方。

图17　加多宝援建的玉树结古镇农畜产品综合交易市场

项目施工需要业主方对施工现场进行监督，我们充分发挥合作社的作用，由合作联社理事会选派村民作为业主代表，在工地上监督施工进度和质量。村民有主人翁意识，监督工作很负责任，所以施工过程中的监督很及时很到位。项目从2012年7月开工建设，到2013年8月竣工验收，建成的玉树农畜产品综合交易市场总占地3万平方米，建筑面积1.8万平方米，包括四个交易大厅和一个招待所。项目建成后，以招商出租的方式进行市场化的运营管理。

截至2014年5月31日，五村合作联社理事会共召开了30多次理事会会议，主要讨论施工建设的进度和招商两个方面的工作。2014年10月，招待所3900平方米开始出租，每年租金72万元，租金按每年3.5%的水平递增。市场三个大厅租给了青海省扶贫产业园的四家企业，年租金150万元；第四个交易大厅于2015年9月出租给牦牛收购加工企业，年租金36万元。四个交易大厅和一个招待所，每年租金收入总额为258万元。五个村的农户，仅靠租金一项人均增收400多元。

结古镇的这五个村庄的受益农户，大部分都是在灾后重建中土地被征用的失地农户，没有其他生计来源。有了农贸市场，一来租金收入为他们提供了基本的生活保障，另外他们还可以依托市场做些生意，打些零工增加收入。

通过合作实施项目，召开理事会议事，五个村的村庄治理水平也得到了很大提升。

## 四　引导德达村民科学放牧

### 用科学管理结束"公地悲剧"

德达村的畜牧合作社项目中，我们尝试用启发和引导的方式，跟村民一块来寻找项目的侧重点,着实花了不少力气。

　　德达村是称多县拉布乡管辖的行政村,位于长江上游的通天河畔,距离州府所在地结古镇有70多公里。地震造成部分民房垮塌,其他房屋虽然没有倒塌,也几乎全都倾斜、开裂,变成了重度危房,属于玉树地震重灾村。

　　该村虽属半农半牧区,但是全村35个农户大部分都没有成规模的畜群,属于无畜户。虽然大部分农户都种植青稞,但是一方面生产技术落后,产量很低,另一方面价格也不高,靠种植青稞得到的收入很少。加之本村范围内的山坡上没有冬虫夏草资源,也不能像其他村民一样,可以靠挖冬虫夏草增加一些收入,是个生活水平较低的贫困村。

　　2010年7月到11月,我们的工作人员在县扶贫办的协助下,先后八次前往德达村,深入村民中间,采用自下而上的方式,引导村民积极表达发展需求,组织村民讨论和分析村庄的资源和现状,挖掘可能的发展机会,设计项目内容,使项目成为村民自己参与决策的项目,增强村民实施项目的积极性。

　　德达村有较为丰富的草场资源,但是利用得不太好。项目重点在于充分利用草场资源丰富这个条件,推动畜牧业和农业发展。让村民通过扩大牲畜饲养量,解决收入问题。

　　由于以前的草场利用没有什么规则,草场使用随心所欲,畜群迁移很不规范。哪里的草场近,哪块草皮质量高,大家就都去那里放牧,造成优质草场由于过度放牧而受到破坏,最终造成"公地悲剧"①。稍微远一点、草皮质量不太好的区域,大家谁也不愿意去,资源又没有得到充分利用。

———————————

　　①　公地悲剧是英国经济学家哈丁提出的概念,是指同在一块公共草场放牧的牧民,如果每人都从自己私利出发,都选择多养羊获取收益,羊群的数量迟早会超过草场的负荷极限,必然造成草场持续退化,直至无法养羊,最终导致所有牧民破产的结果。

在项目工作人员指导下,村民们积极组织讨论,自主制定了适合该村牧业发展的草山管理办法。一是建立了草场轮牧制度,规定农户要以年为周期,对草地放牧休牧进行轮换,达到以休养地的目的,通过休牧调节,让草皮充分休养恢复,实现可持续利用资源。既有利于均衡利用土壤养分和防治病虫草害,还能有效改善土壤的理化性状,调节土壤肥力,有利于增产增收。二是划分四季牧场,根据季节变化流动放牧,提高草场利用效率。三是分区放牧,凡是自己有牲畜群、能力比较强的流动牧户,都要去远一点的地方放牧,村庄附近的草场、草皮质量好的地方,留给定居的无畜群困难户去放牧。村民们之前虽然对无序放牧的弊端有深切的感受,但是苦于不知道怎么解决这个问题。现在有了公平合理的草场使用规则,村民们都愿意自觉遵守,草山资源实现了合理化利用,德达村共7万亩草山,全部被利用了起来。

当地的畜牧业生产方式比较落后,不管是冬天还是夏天,农户都是采取放养的方式饲养牲畜,没有储存冬草料的习惯。降雪量少的冬季,牲畜尚能在草地上找到食物,如果降雪量比较大把草皮盖住,牲畜在冬季找不到吃的,就会饿死。我们从新闻里看到2008年玉树地区因为持续降雪,冻死很多牦牛的报道,其实那些牦牛不是冻死的,而是找不到草料吃饿死的。

针对这种情况,项目通过培训转变村民的饲养观念,并支持每户农户种植一亩饲草料,秋天收割后储存起来,以备冬天牲畜所需。这个举措很快就见到了效果,2011年冬天玉树遭遇雪灾,周围其他没有种饲草的村子,饿死不少牦牛,而德达村农户因为都储备了饲草,全村没有一头牦牛因灾死亡。

### 引导而不代替

我们希望通过德达村合作社让大家抱团发展,但这个工作推进起来很难。

德达村位于通天河边,是生产青稞的理想产区,当时农业耕作依然是靠牦牛耕地为主。但是因为村里2/3的农户家庭没有耕作牦牛,导致村民大片放弃农田耕作。为了解决这一现实问题,我们组织村民讨论解决的办法。开始有的人提出要买牦牛,有的人提出要买拖拉机,后来意见慢慢统一了,村民们一致要求买拖拉机,但必须每户都要买一台。但我们算了一笔账,村里35户人家,一家只有几十亩耕地,每家买一台拖拉机,一年到头也用不了几天,剩下的时间只能闲置。我们就引导村民,由合作社买几台拖拉机,供村民轮流使用,这样估计有5台拖拉机就能解决全村的问题,而不必每户买一台。但这个简单的道理村民却很难理解,大家想不通,为什么我要跟别人一块来用拖拉机。

民乐村的经验告诉我们,村民是需要启发的。我们就慢慢跟村民沟通,向他们提问题。

"你们村一户有几亩地?"

"二三十亩。"

"一台拖拉机需要干多长时间能把活干完?"

"大概几天就能干完。"

"那剩下大部分时间拖拉机用来干啥呀?"

"也干不了啥,就放着吧。"

"如果全村买几台拖拉机,大家轮流使用,省下的钱发给大家买种牛、种羊好不好?"

大家就会说:"哎!这样也行。"

通过这样一步一步地引导启发,让他们明白其中的道理,然后自主决定,工作才算真正做通了。最后项目按照每五户人家共用一台计算,购买了七台拖拉机。拖拉机配套设施齐全,既可用作耕地,也可用于收割青稞,还能用于运输饲草料,彻底解决了村民租用别家牦牛带来的负担,恢复了青稞的种植生产。

### 大牲畜数量翻倍了

为推动德达村牧业发展,根据村民的要求,项目为全体村民每人赠送了两头生产母牛,全村35户共183人,共发放生产母牛366头,其中有158头母牛是带着牛犊的。村民自我参与购买的全过程,这样可以保证每头母牛均为优质、年轻、健康的生产母牛,买回来就能直接投入生产。

德达村夏季时间短,冬季时间长,冬季气温一般在零下20多度,对母畜的健康和产奶量有很大的负面影响。项目补助每户6000元,鼓励村民自建不小于16平方米的畜棚,解决了冬季寒冷气候对牲畜的侵害,并保证母牛能有6个多月的产奶时间。

德达村距离玉树不算远,但也有几十公里。项目为村民购买了一辆运奶车,用于农户奶品的集中配送。有了运奶车,德达村农户可以将自家生产的奶制品集中运送到玉树市场去售卖,提高了价格,增加了收入。

德达村项目总投资165万元,除了用于上述项目内容,还用于调整完善草山管理、购买草种、畜棚维修补助等项支出。

2016年中国扶贫基金会工作人员对德达村做过一次回访,因为项目内容比较符合村民需要,机制设计比较恰当,项目成效得以延续下来。拖拉机用得比较好,饲草仍然在种,养殖也做得红红火火。村里一个农户当年300多头的牛群已经变成600多头了,还没算中间曾经卖掉的一部分。

德达村有家贫困农户,家里有八口人。这家农户原来只有十头牲畜,达不到去远方牧场放牧的经济规模,如果长期占用劳动力去较远的牧场放牧,收益不足以覆盖人力成本,算下来肯定是一笔亏本买卖,所以只能在村庄附近放牧。村庄附近的草场不好,牲畜产奶量低,解决不了全家八口人对酥油和牛肉的需求，生活质量很低。

项目实施以后，我们给这家农户发放了16头母牛，还带着8头小牛犊，一下子达到了去牧场放牧的规模。每头母牛每天可以产2斤牛奶，全家人不仅每天都能吃上酸奶，冬季还能储藏足够的酥油和曲拉。从近年的产奶量来看，除了满足自己家用，还可以出售一些鲜奶、酥油、曲拉、牛粪、牛绒等产品。母牛产下崽，公牛用于育肥，可以出售更多牛肉；母牛可以继续存栏，繁殖扩大畜群规模。这家农户的境况得到了很大改变。

## 五　运输队让甘达合作社"跑起来"

甘达村距离结古镇18公里，村里有9万亩草场，是个纯牧业村。全村242户牧农，1031人，70%的村民生活在贫困线以下。除了牛奶可以自给自足，牧民的食物比如青稞等生活物资都要从玉树州政府所在地结古镇购买。

村里除了有18个牧户在结古镇从事商业活动，其他村民都以牧业为生。村民家庭经济条件差异很大，主要体现在是否有牦牛以及牦牛的数量上。村里牦牛数量最多的牧户有130头牦牛，同时还有70户没有牦牛。有些家里没有牛的村民去给牦牛数量比较多的家庭帮工，能够得到酥油、牛奶作为报酬；另有一些无牛的农户，靠挖虫草和捡拾牛粪、打工为生；有个别的村民找不到谋生的门路，甚至做了乞丐。

全村有高中毕业生30多个，大学毕业生十几个，有些学生通过了公务员招考，但是因为没有足够的岗位，只能自谋职业从事保安、放牧、商场营业员等工作。

甘达村位于扎曲河上游，全村有190多口泉眼，自然环境比较好，村民们有很强的环境保护意识。村里本来就有保护泉眼的仪式，我们去调研时,村民们又提出来想做一个保护山泉的环保项目,我们通过项目给予了支持。保护山泉的仪式一直保留了下来,而且从2001年开始,这个村每年5月10日都会请喇嘛举行拜神仪式,警告人们在挖虫草的时候不要破坏环境。

## 让合作社重生

甘达村在玉树地震中受损严重,地震造成全村57人死亡,100多人受伤,全村所有房屋全部垮塌,是受灾严重的极重灾村,因此成为我们玉树灾后重建重点关注的村庄。

2010年7月份,为帮助甘达村村民重建家园,确保善款得到高效利用,由基金会执行副会长带队,前往甘达村调研,评估地震损失情况,了解村民灾后重建需求。调研中我们发现,由于地处商业活动发达的结古镇,甘达村村民有一定的市场意识,而且村中部分年轻人受过高中甚至大学教育,村民总体素质较好。我们决定以甘达村为重点,继续探索贫困村可持续发展的模式。我们向村民们提出了产业项目援助意向,并坚持要建立合作社,让村民共享项目收益。

甘达村原本有一个合作社,是在政府倡导下建立的。合作社成立后,除了政府给补贴了10万元专项资金,几乎没有正式运营过,是徒有其名的一块空牌子,一个典型的空壳合作社。

我们从头开始培训,重新给村民们讲什么是合作社,为什么一定要建立真正的合作机制,合作社和村民的关系,有怎样的作用等。和民乐村的情况一样,最开始村民们也不太理解,说原本就有合作社,直接用就行了呗,还费什么劲要重建呢? 我们耐心地告诉村民,为什么原来的合作社无法运营,真正的合作社建立必须要经过的流程,包括选举理事、理事长,还要建立运营机制,制定规章制度等。我们花了很大的精力和村民沟通,但是村民还是半信半疑。

我们在交流中发现甘达村一个现象，家中女性一般不拿主意，都是由男性做主；而村里的男性一般自己也不拿主意，而是要找一个他信服的、有威望的人来说话，帮他拿主意。村里有些德高望重的"头人"，类似于以前中原地区儒家文化传统中的乡绅，他们的意见对村民有着至关重要的影响。于是我们再开会讨论合作社建设和发展产业项目时，就把村里面十几个德高望重的"头人"都请过来一起商议。这些人代表着村里多个家族的意见，只要他们拿了主意、达成共识，全村的人就都会信服。经过反复的培训、沟通，随着"头人"们慢慢地接受合作发展的理念，全村人也就都认可了重建合作社的必要性。

思想工作做通了，接下来就是组织合作社的选举工作，要组织村民选出村民代表和理事会成员。由我们的工作人员参照民乐村的模式，对当地干部进行选举方法的培训，由当地干部具体主导选举的过程。选举结果很有意思，有点出乎意料。

原来甘达村的村主任也报了名参选理事长，结果不但没能当选理事长，连理事都没选上，理事会也没能进去，这个结果超出了我们的预料。据说此前村主任也带领甘达村做过产业项目，而且还赚了钱，但是村民们似乎没有从中得到什么实在的好处，因此这次大家选择了用脚投票。

村民们参与选举的积极性很高，最后选举巴桑扎西为合作社理事长，贡嘎为副理事长，还选出达松作为合作社的会计，这三个人是理事会的核心成员，也是合作社产业项目的主要负责人。

### 巴桑扎西民心所向

当选理事长巴桑扎西时年57岁，精明能干，很会做生意，家庭条件在村子里相对属于较好的。巴桑扎西地震前以虫草贩卖为主要生意，去过北京、上海、广州等大城市，是村民们心目中见过世面的人，也是村民们比较佩服的经营能人。

图18 甘达村合作社理事长巴桑扎西

地震之后,巴桑扎西回到村里,参与家乡的灾后重建工作。他很有责任感和担当精神,所以当村里要建合作社,大家要推选他当理事长的时候,他并没有过多地推辞。他认为对于单纯靠放牧和挖虫草为生的甘达村村民来说,中国扶贫基金会和加多宝捐钱支持村里搞灾后重建,发展产业项目,是村民摆脱贫困、争取稳定收入的好机会。所以毅然决定放弃自家的虫草生意,全身心投入合作社的项目工作,带领村民一起干。

这和民乐村的情况大不一样。在民乐村选择项目的时候,我们也曾动员村里的能人带领大家一块干,但能人有顾虑不愿意站出来,以至于我们不得不从外面吸引能人进村。但是因为外来的能人对村里的情况不够了解,跟村民有距离,难以得到村民的信任,成为民乐村产业项目失败的一个重要原因。

这一点上,甘达村的情况就完全不同了。巴桑扎西在村民中很有威望,当选理事长是村里的民心所向,而他本人也非常珍惜外界援助的机会,愿意带领村民们一起努力,改变甘达村贫困落后的面貌。所以当巴桑扎西提出要买车辆做运输生意的想法,很快就得到了村民的认同。可以说,甘达村运输队项目在特殊的时机、特殊的地理和交通情况下,具备了最关键的"人和"条件。

巴桑扎西计划通过两到三年的经营,将原有的工程车辆换成客车,经营客运生意。他认为虽然目前灾后重建工程车需求量大,但是再过一段时间,重建工作完成后,工程车的用处就会减少。而客运线路运营是长线生意,经营好了可以持续产生的收益,比工程运输更加稳定。他觉得加多宝捐赠的运输队是甘达村前所未有的致富项目和机会,所以工作非常努力。

### 组建运输队全村分红

建立运输队的想法,最早由巴桑扎西提出并得到了村民的支持。他们提出由项目支持合作社买一批挖掘、装载、运输设备,组成甘达村建筑运输队,参与玉树灾后重建工程项目,靠经营运输服务获得收入。

开始我们还对这样的一个项目将信将疑,经过调研论证之后认为这个提议是可行的,是符合玉树灾后重建的特殊需求的。由于玉树地震造成建筑物大面积倒塌,因此灾后重建工程巨大,需要大量水泥、钢铁等建筑材料和灾后重建物资。但是因为玉树地处高原冷僻地带,没有任何工业基础,所以重建所需建材物资都要从西宁通过公路运输过来。西宁与玉树之间公路里程860公里,长途运输成本比较高,建材的运输成本在玉树灾后重建工程成本中占很高的比例。另外就地取材的石头、沙子等建筑材料的近距离运输量也比较大,生意机会也很多。

我们决定投入300万元,支持甘达村组建运输队参与玉树灾后重建。其中252万元用于购买车辆,包括1台柳工装载机、2辆载重40吨的东风天龙长途货运车、5辆福田欧曼翻斗自卸车,一共8辆工程车辆,组成了甘达村工程运输队;另外48万元作为初始启动资金,用于支付车辆的各种税费、车厢载货改装、维修、运营初期的柴油等费用。

车辆采购是在西宁完成的。由捐赠人代表、合作社理事长、村民代表、州县扶贫办、省扶贫办以及中国扶贫基金会工作人员组成采购评审委员会,对供应商的报价进行讨论,对不同的车辆性能进行评估,并形成最终的采购方案。采购的内容、方式、谈判过程都是全程公开的。因为村民可以全程参与,所以他们对项目认同度也比较高。

运输队隶属于甘达村利众畜牧业合作社,由合作社理事会班子组成运输队管理层组织运营。运输队由合作社理事长巴桑扎西兼任队长,副理事长贡嘎担任副队长,合作社会计达松具体负责财务管理。

由合作社选派经验丰富的村民作为运输队驾驶员,运输队全部10名驾驶员均为甘达村村民,且都具有B级以上驾驶证和两年以上驾驶经验。驾驶员拿固定报酬,计入运输队运营成本;运输队扣除各项费用后结余的钱归合作社,分给全体村民。

图19 甘达村运输队车辆交接仪式

## 村民们抓住了历史机遇

车买回来了,相关手续也办好了,司机也就位了,一切准备就绪,但市场并不会主动找上门来。运输队能不能找到生意,车子能不能跑起来赚到钱,是那段时间甘达村村民关心的头等大事,也是摆在合作社理事会班子面前的巨大考验。

巴桑扎西带着贡嘎和达松,全身心地投入了运输队的运营工作中,为提升运输效益整日奔波,呕心沥血。项目初期,为了让车队尽快投入运营,早日办妥车辆购置和运营许可等各种手续,他们不辞辛苦地东奔西走。

为了让运输队有活干,他们自制名片,把运输队的车型、数量,能承接的项目种类等信息都印在上面,一家一家单位拜访,一个一个工地走访,几乎找遍了州、县所有领导,将名片发到了参与重建的每一个工地、砖厂和砂石场。

功夫不负有心人,他们的辛苦努力获得了市场的认可和回报。

运输队接到的第一单生意,是从玉树州住建局接到的废墟清运任务。当时玉树运输车辆紧缺,住建局废墟清理领导小组正在为找不到足够的运输工具发愁。甘达村运输队的装载机、翻斗自卸车全都派上了用场,大干一个月,平均每车每天营收两三千元。

运输队接到的第二单和第三单都是砂石料运输。地震废墟清理工作完成后,当地各项灾后重建工程陆续开工建设,大量的民房和公共建筑开始动工,损毁的路面需要重新建设,需要大量的砂石料。运输队联系了一个砂石场,在工地跑运输,为各种工程建设工地运送砂石料。

经过这两个阶段的运营,运输队实现收入100多万元。

2013年,他们预感到随着灾后重建工作临近尾声,生意会逐渐减少,运输队的经营压力会越来越大,就提前寻找机会直接把车队整包出去。经过经营班子的努力,最终把运输队整包给了一家有实力的砂石场。双方签订租赁服务协议,不仅将运输队的五台自卸车和一台装载机,以一个月17.4万元的好价钱成功地推销出去,而且还争取到由砂石场负责司机食宿和车辆燃料费用的优惠条件,实现了较为可观的经营效益。

仁松是甘达村人,甘达运输队司机,家中上有年迈老人,下有年纪尚小的孩子。家中没有牧场也没有牲畜,全家的主要收入来源全靠采挖冬虫夏草。据仁松自己介绍,往年他家挖完虫草就没有什么事做了,经常去喝酒或打麻将。玉树地震后,合作社建立了运输队,他也成了运输队的司机。每天早上起来像公务员一样准时上班,晚上干完活下班回家,心里感到特别充实。他说以往家里需要在冬季跟别人借钱维系生活,到了春季挖完虫草后就得赶紧还债。现在他用自己每个月3000元的工资就可以好好地生活,满足日常所需,所以家里不用再借债了。他计划把挖虫草的收入,装修一下新房和增添一些家电,这样下来自己一年还能有2万元左右的结余。如果合作社和运输队能够一直这样办下去,自己干个五年左右,就能在结古镇买个房子。

甘达村合作社2010年10月份完成车辆采购,11月份车辆运到村里,12月到第二年1月进行车辆检测和改装,2011年3月份试运营,4月份正式投入运营。到2011年7月底,运输队车辆正常运营四个月,就已经实现收入95万元。到2013年,实现总收入296万元,相当于项目投入的本金已全部收回。甘达村合作社抓住了玉树灾后重建的特殊历史机遇,让村庄的经济发展跃上了一个新的台阶。

### 历史也会山重水复

运输队的成功运营,让这个贫困村庄的村民尝到了甜头,也极大地增强了经营班子的信心和干劲，合作社的经营意识和运营能力越来越强。为了产业项目的可持续发展，合作社征得村民同意，并没有把赚到的所有收益一分了之，全部分给牧户，而是留了一部分钱在合作社账上，作为项目发展储备资金。

在运输队的经营过程中，合作社判断随着灾后重建工作的推进，工程施工量会慢慢减少，运输队的生意也将难以为继。为了保证合作社的可持续性，理事会决定未雨绸缪，抓住灾后重建的契机，将运输队从工程运输逐渐转向客运运输，实现经营项目的转型升级。

合作社用前期的运营收益，投资46万元购置了一台宇通大客车，拟投入到玉树至甘孜的客运线路运营。如果经营顺利，合作社还计划用运输队赚来的钱再购买两台长途客运车辆，投入到玉树至西宁的客运线路运营中去。

一般成熟的客运线路都是需要特许经营的稀缺资源，能拿到客运线路经营资格是相当不容易的。因为之前甘达村运输队运营比较成功，当时已经成为玉树少有的以合作社方式带动整村发展的明星村，名声在外。所以甘达村合作社很受重视，各级领导去玉树检查指导工作，经常会安排去甘达村看一看。

有一次，一位省领导来视察，让村民提意见，巴桑扎西心直口快，站到领导前面表达了自己的愿望。因为合作社做出了成绩，各级政府领导也愿意给予支持，所以甘达村合作社如愿以偿申请到了政府特批的玉树跑四川甘孜的客运线路。

当时在青海省政府对玉树灾后恢复重建的总体规划中，玉树被定位为高原旅游城市，将来客流持续增多，肯定是一个很好的项目方向。他们打算先运营好这条线路，等到积累了足够的经验，再投入资金继续买车，争取拿下玉树到省城西宁的客运线路。

但因为后来藏区出现了一些特殊情况，客流不活跃，车辆利用不充分,客运生意就一直没能做起来。合作社见客运生意赚不到钱,最终想办法把车卖给了运输公司,因为车况比较好,没有造成太大的损失。

**再次转型柳暗花明**

客运车辆经营的失利并没有打消合作社探索转型的勇气,更没有让合作社止步不前。根据甘达村独特的地理位置和市场需求分析,结合运输队的特殊优势,2012年,甘达村合作社又开始尝试做物资批发生意。

甘达村在308省道边,是从玉树结古镇通往治多县和曲麻莱县的必经之路,于是他们在公路边开了一个批发站。他们卖掉了装载车和挖掘机,在村口建起了仓储中心,用运输队保留下来的两辆东风天龙长途运输车从西宁拉运大宗物资到村里做批发生意。

西宁和玉树的物价差额比较大,主要就是因为路途遥远,运费高昂。因为合作社有自己的运输工具,可以很好地控制物流成本,加之批发站设在村里,各方面运营成本都比玉树市区便宜,所以他们即使让利15%也还是有钱赚。

于是他们充分发挥合作社运营的规模优势,采取低价策略,经营的商品总体价格上甚至比玉树市区的批发市场的同类商品还要便宜15%左右。不仅距离比玉树近,而且价格又比玉树低,成功吸引了308省道沿线的很多用户,甘达村合作社的批发生意做得风生水起。

随着甘达村批发站的影响力越来越大,其他地方一些原本需要去玉树购买物资的用户也慕名前来,直接到甘达村去采购物资,进一步增加了合作社的业务量。

合作社实力越来越强,经营班子思想也越来越开放,后来他们又看准机会,相继在玉树和西宁市购置了商业铺面,一方面便于运营批发生意,另一方面也是一项固定资产投资,可以分享城市发展带来的利益。村子里的仓库也是几经扩建,生意越做越大,经营很成功。

## 平稳换届后继有人

2015年,第一届理事会任期届满,合作社举行换届选举,换届过程健康而平稳。61岁的巴桑扎西认为自己年纪大了,应该把合作社的担子交给年轻人,主动提出卸任理事长职务。

巴桑扎西作为村里选出来的领头人,为合作社的产业发展付出了巨大的心血,可以说,甘达村运输队的成功,巴桑扎西功不可没。村民们虽然感激巴桑扎西对合作社做出的贡献,也有点舍不得他辞任理事长,但是他们尊重他的选择。巴桑扎西虽然退下来了,反倒成了新一届领导班子的主要监督者。

新当选理事长是一个40多岁的年轻人,他带领新一届理事会班子,按照合作社规划好的发展方向,努力工作,保持了不错的经营业绩。理事会的成功换届,打消了我们原来的一个担心。原来我们担心合作社出现"一言堂",像很多集体经济发展比较好的村庄一样,甚至出现合作社领导的"世袭制"现象。

改革开放以来,我国出现过一些集体经济发展比较好的村庄,有些村庄由于经营比较成功,影响力也比较大。观察这些村庄的成功,大都因为一人而兴,也因此导致村庄过于依赖个人的能力和威望。能人在村庄发展的过程中获得了村民的绝对信任,也因此拥有了绝对的权力。不仅其个人任职是终身制,掌握村庄最高权力,而且即使他卸任,往往也是由他的后代来接任村庄或村集体经济组织的领导权,形成了事实上的"世袭制"。

这种现象的产生虽然有其特殊的历史成因,也在团结村民共同发展上有其合理性,但是无疑也存在着巨大的治理风险。一旦村庄领头人出现问题,往往会给村庄带来难以估量的损失和影响,就像当年的大邱庄那样。

我们希望通过科学合理的理事会制度建设，能够建立健康有效的村民合作社治理机制，避免这种要么做不起来，要么过度依赖于某个核心人物的现象。所以当甘达村合作社成立，巴桑扎西愿意回村带领村民一起发展时，我们感到非常欣慰。后来巴桑扎西充分发挥他的领导才能，带领合作社一步一步发展壮大，威望越来越高的时候，我们又多少有了上述的担心。

但是甘达村的成功换届打消了我们的担心，让我们看到了合作社健康可持续发展的希望。合作社的成功换届与巴桑扎西的觉悟和选择是分不开的，如果当时他坚持继续连任，我想当选的可能性是非常大的。但是他主动选择功成身退，把铺好的路交给年轻人，说明他真正是以村庄发展为出发点考虑问题的，这无疑是甘达村合作社的幸运之处。

### 项目效果

从2011年初合作社运输队正式投入运营，到2014年5月，合作社总共实现收入447万元，总支出282万元，合作社账面结余165万元。其间除了实现每年给村民分红，他们还建成占地1000平方米、建筑面积400平方米的批发站和办公场所，投资购置了玉树和西宁的商铺等固定资产。

玉树地震十年后的今天，甘达村合作社仍然保持着健康运作。当年这个村集体有负债、村民吃不上酸奶的贫困村，如今已经成为有几百万元集体资产，而且每年都要给村民分红的富裕村了。

最开始合作社分红就是直接给村民发钱，后来发现这种分红的方式存在很大的弊端。由于牧户居住比较分散，离村部距离比较远，家里长辈一般都是让年轻人骑着摩托来领钱。年轻人自控能力较差，很多人领了钱就去喝酒唱歌打台球，往往人还没到家，钱就已经花得差不多了，家长甚至连合作社到底发了多少钱都搞不清楚。鉴于这种情况，合作社就调整了分红的方式，直接把现金折合成食用油、青稞面等必需品发给农户，避免了资金的浪费，满足了农户家庭的生活需求。

图20　甘达村合作社年底全村分红

随着经济发展水平的提升，甘达村的抗风险能力也明显提升。2011年玉树遭遇雪灾，因为草地上的饲料被雪埋住，外地的运输车又不敢开进来，很多牧场饲料供应不上，导致整个玉树地区大牲畜死亡率高达20%。甘达村自己有大型运输车辆，村民们又愿意承担风险，就用自己的大车去西宁运输饲料，雪灾期间共组织车辆往返西宁运输20多次。因为有充分的饲料供应，甘达村在雪灾中实现了1万多头大牲畜零死亡的奇迹。

村里公共服务也越来越好。2015年，中国扶贫基金会的工作人员回访,发现村里人假期中要到结古镇上请大学生给孩子们集中补课,而费用是由合作社承担。不仅如此,村里还会给成绩好的学生发奖学金,举办篮球比赛等活动。

在以往的灾后重建过程中,一般工程建设各个环节的工作,包括运输、用工等,大部分都是承包给外来承包方的。项目收益都被外来的老板和民工赚走了,灾区群众虽然身处其中,却难以通过参加灾后重建,使自己在物质收入和能力上得到提高。甘达村合作社以运输队运营为切入点,带动村民参与到重建项目中,不仅在经济上创造了收入,而且在市场经营能力上得到了锻炼和提升,为村民摆脱对虫草藏獒单一经济模式的依赖,也为调整产业结构开辟了一条新的出路。甘达村的经验对受灾群众参与灾后重建也具有示范意义。

## 六 乡村可持续发展的必经之路

### 甘达村的成功

合作社启动运作初期,就通过运输队项目获得了可观的收益;随着灾后重建结束,他们又抢抓玉树高原旅游城市定位的机遇,申请客运线路经营,尝试运输队转型;因为当时一些特殊的原因,客运转型没能成功,但他们又开始尝试做大宗批发生意,终于取得了比较好的成效。甘达村合作社各个层面取得的进展,正是多年来我们一直孜孜以求的。

纵观整个发展过程,甘达村合作社基于良好的治理机制和恰当的管理,始终在着眼未来,不断积累能量,持续拓展、投资、开发有市场潜力的项目。成长过程中,虽然取得了可观的收益,但没有短视地把收益全部分掉,而是始终保留一部分储备金,用于新项目的发展;虽然有挫折和失败，但他们没有像民乐村那样被一时的困难击垮，可见已经形成了相当的抗风险能力；特别是理事会的成功换届，说明合作社的治理是有效的，机构可持续发展是有制度保障的。

合作社的成长，带动了村民的成长，也带动了整个村庄的经济社会发展。村民们的实际收入增加了，对未来也更有信心了。

从2000年我们开始萌生想法，希望有机会集中较多资源在一个村庄做扶贫项目，通过综合施策培养村庄的自主能力，实现村庄的可持续发展，彻底堵住贫困的漏斗，而即便我们的工作人员撤走了，村庄仍然能够保持项目成果。

大凉山的探索让我们对乡村可持续机理有了初步认知，又经过民乐村项目启动前的进一步调查研究、反复论证，我们明确了民乐村项目的设计思路就是以合作社为基础，以产业发展为重点方向。虽然一方面因为经验不足，细节考虑得不够全面导致有些关键工作做得还不到位；另一方面运气也不够好，外来的能人不仅管理经验不足，而且技术也不过关，加上遇到金融危机，两个产业项目都被搞砸了，但是民乐村的遭遇没有动摇我们对村庄可持续发展的信心，反而让我们进一步看清了阻碍乡村发展的症结所在。我们坚信以合作社为发展基础、以产业为发展方向的模式没有错，只要坚持探索下去，一定可以取得成功。

只是没想到，我们梦寐以求的村庄可持续发展愿望，竟然在平均海拔4200米的玉树，在工作开展难度如此大的环境中，在甘达村这样一个少数民族贫困村庄实现了。回顾甘达村合作社发展历程，对照大凉山的实践和民乐村的教训，我认为甘达村项目的成功有以下几个关键点。

### 以市场为导向

用今天的眼光去回看，以市场为导向似乎很容易理解，但是在乡村建设实践中要坚持这个立场并不容易。在不同历史背景的乡村建设语境中，从不同的视角出发，可以得出截然不同的侧重点，比如教育、健康、环保、文化、建筑等。虽然这些问题的确都很重要，也不乏各种乡建流派在乡村做相应实践，但是从这些问题入手能不能解决村庄的可持续发展？我们经过反复的实践，得到的答案是否定的。

乡村建设项目一定要做老百姓最关心的事，找到老乡最迫切、最根本的需求，否则很难得到村民持续的参与和支持。而现阶段我国大部分贫困村的最大的需求，就是通过经济发展，实现收入的增加。只有这一根本的需求解决了，村民收入增加，生活改善，我们想要看到的公共服务才会得到稳定提高。没有持续稳定的经济来源作为基础，其他项目往往都是空中楼阁，难以持久。

### 以有竞争力的产品为立足点

我们强调以市场为发展导向，就是要引导村庄经济与市场接轨。靠什么跟市场接轨？只能靠有市场竞争力的产品（服务）。村庄生产的产品或服务必须要满足市场需求，才能够通过参与市场交换，把产品变成商品，实现生产价值。

不同的村庄有不同的资源禀赋，可以根据本村的特点，立足自身的优势，开发出不同的商品。既可以是有形的工农业产品，也可以是无形的服务产品。比如民乐村的獭兔产品、食用菌产品，这些属于有形的农产品；而甘达村的运输队、批发站，以及后来我们支持的乡村旅游项目，就属于无形的服务产品。有些地方不具备发展上述项目的资源，但是拥有比较丰富的劳动力，这也可以成为村庄的优势资源，可以以提供劳务服务的方式，让劳动力资源通过市场实现价值。

如果不能提供合格的产品投入市场，并得到市场认可，"以市场为导向，与市场接轨"就成了一句空话。而靠社会爱心、靠政策扶持的项目,不管投入的力度有多大,只要没有形成有竞争力的产品或服务,就一定是阶段性的,不能长久。

## 合作是一切的基础

生产合格的产品,提供有竞争力的服务,赢得市场的认可,这道理说起来简单,听起来也不难懂,但是传统的小农户分散经营模式下,却是难以做到的。

以甘达村的运输服务项目来说,如果是单家独户搞运输,首先大家基本都没有能力买车,自然无法企望这样的项目;即便个别农户有足够的人脉资源和信用,东挪西借凑钱买了车,也难以形成规模,只能接一些任务简单、利润有限的小生意。

而甘达村的车队因为聚拢了资源,形成了规模效应,既有挖掘机,又有装载机和长途运输车,车辆种类齐全,是一个完整建制的车队。运输队内部既有分工又有配合,可以独立胜任一个大型建设工地的建材装载、运输工作,在市场中才具备了参与竞争的能力和优势。在灾后重建末期,甘达村合作社可以顺利地外包车队,建制完整同样起到了决定性作用。而这种服务显然是单家独户的小农经营模式难以满足的,这种机会也是他们触摸不到的。

即便是农产品的生产,单家独户的生产方式也很难做出有竞争力的产品。产品要有竞争力,主要看两个指标,一是产品质量,二是产品价格。在传统单家独户为生产单位的模式下,农户的生产技术和经营管理能力千差万别,很难生产出标准统一、质量稳定的农产品;而每家农户几十亩地甚至只有几亩地的生产规模,难以达到合理的资源配置,实现规模效应,降低生产成本。即便能生产出合格的产品,也必定难以形成价格优势。

在农户各行其是、没有监督的生产条件下,很难形成对产品质量的有效约束。各自为营的农户为了自身利益最大化, 贪图眼前利益, 谁都不会真正为产品质量负责, 只要有利可图, 就会过量使用化肥、农药来降低生产成本, 提高作物产量, 出现劣币驱逐良币的现象。一旦农产品质量出现大的问题, 往往会损害一个村甚至一个区域的市场声誉, 让村庄的未来蒙上阴影。

如何破解这个难题? 合作, 唯有合作才是唯一的出路。只有通过建立合作社(或其他形式的联合体), 把分散的小农生产方式转变为规模经营, 通过行之有效的制度约束, 充分整合全村资源对接市场, 才能够保证产品和服务质量, 实现规模效应。

**充分发挥带头人作用**

合作社建立之后, 集中起来的村庄资源交给谁来管理和经营, 这是一个至关重要的问题。对照甘达村和民乐村项目的成败, 两个村在前述三个方面几无差别, 正是在发挥本村能人作用方面的差异, 导致了两个村庄迥然不同的实践结果。

村庄能人的优势或价值主要体现在三个方面, 一是信任基础, 二是观念引领, 三是压力机制。

首先, 村民选出来的村庄能人具备村民信任的基础。

民乐村的教训在前面的章节已经有过讨论, 乡村发展简单依赖外来能人的风险很大, 一来是对外来者真实的能力和水平了解不充分, 无论是技术水平还是管理水平, 变量有多大风险就有多高; 二是即便这些风险都可以排除, 也还存在外来者与村民融合建立信任的困难, 如果得不到村民信任, 仍然难以做成事业。

民乐村项目中, 因为本村的能人不愿意站出来, 我们无奈选择了外来的能人。虽然看起来项目的失败是源于外来者技术不过关、管理能力不足等技术问题, 但经过甘达村的实践, 我们进一步认识到, 外来的能人得不到村民的信任才是导致民乐村项目失败的深层次原因。

我们可以想象一下，如果和民乐村一样，甘达村运输队是由外来的人管理，当运输队赚到钱后外来的经理建议钱先不分给大家，而是继续投资买车扩大经营规模，村民们会是什么反应？即使村民们同意了他的建议，用赚来的钱购置了客车，用于经营客运线路，当新的客运项目赚不到钱，甚至一直在亏损的时候，村民们又会是什么反应？

按照民乐村的剧情推演，村民们大概率会怀疑他，为什么不把赚的钱分给大家？项目亏损，这里面是不是有什么利益输送？钱会不会被贪掉了？在这样的经营环境中，一方面外来的经理可能轻易不敢冒风险，经营上缩手缩脚；另一方面，一旦经营失利，必然会丧失村民的信任，失去东山再起的机会。

但甘达村的情况就完全不同了，因为巴桑扎西是村民敬重的能人，是村民选举出来的理事长，相互有信任基础，也有基本的默契，巴桑扎西可以放开手脚去尝试。即使客运项目失败了，村民还能够给予足够的包容，理事会还有机会去开辟批发生意。如果没有这个信任基础，说不定甘达村的项目也和民乐村一样，早就已经夭折了。

其次，村庄能人在改变村民传统观念方面可以发挥不可替代的引领作用。

要引导村民参与合作社，通过合作改变传统的小农户生产经营方式，这涉及农民观念的转变，谈何容易。在我国乡村，以农民家庭为生产单位的单家独户生产方式有着悠久的历史，从不习惯合作到愿意相信和依靠他人，愿意把自己的资产交给别人去抱团合作经营，这是一个非常大的跨越，是小农意识到现代商业思维的转变。我们在乡村发展项目中最难、花精力最多的工作，就是和农民围绕此问题的沟通工作，遇到的绝大部分问题，都是观念冲突问题。

能不能引导村民从传统的小农思维模式转变成适应市场要求的

新农人思维模式，这是合作社能够真正发挥作用的前提。道理虽然并不高深，但是千难万难，观念改变难，千变万变，习惯难改变。试图通过讲几次课、开几次会就能改变乡亲们的观念，是不切实际的。

而村庄能人恰恰在这方面可以发挥不可替代的作用。一方面，村庄能人之所以能力强，很重要的一点就是因为他们学习能力强，愿意接受新的事物，所以和一般的村民比起来，村庄能人一般有更先进的思想，也更容易接受新的理念方法；另一方面，能人之所以被村民认可，是因为他已经通过自己的努力和成效证明了自己的能力，所以在村中有很高的威信。

往往外来的专家或工作人员苦口婆心花几天工夫也没办法让村民接受的道理，村里有威信的人可能几句话就能让村民心服口服，把问题解决了。这里面除了沟通技巧和共同语言，更重要的还是信任的基础。不管外来人给村民讲什么，村民往往首先怀疑你的动机，是不是真正为他们好；而同样的道理从村里人嘴里讲出来，他们就比较容易接受。

村庄能人因为有信任的基础和威望，容易凝聚全村共识，取得项目的成功。而村民们相信"眼见为实"，不管你讲了多少道理，做了多少思想工作，可能都不起作用。只有让村民尝到实际的甜头，他才真的相信你说的这些理念可以带来好处。比如我们在德达村项目中实施的草场轮作机制，开始村民也很难接受，但第二年见到了实际效果，观念一下子就转变过来了。因此项目的成功反过来又会增强村民对新的生产经营方式的信心，接受新观念和新方法，实现全村村民素质的提高和进步。而村民素质的提高，就会进一步形成村庄可持续发展的坚实基础。

最后，村民对能人有一种天然的压力传导机制，鞭策其拿出最大的本事，赢得村民的认可和口碑。

与外来的经理人相比,村庄能人的动力机制也有很大不同。除了项目做好了可以有更好的收益这一经济目标,村庄能人比外来能人更在乎村民的口碑和评价,这涉及乡村的特殊社会背景。

由于乡村是熟人社会,很多村里人都沾亲带故,对管理者有天然的伦理约束,项目如果做垮了,管理者不仅自己会受到经济上的损失,而且面子上过不去,没法跟村里人交代。在这种压力机制下,村民选出本村的能人和精英来管理集体产业,很大程度上可以避免外来合作者容易出现的短期行为现象和损害村民利益的情况发生。

我们在日常接触和交流中可以明显感受到,对巴桑扎西和整个班子来说,分红是一个不小的压力。如果不能让村民每年拿到钱,他们自己就会觉得脸上无光,而继任的理事长同样有这样的压力。给村民分红几乎成了传统,上一任理事长做到的事情,他必须也要做到,压力逼着他使出吃奶的力气也要把项目经营好,否则就无颜面对本村的村民。

## 不能包办

作为项目援建方,不管我们多么喜爱这个村子,我们都要始终明白,早晚有一天项目要结束,我们要离开村庄,甚至可以说我们来到村庄的目的就是为了有一天能够放心地离开。因此我们的工作重点是乡村自我发展能力的建设,目标是可持续,而不能让他们对外力产生依赖。否则项目结束,失去外部力量的支持,一切就很容易回到原来的样貌。

从最初的大凉山项目开始,无论是调研工作,还是项目的具体实施工作,我们都强调村民参与的积极性,时时警醒我们自己有没有替代村民的作用。前章我做过叙述,在民乐村选择产业项目时,我们就险些替村民做主走了弯路,幸亏醒悟及时。在玉树扶贫项目中,我们仍然秉持这个基本工作原则，注重调动村民的主动性。

但要时时都能把握好这一点其实并不容易，因为很多时候，我们在村里的工作边界不是我们单方面的主观意愿能决定的。在民乐村项目中，王军是合作社理事会成员，代表基金会参加每月的理事会，可以行使一票否决权，他在会议上说话自然就有很大的分量。虽然我们有意识地避免过多参与村里的事务和决策，但是作为出资方代表，很多时候王军的态度无法回避。甚至王军不经意间的一句话、一个回答，都有可能被村民拿去当成攻击别人的武器。我们的工作人员既要解决问题，推进项目实施，同时也要谨防自己卷入村里的纷争，平衡难度很大。

在规则意识并不强的乡村，绝大多数问题都没有边界，也难以在短时间内靠成文的规章制度让村民明晰和遵守规则。当时陈晶晶长驻在村里，村民之间有什么争端都愿意找他来给说法，他几乎成了民乐村里的"二村长"和调解员，客观上强化了村民对基金会的依赖心理。

现在回过头去看汶川灾后重建工作，或许因为民乐村项目是一根独苗，只能成功不能失败的心理驱使我们投入了过多的精力，结果给村民造成一个错觉，认为这个项目是中国扶贫基金会的项目，从而让村民产生了依赖心理，甚至是旁观者的心态。与民乐村情况不同的是，玉树灾后重建工作中，我们在多个村同时启动了四个不同的项目，客观上分散了精力，对项目参与相对较少，可能反倒保护和激发了村民参与的热情和积极性。

还有一个客观原因是我们的工作人员驻地在结古镇，而甘达村距离结古镇18公里，空间距离阻隔了我们很多不必要的参与。这样一来，合作社的相关事务主要都是靠村民们自己去商量、讨论和决策，反而激发了他们的内生动力，增强了他们的主人翁意识。

从2000年开始产生通过集中资源投入堵住贫困村发展漏斗的想法，2001年开始付诸行动，经过大凉山的实践、民乐村的磨炼，实践过程中我们对乡村发展方向和规律的认识经过不断修正、深化和完善，一直到甘达村，这条乡村发展之路终于走通了。我们的实践证明，以市场为导向，以合作为基础，以能人为抓手，以产品为起点，这是乡村可持续发展的一条必经之路。虽然走这条路的未必都会成功，但不走这条路就一定难以成功。

## 七    高原冷暖，人情浓烈

### 与死神擦肩而过

2010年6月29日，我第二次来到玉树，此行给我留下了深刻的印象。

这次来玉树是做农贸市场项目的调研，为了让项目的论证更有质量，我们请了新发地的张玉玺和城外诚的刘振宇等重量级专家来到玉树，为我们的灾后重建项目把脉定位。

玉树的夏天昼夜温差很大，一天之中骤冷骤热，气温变化很快。早晚天气凉，需要穿军大衣防寒；中午又很热，军大衣就要脱下来，穿短袖也不觉冷。

那天下午气温骤降，我因为没有及时把军大衣穿上，出现了感冒症状。第二天早上醒来，发现呼吸有啰音，大家建议我去医院检查。当时玉树的医院都被地震损毁了，我去的是济南军区部队的野战方舱医院。这是一座用军车临时改装的野战医院，有一排钢铁外壳。

检查发现肺部有阴影，医生赶紧安排我去高压氧舱治疗。高压氧舱相当于ICU重症监护室，房间里有供氧设施，可以有效缓解高原上缺氧导致的高原反应。氧舱中有两个重症患者正在抢救，一个是藏族服饰的老妇人，另一个老先生头上缠满绷带，好像是刚刚遭遇了车祸。

整个一上午，我人在高压氧舱躺着输液，内心却很着急。因为按照计划，下午我们要和评估专家们开会论证项目，我必须参加。我跟医生商量请假，能不能出去开完会再回来继续输液，医生坚决不同意，因为出去有危险，甚至建议可以让其他人到方舱里来开会。

张玉玺、刘振宇都是北京著名企业家，他们愿意放下繁忙的工作，来到环境恶劣的玉树灾区指导工作，已经是非常难得了。哪能再因为我个人原因，让人家来病房里开会？实在多有不妥。

最后还是取得了医生的谅解，硬着头皮"出院"了，条件是承诺后果自负。那天我带着氧气罐，鼻孔插着呼吸机，和张玉玺等专家一起参加了项目评审会议。

我印象最深的是晚上八点多，开完会回到方舱医院的时候，我悲伤地发现，氧舱里只剩下我一个人了。

老妇的病床边围坐着一群喇嘛，正在为刚刚离世的老人念经超度。而那个车祸受伤的老人也已经去世，遗体已经被家人接走了，老人用过的床空在那里，已经看不出任何一点痕迹。

独自面对那两张空床，我彻夜难眠，简直难以相信，我离死神曾经如此之近。

### 驻扎高原的年轻人

对高原恶劣气候和艰苦的工作环境体会更深的是中国扶贫基金会常驻玉树、奋战在项目一线的工作人员。

我们确定以合作社的方式在玉树做产业扶贫项目，包括建五村农贸批发市场合作联社、甘达村运输队合作社、德达村畜牧业合作社等，基本上是沿用民乐村模式。而民乐村模式的一个特点，就是项目实施周期较长，与村民的沟通需要投入大量的时间和精力，这就需要有得力的人常驻玉树,加以落地和执行。

当时王军很大一部分精力还在汶川地震灾后重建项目中,需要经常往返德阳,不可能长期驻扎玉树;参与了前期救援的汤后虎已经调到项目合作部,家庭状况也不允许他长期驻外。实在找不出有经验的人来承担这项任务,于是大家的目光转向了年轻一些的工作骨干,看中了陈济沧。

2007年暑假期间,济沧还是中国农业大学的学生。当时中国扶贫基金会正在招募志愿者,做孤儿项目调研,陈济沧作为志愿者参与了孤儿项目调研和设计。2008年2月份,他签订劳动合同,正式加入了中国扶贫基金会。汶川地震期间,他参与了前期的筹款工作,并具体负责地震孤儿项目实施,在汶川地震灾害救援中发挥了作用。

2009年,中国扶贫基金会开展全员竞聘上岗,济沧成功竞聘非政府组织项目招投标主管。为了做好项目资助工作,济沧安排了很多时间进行调研学习,走访了包括乐施会、福特基金会在内的很多基金会,积累了一些工作经验。

2010年4月底的一天,我找陈济沧谈话,先是了解济沧个人和家庭的实际情况,然后介绍了玉树地震灾后重建情况和工作条件,征求他的意见,是否愿意到玉树去,具体负责那里的灾后重建工作。

我告诉他玉树工作环境比较艰苦,而且至少需要驻扎一年时间。其实我知道这项任务可能需要两三年时间,之所以那么说,是不想让济沧感到害怕。同时我也告诉他,由于当地冬天寒冷少氧,一年里真正能够在高原上干活的时间只有6个月左右,其他时间可以回总部做其他项目。

济沧虽然年轻,但是处事比较稳重。他当时并未直接答应,说要考虑一下。济沧和父母、女朋友沟通了情况,征求他们的意见。家里人态度比较积极,鼓励他一切听组织安排,单位怎么安排就怎么做。

得到家人支持后,济沧下决心接受这个挑战。但是我们都没把话说满,让他先去试试,如果身体能够适应就留在那里干,如果不适应可以回来。本来当时济沧已经在跟女朋友谈婚论嫁,打算要定日子举办婚礼,在这样的情况下,只能往后推迟了。

4月30日,陈济沧第一次去玉树。

据济沧自己说,到玉树刚开始一两天还过得去,到后面就开始出现状况,主要是饮食不太习惯,吃不下东西,常常感觉身上发冷。济沧知道我进方舱医院的经历,就是由于着凉形成了肺部阴影,所以他也有些担心,就去请教玉树州临时医院的樊院长。樊院长告诉他,在高原上这种情况一定要引起重视,否则一旦出问题就晚了,出问题一共就那么几步。

济沧问哪几步。樊院长说,先是肺部阴影,然后是肺水肿、肺气肿,病情发展快的话就两三天时间。一旦发生肺气肿,我们基本上就没有什么办法了,只能靠个人的免疫力和意志力了。

玉树冬季空气含氧量只有低海拔地区的50%左右,本来呼吸上就容易出现问题,如果肺部再发生病变,身体器官载氧量过少,就不能正常工作甚至要缺氧坏死,很短的时间内人就会出问题。所以有经验的人都知道,在高原上一定不能感冒,感冒咳嗽很容易肺部感染出问题。

因为我曾经有过的经历,大家对玉树环境的特殊性有了充分的认识,谁也不敢对健康状况掉以轻心。

最重要的是要确保能量补充,增强抵抗力。陈济沧是湖南人,习惯吃米饭,也可以吃些面条。但是玉树是高原地区,条件十分有限,煮出来的饭时常半生不熟的。当地的面片吃起来也是一块一块的。这样的饮食条件让他非常不习惯。但是为了保证身体有足够能量,他只能硬着头皮,每天逼迫自己按时进食。吃了东西身上就有了热量,就有了坚持的本钱。

图21　陈济沧在格萨尔王广场帐篷营地

　　就这样，济沧克服种种不适，逐渐在高原上坚持下来。随着身体对高原环境的适应，高反症状也随之减轻，虽然还是经常感觉有些头痛，但已无大碍。

　　当时驻扎玉树的，除了陈济沧，还有当时南开大学毕业的何蕾，再加上王军，三人组成了玉树灾后重建工作团队。王军作为汶川灾后重建和玉树灾后重建两个项目负责人，虽然不能像济沧他们那样长期驻扎玉树，但是因为工作需要，经常往返于玉树与德阳之间。

　　玉树工作条件非常艰苦，若非亲身经历，可能难以想象。三年重建期间，我们的工作人员工作生活在临时搭建的板房里，没有什么家具，也没有什么家电，更没什么文体娱乐设施。由于没有稳定的电源，用电断断续续，连手机充电都是个很大问题。后来虽然买了发电机，解决了充电的问题，但是手机经常接收不到移动信号，工作也只能用无线网卡勉强上网。

最开始的一年里，因为我们有很多项目在当地实施，基金会同事们去得还相对多一些。随着其他项目陆续结束，在后面的可持续产业项目实施期间，其他部门的人去得越来越少。而其他基金会的同行则撤得更早，到项目实施后期，玉树已经没有几个外部援建的人常驻了，一般只是偶尔去看看项目。

单位在西宁租了一间公寓作为中转休息站，他们可以根据需要进行不规律的轮替休养。最开始差不多每人每月能下山休息一次，到后期工作忙起来可能一个季度才能休息一次。2011年春节过后，何蕾离开玉树项目，山上的工作任务就更重些，济沧他们的休息时间自然也就更少了。

2011年"三八"节前后，当时正是农贸市场项目手续审批的关键阶段。王军和陈济沧两人结束在西宁的休整，驱车850公里到达玉树，希望尽快开展工作。他们到了玉树才发现，很多部门的干部还在西宁过冬没回来。他们也不能再返回西宁，只好在冰冷的板房里等待人们从西宁回来，足足等了一个多星期。

当时刚走出校门两三年的陈济沧还有些稚嫩，无论是单位领导还是济沧个人，对他是否能够胜任玉树的工作，心里其实都不够笃定，所以定位"试试看"是留有余地。不过他克服种种困难，在玉树坚持下来，各方面成长很快。

济沧肯吃苦，能干活，工作责任心很强，舍得付出。开展工作有需要时，甚至也能喝酒，据说玉树三年酒量也练出来了。无论是协调政府关系，跑各种审批手续，还是解决工程施工、合作社建设过程中的各种矛盾，很多场合都需要他独自面对，很多难题都要靠他独立解决，这既是对缺乏社会经验的年轻人巨大的挑战，也是难得的学习磨练机会。

就这样，在玉树当时艰苦的工作环境中，仅仅三年的时间，济沧硬是从一个初出茅庐的年轻人，磨砺成了经验丰富、成熟稳重的项目管理者。

### "谁敢越过这条线试试"

刚到玉树的时候，我们的工作人员在玉树州扶贫局的板房里工作。后来根据工作需要，我们准备新建十间板房作为办公地点。在建设板房的过程中，我们和另一家单位发生了争执。由扶贫局协调，当地政府在格萨尔王广场旁给我们划了一块空地，用于板房建设。没想到板房正在修建时，当地政府另一个部门的人来了，说那个地方已经划给他们了，要求我们撤出。

板房修建被迫停工，陈济沧无奈，只好给州扶贫局局长罗松多杰打电话求援。那天是周日，罗松多杰听到这个情况很生气，他说地块已经划好了，怎么又不行了？于是带着办公室主任，还有自己的几个亲戚，都是些壮汉，开着三辆越野车就来了。

罗松多杰是个火暴脾气，当时见对方的人还在吵架，冲过去就把为首的人训了一通，发了很大脾气。"叫你们书记过来跟我说话！人家中国扶贫基金会拿了上亿的资金来援助我们，搞灾后重建，找地方建个板房你们还来抢，这是什么道理？什么逻辑？"他火气未消，继续说道："你们有意见为什么不早说？人家现在地基都已经挖好了，有些房子都已经建得好好的了，你拦着不让人家建，这个又有什么道理？"他发狠说道："今天我就站在这儿，让建也得建，不让建也得建，我看谁敢拦？"说着话就让办公室主任和他的侄子亲戚们划出一片地方，说："就是在这个范围之内，之前是已经划好了的，就按照划的这个地方来建，我也不会一直在这儿待着，但是即使我走了，谁敢越过这条线试试！"对方虽然来头不小，但经罗松多杰这么一通教训，也就没再阻拦了。就这样,板房的建设又得以继续。据说在玉树大家一般不敢惹罗松多杰,他的火暴而耿直的脾气在当地小有名气。

项目建设过程中,类似不顺遂的事发生过很多,跑各种审批手续的波波折折,三言五语不能尽数。虽然条件艰苦,过程艰难,但我们和当地的扶贫干部、藏族兄弟结下了深厚的友谊。

2010年年底,雪期到来之前,格萨尔王广场要清空重建,我们的板房要搬迁到加涅滩的河滩上去。早年间玉树地区曾经发生过麻风病疫情,加涅滩是原来麻风病院的废址。搬迁时赶上下雨,板房材料搬迁过程中有所损失,十间办公生活用房改成了九间。这个过程中,罗松多杰把原来划给州扶贫局的一块取水比较方便的地方给了基金会,州扶贫局搬到了一块距离水源更远的地方,理由一如既往:人家是来帮我们的,我们要尽量给他们提供好一点的条件。

### 浓烈的青稞酒

夏天的草滩,阳光明媚,绿草油油,这是高原上一年之中最好的三四个月,大家都非常珍惜。地震后的玉树基本没有像样的房子,大家都是住在临时板房和帐篷里面,一家子或者一个单位住在一个集中的区域。遇到天气好的周末,州上很多人都会选择拖家带口,带上锅灶,在草滩上煮上牦牛肉,喝上青稞酒,跳起锅庄舞,唱起高原上悠扬的歌谣。为了能够快速拉近彼此的距离、融入当地的生活,王军和济沧也会应邀到草滩上去体验牧民的生活。

心直口快、性格耿直的罗松多杰退休后,州扶贫局来了一位新局长,也是一位藏族干部,名字叫才让。才让局长为人随和,豪爽热情。又是一个周末,到任没多久的才让局长邀请王军和济沧去草滩共进晚餐。因为和新局长也是刚认识不久,刚好当时还有一些事情需要扶贫局协调推进,所以开始王军还试图谈谈工作上的事情。结果大家刚相互寒暄几句后，才让就说"今天先喝酒，酒喝好了后面的事情我们一起想办法"。那一次大家都喝多了。虽然没谈工作的事情，但这次气氛热烈的草滩晚餐迅速拉近了基金会工作人员与才让局长的关系。

还有一次，也就是农贸市场开工那天，也让我印象很深刻。加涅滩农贸市场是国务院扶贫办和青海省政府合作开展玉树地震灾后重建项目中投资最大的项目，经过各方的努力，克服各种困难，项目终于开工建设了。在灾后重建中，项目能顺利开工就成功了一半，我们把捐赠方邀请到玉树，举行了一个简单的开工仪式。参加开工活动的有捐赠方加多宝集团代表、国务院扶贫办开发指导司司长、青海省扶贫局局长、中国扶贫基金会执行副会长等人。

玉树交通条件有限，一天只有一个航班往返西宁，而且高原气候多变，航班起飞时刻要随天气变化而定。上午搞完了活动，我们就去机场准备返程，赶上天气变化，飞机没法起飞，机场预计返程航班还有好几个小时才能起飞。省扶贫局罗松达瓦局长是玉树本地人，于是邀请大家来到离机场不远的一个村落，在村里的大帐篷中，弄了些简单的青稞酒和菜，一边喝酒唱歌，一边等待起飞的消息。

一开始，远方来的客人还有些矜持，但是一方面因为农贸市场项目开工，大家内心都非常高兴，另外一方面，藏族兄弟们的热情也感染了大家，帐篷里的气氛越来越热烈。

当地村里的藏族人能歌善舞，他们举杯来敬酒的时候，嘴里还唱着藏族歌曲，你如果不喝，他就站在你身旁一直唱，唱到你过意不去，终于举杯一饮而尽。主人们敬过一轮，客人们回敬一轮，敬酒的时候也唱歌，对方也是一饮而尽。现场气氛温暖又轻松，彼此真诚坦荡，不知不觉之间，在场的人差不多都喝醉了。我还清楚地记得，那天上飞机的时候，有好几个同志是坐在轮椅上，被推上飞机的。

喝酒虽然不是办事的前提条件，但结下的真挚情谊，让大家相互有更深的理解,客观上对工作是有帮助的。虽然当时感觉有些难受,但是无论当初在高原上举杯共饮,还是今天回忆起来,都不无乐趣,成了美好而浪漫的记忆。

那段时间,王军和济沧经常驱车往返玉树和西宁,850多公里长途驾驶,路上很辛苦。他们一般要从早上五六点出发,两个人轮替开车休息,这样才能在天黑前赶到目的地。驾车驰骋在无边无际的大草原上,有时候连续几个小时路上也见不到行人,路边是绿油油的草地和远处散落的牦牛,不时还能看见羚羊跑过。王军不止一次告诉我,他特别享受那种感觉,虽然疲倦,但心情特别好。

王军认为在基金会做乡村建设这么多年,最让他难忘的还是在玉树的这段时光,苦中有乐,人和人的距离很近、很单纯。

有时候工作遇到难题实在推不动了,又没有其他娱乐活动,因为要电没电,要网没网,王军和济沧两个人就开车去草滩上散心。把车停在河边的草地上,晒晒太阳,洗洗车,唱一唱跟当地人学的草原歌曲,人很快就能放松下来。

洁净高远的蓝天白云,清澈的空气,明朗的阳光,在那个纯粹得有时让人窒息的高原时空里,我们内心的郁闷、委屈、项目进展不顺的挫败感,似乎很容易就被化解掉,随着高原上粗粝的罡风吹散了。

# 第四章 百美村宿

## ——引入市场主体，合作共生

## 一 为"美丽乡村"打样

### 韩国之行的启示

2011年7月初，我参加了一个韩国访问团，学习乡村发展和公益创新项目，我最感兴趣的是，韩国"新村运动"的相关内容。

韩国的"新村运动"，是1970年由韩国政府发起，以"勤奋、自助、合作"为原则，以农民为主体，在社会协同和政府支持下开展，旨在改变韩国当时农村落后面貌的一场农村运动。经过数十年的建设，成功改变了韩国乡村的落后面貌，取得了丰硕的经济成果和社会成果，是当时我国农村发展和扶贫领域学习讨论的对象。

在走访中，我们看到了"新村运动"给韩国乡村基础设施带来的变化，了解到韩国农民合作组织在农业产业化中的作用，以及政府对发挥民间组织在"新村运动"中作用的重视。我们也看到，和我国的部分地区一样，由于年轻人都到城市去，乡村只剩下老人，韩国也遇到了乡村的空心化和老龄化问题。韩国政府出台了一些对策，包括鼓励在城里工作一段时间之后的年轻人返回农村等，解决城市化进程中出现的问题。

不过当时给我印象最深的，是韩国政府在"新村运动"中衍生的一个乡村发展促进政策，跟我们国家当时的扶贫机制不太一样。

2011年我国还没有提出"精准扶贫"的概念，但是当时已经强调国家扶贫资金要下沉到村，让贫困户更多受益。当时在全国范围内实施整村推进，一个村拨给50万元或者100万元，支持每个村结合当地实际情况开展扶贫项目，解决贫困问题。但整村推进有一个问题，因为是平行推进，有些积极性比较高、干部能力强的村，可能会有较好效果；而那些积极性不高，或者干部能力又比较差的村，可能效果就不明显。

而韩国的思路和做法与我国有很大不同。韩国中央政府设立了一个上千亿韩元的乡村发展基金，这只基金像蓄水池一样，消耗多少补充多少，所有村庄都可以按照规定的流程申请基金支持。申请到大的项目，可能会得到上亿韩元的资金；小的项目可能只有几十万韩元，比如只有几袋水泥都能算一个项目，把路修一修，把墙补一补、刷刷漆等，都是乡村建设的内容，都可以美化乡村环境，改善乡村基础设施。当然，如果村庄的项目实施条件不充分，或者申请资料准备得不好，也可能一分钱资金都申请不到。而能不能得到项目资金，则完全取决于村庄的项目建议书的质量和项目实施团队的能力。申请村必须拿出令人信服的项目可行性报告，分析论证本村的资源和项目计划的合理性。

不是所有乡村都具备相应的人才，有能力进行乡村发展规划和项目设计，并按要求提交项目建议书。不过没关系，韩国政府在乡镇一级的行政区划设立乡村发展中心，也是一个政府部门，其功能有点像我国县、乡政府的扶贫办。通过乡村发展中心，为资源、能力、人才等条件不够充分的乡村提供专门帮助。乡村发展中心不会替乡村去做具体项目实施，而是提供指导、咨询服务和培训。如果乡村有积极性，想去申请项目,但苦于不会做项目建议书,可以找乡村发展中心,他们会提供具体指导,培训村民如何满足相关要求,如何达到申请项目的条件。项目申请下来,乡村发展中心会对乡村骨干进行后续的培训、指导,提供更有针对性的服务,但必须确保仍然是由村民来主导项目实施。

这种制度安排让韩国乡村之间形成了良性的发展竞争机制。凡是有发展积极性的村都可以来申请,而且可以得到相应的服务和支持;没有积极性的村可以不申请,当然也就拿不到项目,也就得不到政府资金支持。有积极性,但条件、能力有欠缺的村,可以向乡村发展中心寻求帮助。

这样一来,申请不到项目的村就要想办法,去向做得好的村庄学习,如何创造更好的发展条件,做出更好的项目建议书,得到基金的支持。缺发展人才的,可能就会动员城里的优秀子弟回乡发展——如果村里能拿到比较大的项目,对部分在城里打工的年轻人也是有吸引力的。

"新村运动"通过这样的竞争机制,把村民的内生动力激发出来,这给我启发非常大,留下了非常深刻的印象。在我国的扶贫项目中,选择项目村最重要的标准是贫困程度,更注重公平;而韩国"新村运动"选择项目村的最重要指标是村民的发展积极性,更注重效率和内生动力的激发。

这次学习过程中,因为语言不通,翻译也可能有偏差,我了解到的上述信息也可能与实际情况略有出入,但我认为大的逻辑是通的,方向应该没错。

### "美丽乡村"项目构想

我国政府扶贫资金的分配强调公平原则,很难做到给这个贫困村支持而不给另外一个贫困村,但也由此带来了村庄内生发展动力不足和可持续性不强的问题。但中国扶贫基金会是社会组织,是否可以发挥基金会的灵活性,在乡村发展动力机制上做一些探索?从韩国回来之后,我和同事们分享了我的观察和思考,讨论能否借鉴这样的方式,做一些试点,在甘达村经验的基础上,进一步探索乡村发展的可持续机制。

经过一年左右的准备,2012年10月,由汤后虎执笔完成了中国扶贫基金会"美丽乡村计划"报告,初步形成了我们"美丽乡村"项目的框架。

我们认识到农村的主要问题是经营方式落后,单家独户的小农生产既没有办法形成规模化效应,也难以实现专业化效率,资源得不到很好的配置,乡村因此难以参与现代市场竞争。

按照当时报告里提出的解决问题的思路,我们的设想是首先筹措到一定规模的资金,作为地区发展基金;然后选定一个贫困地区,由当地各个村庄前来申请。经过基金会审核评估各村项目可行性,确定项目村,并由基金会为入选的村庄提供项目资金和技术支持。

我们希望形成竞争机制,引导村民学会分工合作;通过规模化的经营提高农业生产效率;通过持续和制度化的培训支持服务,改善农产品的品质,提升其价值,增加农业生产的收益。

为了避免平均分配资源带来的漏斗效应,试点应保持适当的投入强度,发挥社会资源的杠杆效应,撬动整合政府各部门资源、政策,以乡村经济组织为载体,将资金、人力、产业资源整合起来,形成规模效应。

我们还希望,通过竞争性的资金使用机制,激发农民的积极性和创造性,培育农村可持续发展动力;通过公开公平的竞争,选择最合适的乡村组织实施项目,充分实现有限扶贫资源的效益最大化。

在长期的乡村实践中,我们深刻地认识到,乡村建设不是一蹴而就的,需要几年、十几年甚至几十年的持续努力,应该在试点成功的基础上推动建立可持续发展能力,要长远布局,不能急功近利。而乡村可持续能力的基础,就是乡村经济合作组织的建设。

通过农民经济合作组织有效地将乡村资源整合起来,才能提升资源的使用效率和市场竞争力,把个体农户办不了、办不好、办不起来、办不经济的事办好,才能实现经济可持续发展。在经济发展基础上形成村庄公共收入和财政来源,才能进而提升乡村的公共服务能力和质量,让村庄环境更优美,人际关系更加和谐。

我们当时设想筹措5000万元资金投入到一个贫困县作为发展基金,同时配套建立相应的项目指导和服务机构,明确基金申请流程,向县域内的村庄开放申请资格,而村庄能否入选主要取决于村民的积极性和项目可行性,以此探索村庄发展竞争机制,培育乡村发展内生动力。

然而现实往往就是如此吊诡,我们还没体验到竞争机制的作用,却先陷入到指定机制的泥淖中去了。

### 反排村的纠结

"美丽乡村"的项目思路理清后,我们开始了筹款工作。我们并没有指望很快就能筹到5000万元,毕竟筹款很不容易,要一步一步地来。2013年年初,我们向民生银行介绍这个项目,双方一拍即合,决定先做一个试点。

民生银行是中国扶贫基金会的重要战略合作伙伴,2004年双方共同发起"扶贫中国行"活动,民生银行一次性捐赠3000万元,是当时我会接受的最大的一笔捐赠,也是当时国内民营企业捐赠数额最大的单笔捐赠之一。从那时起,民生银行一直与基金会保持密切的公益合作,为我国的脱贫攻坚事业做出了很大贡献。

当时民生银行的企业社会责任工作很有创新特色，除了积极参与扶贫，他们还重点支持文化艺术事业，捐助了一批美术馆、艺术馆。我们的"美丽乡村"试点项目，就是以古村落保护的名义立项的。民生银行决定首期投入700万元，支持我们选一个村开展试点。

2013年4月初，我陪同民生银行企业社会责任委员会艾民主席一起去贵州考察项目。

也许是因为经济欠发达，反而保护了当地的古村落资源，从榕江县到从江县、黎平县，我们在黔东南看到了很多保护比较完整的古村落。也许是看花了眼，虽然觉得很多村子都不错，但一直没有感到特别满意的。

台江县反排村终于让我们产生了眼前一亮的感觉。这个村庄的传统样貌保持得非常完整，几百座传统风格的苗族木楼围绕村中心广场分布在四周的山坡上，鳞次栉比，非常漂亮。除了传统建筑

图22　全木建筑的反排村苗寨

保存完整,这个村还保留着历史悠久的传统风俗,民族文化资源也非常丰富。

晚上,村民们特意为我们表演了木鼓舞和芦笙舞,热情奔放的舞姿、铿锵有力的鼓乐让人震撼。据说反排村木鼓舞曾经到中南海表演过,有"东方迪斯科"的美誉。每年一到木鼓舞节的时候,周围很多县乡的苗民都要赶来参加聚会,热闹非凡。此外村里还有祭桥节、斗牛节、斗鸡节等传统节庆活动,丰富多彩。

我们考察团一行最终被反排村的魅力所折服,决定把反排村作为我们"美丽乡村"项目的第一个试点村庄。

我们和县政府签订了反排村捐建协议,并在村里举行了捐赠仪式。然而这个事先大家一致看好的村庄,项目进展却不如我们想象的那样顺利。

美丽村庄的背后,隐藏着我们未曾预料的矛盾,错综复杂的家族关系、经年累积的私人恩怨、过往项目的经济纠纷,通通都反映到我们项目的实施过程中。村里人试图通过阻挠项目实施逼我们出面帮他们解决之前的矛盾,原本是为村民设计的发展项目,却成了村里人人都想咬一口的唐僧肉,阻工、闹事、敲竹杠等不一而足,让项目推进举步维艰。

因为反排村项目是指定的,而不是严格按照设计采用竞争机制选出来的,我们也没有设置项目终止和退出条件,当后来项目遇到麻烦执行不下去的时候,我们虽想终止项目,但是实际上已经停不下来了。因为当地群众认为既然捐赠仪式都举行了,捐赠资金就不能再撤走。我们陷入了进退维谷的尴尬境地。

反排村项目走走停停,历尽波折,从2013年年初立项,直到2017年才最终克服重重困难开门营业,花费了整整四年的时间。而彼时,晚它两年启动的南峪村项目都已经开张营业了。

图23　反排村的红豆民宿

## 二　雅安最美山村

### 为什么是旅游项目

反排村项目启动后不久，2013年4月20日，四川省雅安发生了7.0级地震，死亡人数196人。中国扶贫基金会第一时间启动灾害响应机制，一边开展紧急救援行动，一边开始考虑灾后重建工作。

我们派出评估组对灾后重建的需求进行评估，形成了评估报告，并以"需求为本、有效重建"为题，在成都召开了芦山灾后重建研讨会，进一步明确工作思路和重点。

在工作方向上，我们确定以支持灾后生计恢复、增加灾区农户现金收入为重点，而且主要通过产业发展来实现。在工作方式上，评估报告建议,中国扶贫基金会应支持以村庄合作为基础、以本土资源可持续开发利用为主要途径的各类产业合作社的发展,注资合作社应成为灾后社区产业发展的主要策略。

关于具体产业项目的选择,因为当时我们在玉树支持的几个农民经济合作社已经取得初步成效,我们首先想到是否可以借鉴玉树的经验。

首先考虑甘达村运输队项目可不可以在雅安灾区复制。但是雅安离成都很近,不存在玉树到西宁那么远的运输距离,也就没有那么高的运输成本。另外雅安地震虽然震级不低,但是因为雅安地震灾区的民房大多是汶川地震后重建的,抗震等级较高,倒塌情况不像玉树那么严重,也不需要那么大的建材量,所以这个项目显然是不可行的。

我们也讨论了批发市场项目可行性。玉树之所以可以建农贸市场,一个重要原因是玉树历史上就有比较活跃的贸易行为,是一个区域商贸中心。而雅安离成都比较近,与其在雅安采购大宗物资,还不如直接到成都去,所以雅安在这方面也没有优势。

我们甚至还讨论过在雅安建酒店的可行性,给农户置办一项可持续带来收入的固定资产。然而雅安虽然是旅游城市,但是当时客流量不大,另外还存在管理能力等问题,我们讨论后觉得建酒店可能难以保证效益,未必会给村民带来实际的收入。

在玉树实施效果较好的项目都不太适合雅安的情况,我们又在当地调研了铁棍山药、杜仲、黑皮花生、养鸡等种植养殖项目。但是评估发现,这些项目都很难满足我们希望的规模要求。

我们必须换一个思路考虑适合雅安实际情况的产业项目。从"美丽乡村"项目论证的时候开始,旅游"黄金周"现象就引起了我们的注意。乡村旅游自然也成为我们选择项目的考虑方向之一。

1999年9月,国务院出台新的法定休假制度,规定每年国庆节、春节和"五一"法定节日加上倒休,全国放假7天。由此引发了我国的旅游消费热潮,成为我国经济生活的热点。2008年奥运会之后,随着中国经济的进一步增长,长假带来的旅游经济也高速增长,一到假期,私家车堵在高速公路上的媒体报道时有耳闻,严重时甚至一堵就是几天。

我们认为自驾车旅游热的出现得益于两个重要变化。

第一是改革开放之后,随着经济建设的推进,我国基础设施条件大大改善,特别是道路交通条件的进步,为旅游产业提供了必要的基础。很多县城修通了高速公路,乡乡通、村村通工程的实施,让通车公路连通了几乎所有村庄。第二是国民收入增加和私家车保有量快速增长,催生了自驾车出游的热潮,旅游消费成了国人一个庞大的需求。

由于人们假期出行总是希望去不同的地方,体验不同的风土人情,持续不断的出行需求给很多小而美的旅游项目带来了机会。不管多么偏远的地方,只要有自己的特色,都可能吸引到无处不在的自驾游客。这其实也是一种消费升级现象。

雅安离成都不远,自然景色优美,历史文化资源也很有特色,尤其宝兴县,是大熊猫之乡,自然生态保护非常好,是不是可以搞乡村旅游项目?

### 雪山村天时地利人和

我们设定了一些选村的条件:第一,必须是重灾村;第二,村干部要有一定能力;第三,要具备一定的旅游条件和资源;第四,不能距离成都太远;第五,县政府要认同和支持这个项目,因为投入这么大的项目一定会遇到很多麻烦需要协调,而且需要政府提供配套基础设施建设。

　　雪山村位于雅安市宝兴县城西侧的半山坡上,归县城所在地穆坪镇管辖。全村有142户农户,546人;新江、潘族、大坪、雪山四个村民小组,分布在海拔1100米至1700米之间的高山上,山势陡峭。

　　地震之前,除了距离县城较近的新江组外,其余三个小组都不通公路。村民出行全靠步行,各类生产物资、生活用品全靠人力、畜力肩扛背驮运输。受自然条件制约,村中青壮年劳力几乎都在县城周边以打零工为生,留在家中的老年人则依靠在陡坡地上种植的少量粮食、蔬菜维持简单的生活。

　　"4·20"雅安地震造成全村17人受伤,113栋农房不同程度损毁;蓄水池、输水管道等饮水设施受到破坏,导致水源中断;通往新江组的公路受损严重,进出大坪、潘族、雪山组的人行道完全损毁。

　　因先后遭遇2008年"5·12"汶川特大地震和2013年"4·20"雅安

图24　雪山村的民居和村道

地震,接连遭受地震灾害打击,大部分村民家庭财产损失严重,很多人旧债刚还又添新债。

我们决定选择雪山村作为重点援建村,实施整村灾后重建项目,并和宝兴县政府签订了援建协议。但是关于具体做什么项目还没有确定。

宝兴县委书记韩冰做事非常有魄力,在全县干部群众中很有威望。他非常认可和支持我们的乡村建设理念,在项目沟通会上表态:"你们需要什么支持,我们就给你们提供什么支持。"

而雪山村的书记李德安是个能人。在地震之前做过建筑包工头,赚了一些钱。地震发生后他主动把自家生意放下,带领村民开展救灾和灾后重建工作,在村民中有较高威望。

在重建调研中我们问他,如果我们给你们村捐钱,你准备怎么干?他说雪山村距离县城很近,有一条人行小路连接县城。原来县城里就有不少人有个习惯,吃完晚饭沿着小路上山,到我们村里来转一圈再回去。地震之后要重建,如果有资源的话,我就想把农家乐做起来,把村里基础设施搞得好一点,让县城里更多的人来玩来消费,给村民增收。

他谈了很多村庄重建的设想,我们觉得很务实,也很有创新精神。我们还了解到,这个村支书有一定的公共精神,比如在地震之前他曾自掏腰包给村里安装路灯,修建垃圾池等。通过交流我们觉得这个人学习能力强,悟性高,认同我们有关乡村发展的理念,又有一定的公共精神,愿意出头带着村民做事,是难得的乡村发展带头人。

而他提出搞农家乐的设想与我们开展乡村旅游的想法不谋而合。2013年5月底,我们重点就雪山村旅游项目可行性做了论证。

从交通条件方面看,当时预计道路重修之后,宝兴县距离成都车程不到三个小时,从交通条件上看是可行的。(如今道路早已修通,成都到雅安车程为一小时二十分钟,从雅安到宝兴县不到一个小时,全程耗时两个半小时,这是后话。)

从旅游资源看,一方面宝兴县是中国大熊猫发现地,森林覆盖率高,动植物资源丰富,有着得天独厚的自然资源;另一方面,宝兴县是红军长征经过的地方,县城里有一座红军长征纪念馆,有独特的红色旅游资源。宝兴县政府举办红叶节文化旅游活动,每年都吸引众多慕名而来的外地游客,有一定的产业基础。

我们此前长期的乡村实践经验,有关"美丽乡村"的设想和思考,加上雪山村独特的区位和自然人文优势,让我们初步确定了乡村旅游项目方向。但我们做旅游项目没有经验,还需要请专家来给把把脉。

### 乡村画师孙君"狮子大开口"

有人推荐了北京绿十字生态文化传播中心主任孙君。

孙君自2005年开始探索乡村建设,扎根乡村有年,已经有一套完整的乡村改造模式。他经手的河南郝堂村、五山村等项目,当时在乡村发展领域内已经小有名气。

我们和孙君交流关于乡村建设的思路,发现他对村庄发展的认识与当时的主流话语有所不同,他明确反对按照城市发展的套路建设乡村,并提出"把乡村建设得更像乡村"的口号。

严格意义上看,他并非科班出身的设计师。与中国扶贫基金会从村民的组织入手探索乡村发展不同,孙君是画家出身,他是从"画画"入手做乡村建设的总体规划,因此他的规划设计方案会很大程度上照顾到视觉效果。但是孙君又不仅仅是个画家,他对于中国传统文化有深厚的理解,对乡村的肌理和文化有深入的思考和认识,他擅长把这些抽象的认知,用建筑语言呈现出来。

孙君的乡村规划理念跟我们的乡村发展理念非常契合,共同理念让我们一见如故。他也欣然答应我们的邀请,参与到雪山村项目中来,承担项目的规划设计工作。

当时虽然我们觉得做乡村旅游是个方向,但是对于具体旅游项目怎么做,做成什么样子,需要投入多少预算等,认识还比较模糊,信心也不太足。孙君的加入带来了一些新概念,帮助我们坚定了信心。

比如关于投资规模,第一次听孙君说到1000万元这个数字,吓了我一跳。从事乡村建设多年,虽然一直强调规模投入的重要性,但是在民乐村一个村投入500万元,已经是当时我们能够想象的上限了,我们跟宝兴县签的援建合同约定也只是不低于500万元,从来没想过要做1000万元的村级项目。

孙君说要开展乡村旅游项目,一个村至少需要投入1000万元,简直就是"狮子大开口",这让我们心生犹豫。但是孙君的理由讲得有板有眼,从设计费到污水处理,再到房屋的建造和装修装饰,坚持至少需要1000万元。他认为如果投入不足,项目达不到基本的规模,旅游项目根本做不起来。

我们当时对孙君所说的观点将信将疑,决定先去他做的项目点看看再说。我们把郝堂村、五山村、桃园村等孙君当时的代表作项目逐一考察了一遍,进一步了解了他关于乡村建设、建筑设计的理念,同时也在思考中国扶贫基金会的"美丽乡村"项目定位。

我们在那些项目点做了详细的调研,发现其设计风格和他说的理念是相符的,效果也是令人满意的。以我们十几年乡村发展的经验判断,知道这个方向是可行的,基本符合我们对"美丽乡村"的想象和预期。

于是我们邀请孙君来雪山村考察,评估在这里实施乡村旅游项目的可行性。他认为雪山村条件完全符合他的选村标准,可以发展旅游项目。

雪山村项目就这样确定下来。选择雪山村作为项目村,除了当时受灾比较严重,还有两个加分项,一是县委书记高度认可项目而且非常有魄力,还有就是项目村有一个能干的村书记。

在后来雪山村的建设中,我们负责合作社、农房、部分公共文化设施的建设,县政府承担基础加固、通村道路、污水处理等工程建设。因为雪山村在山坡上,又处于地震易发地带,需要大量资金对建筑基础进行加固,再加上污水处理、道路拓宽等工程,雪山村的重建项目大大超出了原来的预算,县政府给了非常多的支持。

### 国际化的村庄设计

王旭是著名的建筑设计师,在清华大学建筑学院本科毕业后,前往美国深造,并获得美国建筑师协会会员、美国纽约州注册建筑师资格。他是一个非常有公益精神的年轻设计师,关心弱势群体的生存状况,希望通过设计为他们带来改变。

他觉得中国建筑界缺乏社会理想和人文情怀,尤其缺乏对于弱势群体的关注。所以他创办了AIM国际设计竞赛(Architects In Mission)这个品牌活动,每年选择一个公益项目,面向全球建筑系学生征集设计方案,为弱势群体做公益设计。

通过孙君的推荐,雪山村的建筑规划被选为2013年度AIM国际设计竞赛的主题。我们希望通过参加竞赛,一方面可以直接得到设计创意,另一方面也可以扩大项目的影响。

2013年11月到12月,AIM国际设计竞赛以雪山村为主题,在全球征集设计方案。经过两个月的时间,共收集到273个设计方案,经两轮评选去粗取精,选出比较符合雪山村实际的设计方案,作为雪山村建筑设计的参考。

因为雪山村是采用村民自建的方式重建住房,许多村民看不懂设计图纸,设计方案的实施面临很大困难;另一方面雪山村地形复杂,有的设计方案不符合实际情况,也需要现场对设计方案进行调整。

为此,我们又联合AIM组委会,于2014年4月份发起了乡村建筑师培训计划,先后组织清华大学、华南理工大学、天津大学、山东建筑大学和哈佛、耶鲁的建筑系学生26人次,以志愿者接力的方式到现场帮助村民重建住房。这些年轻设计师克服地震后乡村生活的种种不便,热情地帮助村民完善图纸设计,辅导村民读图建房,给雪山村的建筑设计带来了灵感和创意。

**在争吵中艰难推进**

"美丽乡村"项目启动后,需要补充人手。徐晓丛大学期间曾在中国扶贫基金会总部实习过,毕业后在北京平谷当了三年"村官",有一定的乡村工作基础。"美丽乡村"项目对她有着特别的吸引力,她觉得在这样一个试验平台,能充分发挥自己在基层工作的经验,实践自己对乡村经济发展的想法,成为真正的项目执行者,是一次极为难得的锻炼机会。

经过短暂培训后,她来到雪山村,加入"美丽乡村"项目小组,和张皓博等同事一起负责雪山村民房重建工作,迅速进入了忙碌的工作状态。工作小组的主要工作任务,一是根据基金会的乡村工作经验,引导雪山村村民建立合作社;二是按照设计师的设计方案,组织村民落地实施住房建设工程。由于设计师们远在北京、上海等城市,大部分时间不在施工现场,只能由中国扶贫基金会的工作人员负责图纸的落地。在这个过程中,我们的工作人员要随时在村里监控施工进展,解决村民在施工中出现的问题,一天看不见就可能出差错。为了提高工作效率,我们选了一家建房进度比较快的农户作为示范户,集中精力重点辅导,希望给村民们提供一个实际的参照样板。示范户黄宝山家的宅基地处于村子中间,交通条件好,施工比较方便。如果他家的房子能按照设计图纸早一点做出来,别人有样学样就简单了。

对于把房子看得极为重要的农民来说,建房子并不是难事。但是要让他们按照我们设计的方案来建房子,却非常困难。一方面因为村民看不懂设计图纸,经常需要我们细心地进行辅导、讨论甚至更改方案;更麻烦的是村民在观念上接受不了设计方案中的一些细节。

比如作为旅游民宿,客房里当然要设计有洗手间,但村里的老人无论如何接受不了把厕所建在卧室里的事实,就这么一个看似简单的问题,不知道花了我们多少的时间和精力,才得以解决。

冲突最大的矛盾,来自于村民对住房面积的执拗。村民们都想借着灾后重建的机会,把自家的房子建得尽量大一些。但是因为每家农户宅基地的面积是按照政府规定,严格根据家庭人口确定的,所以要想扩大住房面积,只能增加房屋的高度。但从旅游经营角度来看,高并不一定就好,从审美的角度,设计师是有专业考量的,设计也讲究比例。农户扩大住房面积的冲动和设计方案的限制之间产生了强烈冲突。

这个矛盾首先在示范户家里表现出来。黄宝山个人能力较强,家庭经济状况比较好。他做过施工工程,对房屋建筑有自己的理解。因为比较有实力,和村里其他农户一样,为了把房子建得大一些,他想方设法地绕过我们的工作人员,变更图纸设计,试图把房子建高。

徐晓丛如果在现场监督还好,只要一天不见,第二天房子就加高了一层。面对既成事实,已经建好了的房子到底拆不拆?这是一个让人非常头疼的问题。拆吧,无疑会糟蹋钱,将来万一产业做不起来肯定会落埋怨;不拆吧,先进的设计理念做不出来,效果打折扣,达不到设计师的要求。

为了保证整个项目的成功,我们没有办法,只能坚持让他拆掉。虽然有意见,但黄宝山还算配合,把超建的部分拆掉了。没想到他还是不甘心,趁我们不注意,又偷偷地加建了一次,我们发现后,又说服他拆掉了。

当时雪山村普通民房重建一栋房子大概需要30万元左右,如果要达到民宿的标准则要40万元左右。农户建房资金一般由几部分组成,一是农户自筹资金,包括自有资金和向亲戚朋友借款,二是政府无偿建房补贴,三是基金会捐赠建房补贴,这几部分加起来还不够的,可以申请银行贷款。大部分农户都无法靠自筹资金和无偿补贴重建住房,差不多一半以上的建房款都要靠银行贷款补足。虽然政府在贷款利率、还款期限等方面出台了优惠的信贷政策,但谁都不愿意背负过多的银行债务,所以村民在建房的费用上自然是精打细算,能省就省。

而因为建房户观念的原因导致房子建好了又拆,拆完了又建,这对我们的工作人员来说,无疑是一种痛苦的煎熬,因为损失的都是村民的真金白银啊。

为了保持房屋的传统建筑风格,我们的设计就地取材,沿用当地的石头、泥土、木材作为房子外立面的建筑素材,村民对此也有很大的意见。他们的心思不难理解,村里祖祖辈辈建过这么多次房子,以前都是用石头和土建的,现在好不容易有机会搞灾后重建,就想把外墙贴上瓷砖,建成他们心目中和城里人一样的房子。但他们又不会直接说,而是提出石头房子不安全,地震时会砸到人,用石头建房不划算等理由,试图说服我们改变设计。

徐晓丛寸土不让,她告诉村民,建筑材料的更换是大忌,好的建筑材料会随着时光打磨越来越有味道。而人工瓷砖的釉面经不起自然的风吹雨打,虽然看着可能一时光鲜,但是天长日久就会变得和牛皮癣一样斑驳难看了。

为了打消村民对安全的疑虑，我们请来自哈佛和清华的设计师解决了石头材料抗震安全的问题。村民又提出来说石头不好找，于是我们又得想办法找鹅卵石货源，帮基金会解了围。他学过建筑，有工地管理的经验，而且人缘比较好。因为基金会拨款程序复杂，不能及时付现款，李勇甚至自愿找朋友垫资，把石材拉回到村里。

因为村干部大多也持观望态度，村里又没有砌石墙的工匠，工程推进速度极为缓慢。为此孙君特别从外地派来了一名会砌石墙的工匠，在村里做起了一段示范墙。村里人三三两两地过来围观，普遍带着怀疑和不屑，说了不少风凉话，认为石头墙又费工又难看，肯定行不通。

徐晓丛一直坚守在现场，虽然没有半句辩驳，但内心却承受着很大压力。石墙修到一半的时候，她也感觉没达到预想的效果，甚至有些动摇。但当坚持到第二天，把一整个房屋立面做出来，村民们再来看时，他们的想法居然惊奇地产生了逆转，认可了它的美观。

村民虽然接受了石墙，但是对修建石墙的花费并不买账。于是我们又与县政府商量，外立面装修费用由政府出钱负责，村民当然乐于接受。他们把地基加宽十厘米，里面砌上砖，外面是石头墙，这件事才算是彻底解决了。

层出不穷的矛盾和冲突导致民房重建工期一再延长，但"慢工"的结果是做出了"细活"。

房屋主体建好之后，我们聘请专业设计师和装修公司来设计和实施房内软装，要求按照旅游接待标准进行内部装修。但一部分村民不愿意按照我们要求的标准做，都想少花点钱自己随便做一做凑合了事，我们对此爱莫能助。这样一来，本来好好的房子，只是因为内部装修上不了档次，难以满足民宿运营的要求，可以说是功亏一篑。

雪山村民宿开始营业时，那些按设计要求施工的农户加入了旅游合作社，获得了可观的经济收益；那些没有按照设计要求施工的，比如坚持不在房间里设卫生间的，跟设计的客房标准相差太多，甚至无法提供基础的服务，就没能加入合作社，非常可惜。

那个时候村民还住在临时帐篷里，因为村民白天要干活，只有晚上才有时间开会讨论问题。灾后重建时间不等人，所以徐晓丛和张皓博用白天时间去调研、监督施工，晚上再找时间跟村民沟通、开会。

按照我们当时的工作要求，驻村队员要做工作日志，遇到了什么问题，如何解决的，达成了哪些共识，第二天要解决哪些问题等，都要记录下来。所以当他们每天晚上和村民开完会，再做完当天的日志，常常到凌晨一两点了，非常辛苦。

因为地震初期我们给村民们捐赠了一些紧急援助物资，村民们觉得基金会来就是捐钱的，他们很欢迎。村民们开始跟我们打交道热情都很高，努力把他们最好的一面展现出来。后来随着项目推进，村民听我们说要搞乡村旅游，花钱请设计师，因为从来没有接触过这样的事情，项目设计超出了村民的理解范围，有些村民甚至怀疑，基金会投这么多钱，是不是要来我们村里赚钱啊？

进入实质工作阶段，虽然村民慢慢理解了我们的真实意图，但是因为遇到的问题越来越多，争吵也越来越多，村民们又产生了厌烦和抵触心理。他们不理解我们为什么老要开会，工作为什么讨论那么细，为什么管得那么宽，房子盖得不对还要拆。村民们从来没有做过这么大的工程，也从没有遇到这么多的问题和矛盾，更没有见过这么麻烦的援建方，有的村民调侃说，中国扶贫基金会的工作人员把他们吵得"脑壳都麻了"。他们不知道，面对这些倔强的村民，我们的脑壳麻得更厉害。

雪山村住房重建经历了大半年时间,我们的工作人员花了很多精力在这些工作上,消除误会,化解矛盾,处理分歧与争端。这个过程既是外部发展观念跟村民传统观念碰撞的过程,实际上也是村民观念改变的过程。分歧大多源于观念的不同,通过争吵最后达成了一致意见,实际上村民们落后的观念已经发生了改变——这正是乡村建设中最难,也最有价值的部分。

2015年9月,雪山村项目建成投入运营。2016年4月,在四川省"4·20"强烈地震灾后重建领导小组组织的专家评选中,雪山村项目从200多个村庄中脱颖而出,荣获"4·20"芦山地震灾后重建幸福美丽示范新村评选活动第一名,项目案例入选《雅安市灾后恢复重建优秀案例》一书。2020年,雪山村又入选四川省级乡村旅游重点村。

图25　雪山村民宿内景

**"袁姐家"美宿在斗争中诞生**

周玉蝉是山东建筑大学在校生,参加AIM国际设计竞赛的过程中,在王旭的指导下承担袁姐家房子的设计任务。

袁姐家房子在一个山坡上,地形高低起伏不平。周玉蝉没有走老套安全的民房设计路线,而是根据地形特点和环境特色,设计出一座形状奇特的房子。按照她的设计稿建设,袁姐家就会有一个和其他村民不一样的房子。接不接受周玉蝉的设计方案?这对袁姐一家来说是个非常重大的问题。

对于这个看起来奇形怪状的房子,村里人不认可,家里人也不认可。特别是袁姐的丈夫,对新房建筑提了很多要求,比如房子一定要端正,否则不吉利;比如两个儿子每人要有一套房,而且要单独开门等,生怕这个不规矩的房子变成事实。

但曾经担任过妇女主任的袁姐可不是一般人,心直口快,行动力很强,不仅有魄力,还有一般农村妇女少有的智慧和毅力。她非常认同周玉蝉的设计,决心排除一切干扰,严格按照设计方案,建造一座与众不同的房子。

因为在方案沟通和设计上花了很多功夫,2014年11月,袁姐家房子才正式动工,比村里大部分村民都要晚。没想到还没开始挖地基,心怀不满的袁姐老公就趁着袁姐没注意,叫来拖拉机把原本高低起伏的地基给推平了。这样一来,周玉蝉设计的高低不同、错落有致的房屋地面就无法实现了。

袁姐没有因此让步,打电话向周玉蝉求援,请她回来坚持按原设计建设。地基该高的地方又重新推高了,该低的地方也重新推低了,恢复了地形原貌。

袁姐的聪明体现在她相信专家的力量。在建房过程中,袁姐不管碰到什么问题,事无巨细都来和周玉蝉商量,而周玉蝉也尽其所能地帮助她。

为了建好袁姐家的房子,周玉蝉从修建地基就开始跟进,和工人一起劳动,现场设计图纸,现场修改完善。前前后后在村里现场监工半年时间,还放弃了一个去国外交流学习的机会。

在周玉蝉的帮助下,袁姐终于建成了村里独一无二的房子。

建成的房子充分利用了地形特征,外观造型独特漂亮,与山村环境相得益彰;内部空间设计错落有致,不同的空间有不同风格的景观设计,后来有一个记者去采访,用"移步换景"来描述袁姐家房子的特点。

袁姐家的房子成了周玉蝉的毕业设计作品。大学毕业后申请研究生,她受到了很多学校的青睐,选择到香港中文大学继续深造。

图26 袁姐夫妇和她家的房子

房子来之不易，袁姐非常珍惜。从开业那天起，袁姐就投入了全部精力，用心打理这个房子，为客人提供最好的服务。她把客房收拾得干干净净，装点得温馨舒适，还使出了自己的看家本领给客人做饭、做腊肉，赢得了客人们的赞誉。

因为在她家住过的客人体验非常好，口耳相传，袁姐家的房子成了一个品牌。到雪山村去旅游的客人，很多人点名要住袁姐家的房子。

令我们没有想到的是，"袁姐家"这个四川偏远山村中诞生的、真正由一个普通农家妇女运营起来的民宿品牌，后来居然把分店开到了南京。

**民宿大管家薪水翻倍引争议**

从2013年11月开始筹建合作社，到2014年6月，雪山村合作社正式注册成立。雪山村合作社的运作机制和民乐村、甘达村类似，全体村民是合作社的社员，享有合作社股份。

在基金会工作人员的指导陪伴下，合作社理事会成员开始学习自我管理，并开始筹备建立合作社专业分社——雪山人家旅游专业合作社。符合条件加入雪山村旅游合作社的有15户，由合作社和社员按照一比一的比例投入装修资金，社员从合作社领取保底租金，并委托合作社统一管理经营。

在正式开始营业前，我们组织村里的民宿管家进行了培训。2014年9月21日，雪山村正式对外试营业，全村共有32套客房，50个床位，日接待能力50到77人。

这是我们做的第一个乡村旅游项目，缺乏运营管理经验。但是我们很快认识到，如果没有有经验的人指导和引领，仅仅靠这些常年生活在山区里的村民，根本没有能力为城里人提供有品质的民宿服务。因为他们既不熟悉城里人的生活习惯，也不了解城里人的出行需求，甚至连什么叫有品质的服务,都很难有清晰的概念,怎么可能凭空想象做出让城里人满意的旅游产品?必须要请一个有经验的人来,带着村民一起做才行。

我们沿用民乐村的办法,在报纸上刊登了一个招聘广告,为雪山村聘请"民宿大掌柜"。来自新疆的魏雅婷通过了面试选拔,辞去原来的工作来到雪山村。魏雅婷40多岁,在大企业工作过,有市场营销工作经验。她之所以愿意千里迢迢赶来应聘,是因为她热爱民宿,看好雪山村项目的前景。

"魏掌柜"对民宿运营有很多自己的想法。从最基础的接待礼仪,到如何打理客房,她手把手地带着这些刚刚变身为民宿管家的乡村妇女学习如何进行民宿的运营。有空的时候,还教她们巧用当地的材料,做出好看的插花和装饰,村民们对这个大管家也很满意。

在魏掌柜的带领下,雪山村的民宿运营得有声有色,村民们对未来充满信心。由于雪山村乡村旅游成绩突出,各方面工作做得很好,其他市县的人纷纷慕名前来取经,其中不乏政府组织的考察团集体来参观访问。

村里开始给魏掌柜的工资不是很高,每月只有5000多元。但是由于她的工作成绩显著,开始有人来挖人了。邻县的一个县委书记到村里来参观,亲自体验了魏掌柜的农户培训课程之后,觉得她是个人才,开出万元月薪盛情邀请,诚意满满。宝兴县这边一听就着急了,为了留住雅婷,不仅许诺工资涨到1万元,而且还主动表示要赠送1亩宅基地。于是雅婷的工资就这样一下子由5000元涨到1万元,由合作社承担一半,政府补贴一半。

本来这是一个很正常的市场化行为,也说明宝兴县领导留人心切,值得肯定。没想到这件事惹出了麻烦,村民们的心态发生了微妙的变化,开始有人挑剔雅婷工作中的毛病。

比如魏掌柜有一次采购客房耗材时没跟村民商量,自己做了决定,有的村民就怀疑她是不是有私心;因为社员是按照客人住谁家、住几天来结算收入,大掌柜在分配客房时,分多分少又会产生矛盾。客人安排得少的农户不认为是自己的服务有差距,而是指责魏掌柜分配不公平。

这样的矛盾和猜疑越来越多,后来竟然导致魏掌柜难以再继续开展工作,不得不辞职离开了雪山村。从一个好端端的双赢局面开始,到最后却不欢而散,我们很难说清楚变化产生的全部原因。也许是因为魏雅婷每月能挣1万块钱,比他们辛辛苦苦干好几个月还多,村民们心里难免有些不平衡吧。

### 分配机制漏洞引发退社风波

雪山村运营之初,造型别致的民宿设计、整洁舒适的客房环境和独特的地理位置,吸引了很多游客。原来对村里开展旅游项目持观望、怀疑态度的村民,也随着络绎不绝的游客尝到了甜头。

到了旅游旺季,村里经常被自驾车堵得水泄不通,合作社几十间客房根本不够用,如果事先没有预约,即使车开到村里也没有地方住。有些游客实在喜欢村子的环境不想离开,就只能在村里找一块空地,自己搭个帐篷过夜。淳朴的村民热情好客,把那些没房住的游客也请到家里吃饭,给他们提供热水。

随着雪山村名气越来越大,甚至到宝兴县出差的公务人员都不愿意住县里的招待所了,而是点名要住雪山村。

在雪山村正式开始营业前,我们就曾建议合作社统一考虑游客的吃饭问题。但当时一方面因为合作社的精力主要是在房子修建上顾不过来,另一方面村干部认为游客不多的情况下,餐饮也赚不到什么钱,坚持由村里有能力的农户自己经营,自负盈亏,为村里游客统一提供服务。因此村里虽然有人经营餐厅,但并没有纳入合作社统一管理。

村里游客越来越多,但并非每家民宿都能提供餐食,合作社只能介绍客人到那家私人餐厅吃饭。餐厅的生意越来越红火,经营效益甚至比民宿还好,据村民说"一年能赚几十万"。但是因为没有纳入合作社管理,它的营收自然也就跟合作社无关,其他村民也就不能分享餐饮经营带来的收益。

村民们自然心里会有些不平衡。他们认为雪山村是一个整体项目,餐厅之所以经营得好,也是因为雪山村民宿建设得好。凭什么他们家餐厅赚的钱都归自己所有,而我们经营民宿的钱却要上交到合作社给全体村民分红?

意见最大的是袁姐。按照合作社的规则,民宿经营收入一半归经营户自己所有,一半要上交给合作社作为全体村民的收入。由于袁姐家客房很有特点,服务也好,很多客人都是慕名而来,点名要住袁姐家的客房。因为接待的客人最多,给合作社做的贡献最大,袁姐心理就更不平衡。

后来袁姐要退出合作社,理由就是村里的餐厅管理不公平。她说,那家餐厅也是借村里的牌子做起来的,为什么不纳入合作社管理?我家客房生意好,是因为我付出得比别人多,不仅建房、装修花的钱比别人多,后期服务投入也大。当初修房子的时候没有人支持我,自己没被大家骂死也差点儿累死。现在我辛辛苦苦挣来的钱,为什么要拿出来分给大家?

我们劝袁姐说你要有觉悟,你要是离开合作社出去单干,其他经营得好的农户可能也都会离开,合作社就搞不下去了。如果合作社搞不下去,大家各搞各的,就会出现抢客、宰客等恶性竞争现象。没有了服务和质量统一标准,雪山村的牌子可能就砸掉了,最终毁掉的是所有人的生意。

袁姐说她很认同合作社的价值和作用,她也不想退出合作社,但就是不认可合作社目前的管理,不能理解餐厅为什么不能纳进合作社里来,并明确提出,"如果餐厅纳入合作社管理,我就留在合作社,否则我就要退出,凡事要讲公平。"

虽然我们尝试做了很多工作,一方面劝说袁姐不要退出,一方面协调村委会把餐厅经营纳入合作社统一经营,但因为村民之间复杂的人际关系,结果不仅餐厅没有纳入合作社管理,袁姐家也退出了民宿合作社。这样一来,雪山村经营效益最好的两个项目都脱离了合作社,给合作社的发展带来了很大冲击,这是雪山村美中不足的地方。

雪山村是中国扶贫基金会"美丽乡村"项目最早开始营业的村子,雪山村的实际运营效果证明,在条件合适的地方,以乡村旅游产业带动乡村发展是可行的。但是合作社后期运营过程中出现的一些问题表明,利益分配机制设计上哪怕存在一点漏洞,都可能在后面的工作中被放大,影响项目的整体效果。

如果合作社一开始就把全村的资源整合起来统一管理,就不会出现餐厅经营的特殊情况,袁姐也就没有理由要求退出合作社。即便有人想退社,因为大家入社时都签了协议,只要合作社严格坚持按规则办事,也能封住退社的口子,维护合作社的健康运转。正因为餐厅开始运营时没有坚持统一运营的原则,后来袁姐退出时,合作社就没有足够的底气守住契约,导致合作社和村民的契约形同虚设,雪山村合作社的运营效果打了不少折扣。

## 三　世外桃源邓池沟再添神来之笔

雪山村项目正式启动后不久,我们希望再选个村子。虽然宝兴县一再推荐邓池沟村,但当时我们不想把项目集中在一个县,所以一直没去看。

**图27　邓池沟的溪流和草地**

　　我们考察了雅安周边很多村庄，但一直没有碰到中意的地方。兜兜转转，当我们抱着试试看的心态来到邓池沟，却蓦然发现，这个大山深处的小山村，竟然是世外桃源一样的存在。

　　邓池沟位于蜂桶寨国家自然保护区内，是大熊猫首次被发现的地方，真正的大熊猫故乡。邓池沟村由原来的蜂桶寨乡青坪、和平两个村合并组成，有7个村民小组、304户、1098人（其中：贫困户51户、贫困人口118人）。芦山地震给这个美丽的山村带来了重创，使得两村道路中断9.5公里，塌方20余处，房屋倒塌86户，导致两村形成了9处地质灾害点，危及全村250多名群众生命财产安全，需易址重建。由于地质灾害点较多，治理难度大，加上当地村民收入较低，比较贫困，重建工作十分困难。经过反复调研论证，中国扶贫基金会确定援助邓池沟开展"美丽乡村"灾后重建项目。邓池沟就这样成了我们"美丽乡村"项目的第三个项目村。

邓池沟村的山坡上，坐落着一座百年老教堂，是大四合院式的全木结构建筑，至今保存完好。一百年前，法国传教士戴维不远万里，辗转来到这个不为人知的角落开堂设教，不知道经历了怎样的磨难。戴维神父在这里生活了几十年，与大熊猫相遇，并首次将大熊猫引介给外面的世界。

灾后重建项目选址在离百年教堂不远的山谷中，为纪念戴维的贡献，我们将新建的村庄命名为"戴维新村"。

作为大熊猫的栖息地，这里有着丰富的动植物资源，空气清新，含氧量高。头顶纯净的蓝天白云，周围是起伏的连绵群山。不远的雪山清晰可见，不必忍受高原反应之苦，却可坐观雪山胜景。脚下的小溪清澈见底，沿着溪边小径溯流而上，步行两个小时还看不见尽头。溪谷山林往往令人流连忘返。遗世独立的自然条件，得天独厚的人文资源，很适合开展乡村旅游项目。

2013年12月，由恒大集团捐赠1000万元的"美丽乡村"邓池沟灾后重建项目启动实施。项目通过建立和完善村庄经济合作组织体系，整合政府、群众的项目资金，将灾后重建与村民生计发展相结合，将扶贫发展与乡村产业升级相结合，旨在增强项目村及项目受益人的造血功能，积极探索和实践中国乡村社区可持续扶贫发展模式。我们主要从以下几个方面开展项目工作。

一是村庄规划设计与定位。邓池沟项目规划由中国扶贫基金会引入国内著名的北京绿十字等优秀乡村规划设计团队编制。该规划方案以人为本，通过科学合理规划布局，满足"充实产业、改善设施、改善环境"三方面要求，做到人与自然和谐发展。注重挖掘邓池沟独有的大熊猫文化、天主教文化元素，形成独特的村庄风格和村庄文化，打造乡村旅游精品。

二是基础设施建设。在规划设计确定后，邓池沟在灾后重建期间内，按照专家的规划设计，全面完成了戴维新村基础设施建设，包括村庄内部水系景观特色的打造、全村39户农房灾后重建等。

而邓池沟的村落设计是神来之笔。

邓池沟地处山谷之中，溪流从村边流过。在早期村庄重建设计方案中，像大多数村庄一样，公路穿村而过，民房分布在道路两旁。但这种典型的鱼骨型结构泯然众人，体现不出邓池沟得天独厚的自然特色。

我们采纳孙君的意见，反其道而行之，把河流和道路互换了位置，河流穿村而过，公路绕村而行。这一方案也得到了韩冰书记的认同和支持，并拍板由县政府承担了增加的预算。

邓池沟因此成为难得的以自然溪流构成村庄水系景观的美丽山村。

三是组建合作社。为了带动邓池沟两个项目村的共同发展，我会工作人员引导原青坪、和平两村村民联合成立了宝兴县邓池沟福民旅游专业合作社，合作社于2014年4月成功完成注册。合作社的资产主要由恒大集团捐赠的资金形成，合作社社员平等持有合作社股权，享有合作社资产收益权。在我们的帮助下，村民作为合作社社员通过社员大会选举产生了社员代表、理事会、监事会成员。

四是帮助邓池沟合作社发展民宿项目。经过科学的规划设计，帮助邓池沟合作社在新建农房的基础上，与部分农户共同出资装修他们新建住房的二楼房间作为旅游接待客房，在戴维新村打造了14套特色民宿客房，具备54个床位的旅游接待能力。合作社对民宿客房统一经营管理，取得的收益由合作社与项目农户按比例分成。为了配合邓池沟旅游产业发展，项目还整合项目资金修建完成了戴维新村接待中心、会议中心、邓池沟熊猫乐园以及邓池沟村民民俗文化活动中心等村庄公共配套设施，村民们祖祖辈辈生活的绿水青山为他们带来了新的收入来源。

经过三年多的持续努力，2016年9月，邓池沟新村隆重举行民宿开业仪式,标志着邓池沟的灾后重建工作圆满完成了。建成后的邓池沟看上去如此完美,一如我们想象中的样子。就像天河上洒落的一粒星珠,镶嵌在西岭雪山的群山之中。

邓池沟的灾后重建项目得到了当地政府、社会各界的一致认可。在四川省"4·20"强烈地震灾后重建领导小组组织的专家评选中,邓池沟项目荣获"4·20"芦山地震灾后重建幸福美丽示范新村评选活动第三名,项目案例与雪山村一起入选《雅安市灾后恢复重建优秀案例》一书,项目创新的"重建+旅游+扶贫"模式,得到各级政府肯定。2016年9月,邓池沟新村整体通过四川省、市专家组评审,灾后重建新村华丽蜕变成为国家AAAA景区。

邓池沟的灾后重建模式也受到了媒体的关注,中新网、旅游卫视、《四川日报》等多家媒体的报道,在社会上产生了广泛的影响。

邓池沟后来几乎成了我的精神家园。天气炎热的时候,我会想象那里凉爽的气候;雾霾填胸的时候,我会想象那里清新的空气;而工作压力上升、心情烦躁的时候,我多想去那里逆流而上,在无边的山谷中撒撒野啊。

图28　西岭雪山脚下的邓池沟

因为地震这样的特殊机缘,我们在如此独特的环境中完整重建了一座自然与人文完美结合的小山村。如今整个宝兴县,除了县城以外的地方,差不多都已被划入国家大熊猫公园保护地,不能再进行这样规模的工程建设了。虽然后来因为合作社的管理出现了一些问题,影响了邓池沟村的民宿品质,但这并未影响我对这个村庄的偏爱。

像邓池沟这样的村子,今后可能很难再遇到了。

## 四  南峪村的创新与收获

### "赛马"选村一把手上阵

反排村是我们精挑细选出来的传统古村落,雪山村、邓池沟都是地震损毁的重灾村,虽然确定这些项目村的时候也有一些衡量标准,但基本上还是依赖少数人的主观判断。

**图29  南峪村2号院**

　　因为没有设置合理的退出机制，一旦确定为项目村，承诺了援建额度，中间无论遇到什么困难和问题，我们都只能把项目实施下去。如果项目实施的前提条件发生变化，这种高度绑定的援建机制就变成了一种痛苦的、无限责任的绑架机制——不管基金会愿不愿意，不管项目实施可行性是否已经发生了变化，因为没有终止和退出机制，都别无选择，只能硬着头皮坚持下去。

　　实际上这种无限责任机制本身就容易滋生受援方的扭曲心理。因为知道项目既不能撤资也不能退出，他们自然就少了对机会的珍惜和敬畏，甚至错误地认为保证项目成功是援建方的责任，援建对于他们成了有利可图的机会。有些"聪明人"不是想方设法与援建方共同努力把项目做好，而是挖空心思从项目中获得更多个人利益，甚至不惜以阻挠项目实施为要挟，向援助方提出不合理要求。

　　南峪村跟前面几个村的情况不太一样，是真正用赛马机制优选出来的项目村。

　　三星公司对我们"美丽乡村"项目理念和模式非常认可，2015年确定捐赠支持我们扩大项目规模。三星公司非常尊重我们的专业能力，捐赠条件比较宽松，除了希望第一个项目村离北京近一点，没有提任何其他要求，给我们留下了很大的发挥空间。我们终于有机会，尝试用竞争机制来选择项目村庄。

　　要找离北京比较近的贫困村，自然首选河北的贫困县，我们的眼光瞄向了"环首都贫困带"。我们请河北省扶贫办推荐五个贫困县，每个县再根据我们的条件推荐三到五个候选村供我们选择。在省扶贫办协助下，北京周边的五个县推荐了20个备选村庄。

　　首先，我们的工作人员对20个村庄做了一遍实地勘察，并根据村庄的贫困程度、交通条件、旅游资源、干部能力等进行第一轮评估，初步筛选出12个村；接下来我们邀请建筑、旅游方面的专家参加，对初选出来的12个村庄进行了第二轮实地勘察,经过专家对村庄的区位、资源、能力、村民参与性以及方案可操作性等方面的对比分析,又从12个村中选出两个村庄进入最后的竞争筛选。入围最后一轮竞选的,一个是保定涞水县的南峪村,另一个是承德滦平县的大石门村。

接下来的选拔采用项目设计执行竞赛的形式进行。按照竞赛规则,两个村将分别得到50万元的先导项目资金,可以用于老房改造、建造样板间、改造村庄环境、垃圾分类等美化乡村的内容。但是具体项目内容、规划设计、组织实施等都由两个村自主进行,并在约定的三个月的期限内完成项目实施。届时我们将对项目成果进行评估,最终确定项目村庄。

两个村子都在规定期限内完成了先导项目的实施,终极对决在司马台长城脚下的一个宾馆举行。两个县领导都非常重视,为了赢得最后的胜利,不仅两个团队都事先做了大量的准备工作,而且都派出了由县委书记、县长带队的最强阵容,志在必得。

面对我们的专家评委,先是两个村的支部书记演讲,介绍先导项目实施情况,总体项目规划设想,村庄的优势劣势分析等;然后是两个县的县长演讲,介绍各自对项目的理解,项目优势,以及县里的配套支持措施等;专家提问与答疑环节之后,两个县的人全部退场,等候评委们会商确定最后的结果。

从资源角度而言,大石门村离著名的司马台长城和金山岭长城都很近,旅游资源得天独厚;南峪村则地处拒马河畔,紧邻北京人熟悉的十渡风景旅游区,旅游资源不相伯仲。从现场表现而言,两个团队的代表都很出色,既展示了各自的发展优势和能力,也表达了发展的愿望和实施好项目的决心。因为两个村各有特色,让专家取舍不下,终评意见出台的过程令人煎熬。

最终的结果,评委们选择了涞水县的南峪村。大石门村落选的直接原因，是当时他们正在引入一个几十亿元的大项目，相比之下，专家们担心我们一千万元的项目太小了，发挥不了预期的扶贫作用。

从河北扶贫办推荐村庄，到通过终极对决选定南峪村，前后耗时一年。我们终于如愿以偿，在选村过程中充分实现了我们在2012年"美丽乡村"项目方案中设计的竞争机制。

在后来与涞水县政府签订的捐赠协议中，我们明确规定了项目实施的先决条件，并约定了项目的退出机制和触发条件。

### 引入市场主体"借船出海"

我们在做雪山村项目时，对合作社市场主体作用还比较理想化，希望村庄建成之后，交给农民合作社来运营，一切权益归村民所有，肥水不流外人田。

但是从实际运营的效果看，由于村民不了解城里人的需求，管理经验不足，服务水平达不到高端民宿产品的水准。合作社的运营能力成为项目瓶颈，直接影响服务和体验，无法达到理想状态。

我们认识到，仅仅靠土生土长的农民社员，试图通过几次参观、培训就能让他们掌握高端民宿市场运营能力的想法是不切实际的。必须通过合理可行的双赢机制，找到愿意合作的市场主体，经过借船出海的学习过程，才有可能学会航海技术，最终实现在海上自由航行的目标。

我们从这个想法出发，为雪山村引入了民宿大掌柜，虽然在一段时间内收到了较好的效果，但这一尝试却因为没有形成稳定、可持续的合作机制而虎头蛇尾。

有了雪山村的经验，我们在实施南峪村项目过程中更加注重市场因素的作用。一方面，我们在选村的过程中就有意识地请旅游专家、设计师参与，着重从市场和建筑产品两个方面论证项目的可行性；另一方面，我们也一直在物色有经验的经理人或旅游企业，希望为南峪村项目找到合适的市场运营伙伴。

孙君和王旭极力推荐我们去看看"隐居乡里"运营的山楂小院项目。2016年3月19日，我和同事王军、郝德旻一行在延庆的山楂小院见到了"隐居乡里"的创始人陈长春。

"隐居乡里"成立于2015年，是一个专注于高品质乡村度假的服务平台，旨在为城市中高端消费者提供精品短途度假服务。2016年"隐居乡里"还只有山楂小院一个民宿品牌，一套小院两间客房，规模比较小。但是在交流过程中，"隐居乡里"所提倡通过对乡野原有老宅的改造，充分融合中国乡土元素，尽可能满足现代都市人对居住舒适度的需求的理念，与我们"美丽乡村"项目的建设理念十分契合。而"隐居乡里"采用管家包院式服务，由深度了解当地风土人情的村民经培训后担任管家，这种在地化的服务不仅可以让住客真实体验本地村民的日常生活，令人倍感亲切，而且可以直接带动村民参与项目，发挥良好的扶贫效果。

共同的乡村理想和理念让我们相谈甚欢，达成了初步合作意向，由此开启了我们乡村旅游项目运营前置的特色机制。结合之前的实践，我们设计了一套双赢的合作模式。从分工而言，由基金会负责政府关系协调、项目资金投入和村民合作社的组织动员，由运营方负责民宿产品设计、实施和村民管家培训、运营；就利益分配而言，根据合作社和运营方所投入的资源，明确了分成机制和保底措施，由运营方做出承诺，保证一年要销售出去多少客房，以此保证合作社的收益。

在这套机制下，运营团队在项目之初就开始参与，后来甚至从选村开始就要参与项目的规划设计。村庄的定位与规划、户型设计与施工和村民管家的选用培训，都由他们按照市场需求和运营要求实施，保证了项目产品的市场竞争力。

我们还在总结合作社实践的基础上，强化南峪村合作社的扶贫功能，推出了"三级联动，五户联助"的带贫机制和针对建档立卡贫困户的"扶贫股"政策。

"三级联动，五户联助"是百美村宿项目摸索出来的村庄互帮互助管理体系。该体系是将全村村民平均每五户组建一个互助小组，互助小组推选的小组长成为社员代表；再从社员代表中选举产生合作社理事会和监事会成员，组成合作社骨干成员。每名骨干成员负责管理3—4个互助小组，这样合作社理事会的相关政策、决议，或者合作社需要采购农副产品、招募管家、开展各类社区活动等，通过骨干成员、社员代表，层层传达，可以有效提升村庄的治理水平。另外各互助小组内部也是一个互帮互助的小单元，谁家有事，大家都帮忙；谁家要是违反村规民约，大家也可以互相监督，互相帮助。

而"扶贫股"则是在全体村民每人一股的基础上，为建档立卡贫困人口特设一股扶贫股，分红时可以得到双倍于普通村民的红利，一直到该贫困户脱贫为止。

由于选村和合作机制设计合理，不仅充分激发了当地政府和村民的参与热情，也调动了合作方的积极性，南峪村项目进展顺利，取得了令人瞩目的成绩。2016年南峪村项目当年启动当年见效，建成两个院子七间客房投入运营，合作社分到10万块钱。第二年项目规模扩大到八个院子，合作社分红30多万元。第三年，也就是2018年，南峪村项目15套院子全部建成，当年村民分红将近50万元。2019年，合作社分红109.09万元。

邻近北京的地理位置，靠山临水的山居环境，品味雅致的客房院落，淳朴热情的村妇管家，吸引着一批又一批事业有成的年轻客人，单间单价1000多块钱的客房经常是一房难求。

在项目带动下，2019年，南峪村实现了整村脱贫的目标。

图30　南峪村1号院会客厅

## "百美村宿"的内涵

明显的成效，成熟的模式，让南峪村成了乡村旅游与产业扶贫的明星项目。经过几年的摸索，以南峪村为标志，我们设想的"美丽乡村"模式基本上成形了。我用"运营前置，设计引领，合作共生"三句话来概括项目的基本模式。

运营前置强调的是市场导向，是指在村庄建设的整个过程中，都要把市场运营的需求置于优先考虑。具体落实措施是在选择项目村时就要确定未来的运营合作方，并将运营方的意见作为选村的重要依据。如果找不到愿意合作的运营方，就说明项目的市场潜力存在较大风险，必须谨慎从事。

设计引领突出专业设计在旅游产品打造过程中的作用。乡村旅游产品很大程度上是一种建筑和文化产品，专业的设计可以将村庄的历史文化资源和自然环境资源完美地结合,通过建筑语言呈现出来。所以我们必须尊重设计师的专业能力,从村庄的总体规划,到具体的户型设计、装饰风格、材料选用,都严格按照规划设计方案实施,避免不必要的干扰影响产品质量。

合作共生是我们多年乡村发展探索过程中摸索出来的经验,是乡村发展项目成功的基础前提和一般规律。一方面,村民只有通过合作,才能有效地整合乡村资源,形成市场对接平台,建立与市场接轨的基础;另一方面,合作各方要有开放心态和共享精神,才能实现有效合作,实现共赢的目标。

为了增加项目的识别度,突出项目特点,2018年上半年,我们注册了独立的项目品牌"百美村宿"。"百美"既是数量词,也是形容词,我们的村子本身就是千姿百态的,文化民俗各不相同,运营单位各具千秋,做的产品自然是百花齐放。

我们的乡村度假产品之所以叫村宿而不叫民宿,是因为我们这个项目跟一般民宿有很大的不同。

"民宿"的概念是舶来品,源自日本,现在的标准很宽泛。莫干山上几千元一晚的叫民宿,30元一晚的农家乐赶时髦也叫民宿。很多精品酒店也叫民宿,城市闲置房改造一下,挂在Airbnb上也叫民宿。可以说是鱼龙混杂,没有标准。

"村宿"是相对于民宿的一个概念,对应以下几个不同的特征。

第一,村宿肯定在村里,乡村代表了好的自然环境,原生态的民俗文化、风土人情,代表了与城市的差异,这本身就是最好的吸引力。

第二,村宿的客人是全村的客人。不同于一般民宿资产都是私人投资、运营和受益,因为村宿的资产和收益属于全村人,村宿的主人是村集体合作社的每位村民,村宿能盘活村里的资源,解决村民的就业,拉动老百姓的农副产品销售,赚了钱还会给大家分红。客人来村里,不管走到哪里,自然会受到热情的接待和欢迎。村宿的客人很容易体验到一个友好热情的乡村,有宾至如归的感觉,这和一般的民宿项目有很大的不同。

　　第三,村宿提供的是高品质乡村生活体验产品和服务,有一套自己的标准,不同于一般的乡村豪华酒店。

**百美村宿Bonavilla**

用心精选,常来逛逛

扫描或长按小程序码

**图31　百美村宿预订平台入口**

第四，"百美村宿"不仅仅是一个度假产品，更是乡村发展的切入点和推手。我们着眼于村庄整体提档升级的工作，注重发挥示范作用，带动区域的发展。

从2013年到2017年，"百美村宿"项目以每年一个村庄的节奏在探索中发展。随着项目的成功，项目执行团队的成熟，从2018年开始，以每年五个新村的节奏进入快速发展期。除了三星、中石油、中石化等大企业捐赠支持项目，越来越多的地方政府找到我们，表示即使我们不能向他们提供捐款，地方政府也愿意以政府采购服务的方式承担费用，引进我们的理念、模式进行合作。目前正式立项建设的村庄已经达到25个，已经开业迎宾的村庄也超过了10个。虽然从目前的发展势头来看"百美村宿"的村庄数量最终也许会超过100个，但村宿的数量其实并不是我们追求的最终目标。

我们希望作为乡村发展的推动者、服务者和资源链接者，能够以"百美村宿"项目为抓手，推广正确的乡村发展理念，复制成熟的乡村发展项目，盘活乡村资源，激发乡村活力，推动更多乡村实现可持续发展，这才是"百美村宿"项目的内涵和目标。

# 第五章　善品公社的使命

## 一　互联网带来新机遇

中国扶贫基金会是国内互联网应用方面起步最早的基金会之一。2000年我加入基金会的时候就分管网站的升级改造，此后我们一直在积极投入人力物力提升网络应用能力。

2006年，由当时的秘书长拍板，基金会投入1000万元预算，请用

图32　舒兰双禾水稻种植合作社社员喜获丰收

友公司做信息化系统建设。这是当时公益圈内的大事件,此后很长时间内,我们都保持了较为领先的互联网思维和能力。

2011年,我们曾经创办善品网,尝试搭建二手物品的网络交易平台,通过义卖筹集善款。

我们把2013年确定为移动互联网年,制定了一系列措施推动全会提高移动互联网背景下开展工作的能力,一边干,一边学,一边积累经验。我们成立专门的移动互联网部门,研究跟进移动互联网相关工作。

到今天,移动互联网部已经成为基金会的"筹款大户",我们每年的捐款收入中,几乎有一半是移动互联网贡献的,为支持基金会各项事业的发展发挥了巨大作用。

因为一直关注互联网技术的发展,互联网电商的发展自然引起了我们的关注。那时候"双十一"已经开始进入人们的视线,媒体曝光度很高,成了大众关注的焦点。网络购物从一个商业行为变成了一个社会现象,甚至成了一种流行文化。互联网电商给大家带来的便利和可能性,让人们充满期待。我们也在思考,怎样才能搭上互联网商业的快车,让扶贫工作更有成效。

2014年初,当时玉树地震灾后重建工作基本结束,甘达村等合作社的项目已经取得明显效果,我们正在集中精力考虑雅安地震灾后重建和产业发展,并已确定了在两个村庄实施"美丽乡村"旅游项目。

评估报告建议我们要重点支持社区产业发展、培育更多合作社,让村民获得可持续发展的能力。但是并不是所有的村庄都有条件开展乡村旅游项目,那么其他的村庄怎么发展?是不是还有别的方式能够帮助他们发展产业?能不能发挥电商的作用,在雅安灾后重建中支持更多的合作社,做出合适的产业项目?

2014年2月25日到3月1日,我带着王军、王毅两名同事,随社科院的电子商务专家汪向东老师,对当时刚刚兴起的农村电商进行了调研。我们先到杭州拜访了阿里巴巴,然后又去了江苏睢宁和浙江丽水,考察当地的电子商务发展情况,参观了一些代表性的电商企业和品牌。

东风村的电子商务发展给我们留下了深刻的印象。

东风村位于睢宁县沙集镇,在电子商务兴起之前的很长时间里,村民一直靠收集处理废品作为主要收入来源,村庄发展比较落后。直到村里几个年轻人尝试在淘宝网上开店,销售自己加工的木器家具,通过电子商务的发展,带动东风村这个原本既不生产木材,又不生产家具的村子,发展成了闻名全国的家具淘宝村。

当时那个村已经有数百家村民经营的电商企业,平均每家企业年销售额几百万,全村年销售额已超过20个亿。很多物流企业、银行都在村里设立了营业部,专门为村里的电商企业提供配套服务,村庄发生了翻天覆地的变化。

此行最大的收获,是改变了我们对电子商务的认知。此前虽然关注网络技术的应用和发展,但在潜意识中,一直觉得电子商务是互联网技术,只跟年轻人和技术精英有关,与我们的扶贫工作、与贫困农户的发展相距太远,难以衔接。

我们在江苏和浙江的淘宝村看到,虽然这些村子都是由年轻人带动起来的,但是大部分经营者都是村里的普通农民。他们文化程度不高,年龄四五十岁为主。也有些年龄大的农户对操作电脑感到吃力,就把在外打工的孩子叫回来帮忙,专门负责电脑操作和网店管理。

东风村的电商领头人孙寒告诉我们,这种生意商业模式简单,对技术的要求不高,初始投资也很小,农民很容易上手。一般农民只要有台电脑,连上网线,经过简单的培训就可以开个淘宝店经营电商生意。而只要生意做起来,自然就有快递公司等企业来提供配套服务了。

原来电子商务并非像我们想象中那么"高大上"，这给了我们巨大的鼓舞和启发，为开展产业扶贫项目打开了想象空间。

**试水猕猴桃，打响电商第一枪**

我们在雅安地震灾后重建办公室成立了专门工作小组，由王光远牵头，研究如何在灾后重建项目中发挥电子商务的作用。光远是2011年加入中国扶贫基金会的，曾经参与善品网运营，有一定的电子商务经验。

2014年9月份，我们第一次试水电子商务项目。

雅安市名山区出产猕猴桃，既有常见的黄心猕猴桃，也有当时还比较稀有的红心猕猴桃，品质、口感都很好，但是没有什么名气。果农采摘猕猴桃之后，通常以在公路边摆摊等方式，卖给过往的行人。不仅销量不稳定，也很难卖上像样的价格。

在雅安市和名山区扶贫局引荐下，我们来到了名山区建山乡飞水村。飞水村是省级贫困村，为了发展产业，当地在2008年11月成立了"名建猕猴桃种植农民专业合作社"。到2014年，合作社共有189户社员，打理着上千亩果园。每年猕猴桃上市时，合作社主要通过传统线下渠道进行销售，受市场波动影响大，议价能力不强。我们跟合作社沟通，提出让合作社的猕猴桃"触网"，帮助他们用电子商务渠道销售猕猴桃。村民们对此闻所未闻，半信半疑。

2014年9月10日，我们帮合作社注册了淘宝店，正式开卖雅安猕猴桃。我们发挥基金会的资源优势，通过媒体报道带动关注，通过明星转发微博引入流量，仅仅三天时间，就通过线上渠道销售猕猴桃1万多斤，实现销售额11万元。

眼见为实的村民大受震动，对我们的工作人员佩服得五体投地。我们反倒给自己"降温"，复盘分析这次成功会不会是由于某种偶然因素。我们要探索的是可持续的有效模式,而不是追求一次性卖空猕猴桃的库存。

为了验证我们开展电子商务项目的可行性,我们决定10月份再试一次。

10月17日是国际消除贫困日,我们联手淘宝聚划算平台,又做了第二次推广。这一次也是三天的时间,销售额猛增到26万元,比第一次的两倍还多。

两次尝试总共六天时间,实现线上销售37万元,带动线下销售400多万元,合作社当年的猕猴桃库存销售一空。

如果说一次成功,也许是由于偶然的运气而不足为训,我们接连两次尝试,都取得了很好的效果,说明这个模式是可持续、可复制的,这大大增强了我们探索电子商务扶贫模式的信心和动力。

但初次试水也暴露出以合作社为单元,只经营季节性单品的缺陷。这两次猕猴桃网络销售的成功,得益于新闻媒体的报道和明星转发带来了较大的流量。因为水果品质好,有些人成了合作社淘宝店的粉丝。但是因为合作社的猕猴桃货源已经售罄,等到用户吃完第一批果子准备第二次下单的时候,发现想要的产品已经断供了。好不容易积累起来的粉丝,在第二年果子上市前漫长的空档期中就慢慢流失掉了。我们投入那么多资源和流量,结果却做成了一锤子买卖,资源浪费巨大。事实证明,这种方式不适合网店运营特点,也不能充分发挥基金会的资源优势。

举一反三,在试水过程中我们也认识到,虽然电子商务看似简单,但是我们不可能指望贫困地区的贫困户能像东风村的村民那样,每个人都有能力直接通过电子商务销售农产品。且不用说条件更逊一筹的贫困户,就是一般的农户,也很难靠自己的能力独立运营网店。根据我们的调查,农村做电子商务做得风生水起的往往还是返乡青年或者是能人,对一般农户而言,唯一的改变可能仅仅是换了一个经销商而已,他们还是只能作为原材料的供应者,向网络经销商们提供货源,他们的市场地位并没有发生实质的变化。

要想充分发挥基金会的优势,通过电子商务帮助更多的贫困社区、贫困农户对接市场,我们就必须建立统一、可持续运营的农产品公共品牌,并建立专业化的品牌运营队伍。只有如此才有可能充分整合基金会的资源优势,服务于不同贫困社区,抓住电子商务带来的新机会,帮助更多贫困户搭上电子商务快车,通过生产优质农产品脱贫致富。

在猕猴桃试水过程中,我们使用中国扶贫基金会的机构品牌为农民的产品做背书,这种方式虽然效果明显,但是如果要为更多农产品背书,存在诸多合规性问题和技术障碍无法解决。毕竟帮农民卖农产品也是销售行为,若农产品发生质量问题,会给基金会的品牌带来伤害。

我们决定建立专业团队,打造一个独立、统一的品牌,以社会企业这种创新方式来实施电子商务扶贫项目。目标就是积极引导农户生产有品质的农产品,并为贫困户生产的优质产品背书,取得消费者的信任,搭建贫困低收入农户对接市场的桥梁。

### 社会企业的价值

中和农信公司是中国扶贫基金会创办的第一家社会企业,经过十几年的发展,当时已经有能力为几十万户贫困低收入农户提供小额贷款服务,每年贷款规模已经达到数十亿元,为缓解贫困低收入群众贷款难做出了积极贡献。中和农信模式的成功,不仅得到了公益界人士的认可,被誉为社会企业的标杆,而且也得到了社会的认可,成功吸引红杉资本、蚂蚁金服等著名的投资机构成为战略投资者。

在长期的探索实践中,中国扶贫基金会在管理、运营社会企业方面积累了丰富经验,并对社会企业的价值有着自己的理解和追求。

我们认为,社会企业作为一种资源组织机制,是对现代企业制度的修正和完善,是回应和解决社会问题,尤其是贫富差距问题的重大创新。

以17世纪初英国东印度公司为坐标,现代企业作为一种组织形态到今天已经有400多年的历史。现代企业制度诞生以来,以其独立的法人地位、股份制募集资本、有限责任、财产权与经营权分离等机制与规则实现了人类有史以来最高效的资源配置和利用,创造了巨大的物质财富,超过了此前人类几千年中所创造财富的总和。可以说,现代企业制度是人类社会发展史上最伟大的组织创新之一,在创造社会财富、推动人类的文明与科技进步方面做出了巨大贡献。

19世纪末,在现代企业制度诞生200年后,其创造和聚集财富的作用充分显现出来,产生了人类历史上从来没有过的财富集中现象。以石油大王洛克菲勒、钢铁大王卡内基和电力巨头J.P.摩根等为代表,他们积聚了富可敌国的财力,超出了人们甚至他们自己的想象。"在权力鼎盛时期,J.P.摩根、约翰·洛克菲勒和安德鲁·卡内基三人财富价值的总和相当于现代的1万亿美元以上,其中仅洛克菲勒一个人就占了当时美国国民经济1%的财富。"[①]

然而就像硬币的两面,现代企业制度在创造巨大社会财富的同时,也带来了前所未有的贫富差距问题。在资本控制先进生产力—创造更大资本—更高程度的控制生产力—获得更大资本的马太效应下,贫富差距有无限扩大的趋势,并由此衍生出各种社会问题。这是由企业制度本身的机制造成的结果,难以靠企业制度本身自动解决。

"洛克菲勒、卡内基和J.P.摩根等人越来越富有,可更广大的工人

---

① 赵宇,《近代资本狂想曲:谁建造了美国?》,https://xueqiu.com/7866841863/135832119。

群体却在挣扎度日。彼时超过90%的美国人生活开销少于100美元，普通工人每天的收入不到1美元，远远低于贫困线。整个美国工厂的工作条件简直让人无法忍受，一年里每11个钢铁工人中就有1个会在工作时死掉，美国富人与穷人之间的差距达到了前所未有的地步。"①

也许是出于宗教信仰，也许是出于赎罪心理，更可能是因为内心对资本力量的不安——担心贫富差距无限扩大的社会后果，他们纷纷捐出巨资设立基金会，开展有组织的公益慈善事业，提供公共服务，开启了现代慈善事业的先河。

因为以上的背景，基金会的设立，在某种程度上带有对现代企业制度带来的贫富差距无限扩大的后果进行对冲和补偿的性质。但是由于这是富人良心发现的自觉行为，而且定位上仅仅只是散财的工具，所以基金会在组织运营上缺乏现代企业制度那样强的可持续发展机制。因此在19世纪初以来的100多年中，以基金会为代表的现代公益组织虽然通过募集和捐赠资金，对贫富差距扩大有一定的缓解作用，但很难有效地遏制全球范围内贫富差距的日渐扩大。

社会企业的概念最早起源于1844年英国罗奇代尔公平先锋合作社（Rochdale Society of Equitable Pioneers），是在英国狂飙突进的工业革命中产生的，以避免资本家盘剥、保护底层产业工人利益为目标的自发合作组织。合作社的理念在20世纪90年代末期得到了英国政府的重视，通过一系列的倡导活动和立法推动，形成了专门的社会企业门类，在推动经济增长、增加就业、解决社会问题等方面发挥着很大的作用。

虽然国内业界现时对社会企业的概念莫衷一是，但是社会企业"用企业的方法解决社会问题"的初衷，让我们看到了一种可能性：如

---

① 赵宇，《近代资本狂想曲：谁建造了美国？》，https://xueqiu.com/7866841863/135832119。

果企业不以追求私人利润为唯一目标,而是可以兼顾社会利益,在社会效益的框架内来追求利益最大化,也许正是长久以来人们苦苦追寻却又没有答案的、有效抑制贫富差距不断扩大的制度性解决方案。如果真能发挥这样的作用,那么社会企业不啻是继现代企业、基金会之后又一个重大的组织创新。一方面可以弥补商业企业追求股东利益最大化带来的贫富差距无限扩大的弊端,另一方面又可以弥补传统慈善组织如基金会等可持续性不强的短板,在最大限度撬动社会资源解决社会问题的同时,借助现代企业制度的力量,来创造更大的社会资本。

　　作为一种特定的组织类别,社会企业有明确的定义和边界,区别于一般企业。我认为社会企业应至少同时满足以下三个条件:第一,社会企业必须明确设立的目的和初衷是解决社会问题;第二,社会企业是一个企业,必须用市场的方法通过销售产品(或服务)来获得可持续的收入来源;第三,在社会企业股权结构中,社会公益资本股权比例不低于三分之一。

　　社会公益股份保持不低于三分之一比例,有三个必要作用:第一,在治理层面上保证企业的社会公益目标不偏离不漂移。我国现行的公司法规定,重大事项必须要经过代表三分之二以上表决权的股东同意,如果社会公益股份低于三分之一,在公司治理中就没有足够的话语权保证公益目的不偏离。第二,以法定形式确保不少于30%的利润用于社会公益事业,保证企业创造的相当部分财富用于增加社会公益资产,保证它的公益属性。第三,保持了足够的股权空间,可以最大限度地吸纳私人资本的力量来解决社会问题,扩大社会效益。

　　2015年1月,中和农道公司作为中国扶贫基金会旗下的第二家社会企业正式注册。公司的任务就是在基金会几十年乡村建设与发展经验的基础上,充分利用电子商务机遇,用企业的方法帮助贫困农户以市场为导向进行生产经营，从而摆脱贫困的境地。

因为我们已经有一个"善品网"，所以当时我们的项目品牌就定名为"善品公社"。善品的"善"有两重含义：第一是指产品好，因为善品公社的产品，都是农户按我们要求的生产流程生产，达到了我们技术标准的，所以都是优质产品；第二是指行善事，因为消费善品公社产品的消费者，就是在用合理的价格来激励农民生产好的农产品，就是在帮助农民脱贫，所以就是在行善事。

**农民道德水平决定农产品质量吗？**

善品公社团队成立之后，一边学习一边摸索，又做了几次电子商务销售农产品的尝试。

汉源的大樱桃品质很好，价格也很高，种植农民收益颇丰。但高山地区农户由于缺水，种不上大樱桃，收入水平比种植大樱桃的地区低很多。2013年雅安地震后，我们捐赠500万元修建水利设施，帮助高山地区的贫困农户种植大樱桃。2015年4月，我们扶持的大樱桃上市了。为了帮助种植户打开销路，在苏宁集团的大力支持下，我们开通了大樱桃网上销售通道。虽然由于经验不足，产品包装方面出了点问题，影响了购物体验，但是在苏宁易购的帮助下，大樱桃销售活动还是取得了不错的效果。以每斤35元的价格实现销售39万元。农户增收效果明显。

2015年8月，我们在上一年经验基础上，继续帮助名山县飞水村的果农在网上销售猕猴桃，也再次取得了喜人的成绩。

在摸索过程中，我们遇到了一般农业企业最头疼的两个问题：一个是农产品质量问题，一个是农民违约问题。

首先是农产品质量问题，这是个颇为棘手的问题，能不能正确地回答和解决这个问题，决定了我们的电子商务扶贫模式能不能走下去。

要尽可能减少农户与市场之间的中间环节,我们最好是直接从农户手里收购农产品。但是在传统的生产方式之下,我们无法控制产品的质量,因为农户用什么化肥、用什么农药、用多少量等我们都无从监督、把控。

那几年农产品质量受到高度关注,媒体上满眼都是三聚氰胺、毒奶粉、大头娃娃、农残超标等各种农牧产品质量问题的报道,食品安全问题牵动着人们脆弱的神经,生怕一不小心就成为劣质食品的受害者。

就在我们第一次试水猕猴桃之后不久,我看到了一篇猕猴桃果农使用膨大剂的报道,图片中农户一只手持半截盛有膨大剂液体的饮料瓶子,另一只手扯着树上的猕猴桃,正准备蘸进去。这让我们意识到了潜在的风险。我们帮农民销售的猕猴桃会不会也有这样的问题?如果真出了问题,我们怎么办?

如果基金会只是提供销售渠道,但不介入生产环节,一两次小规模的尝试,我们也许还能侥幸通过认真仔细的甄选不出质量问题;如果我们想要持续地、规模化地帮助贫困户销售产品,就必须要有可靠的机制确保质量和品质。否则就像蒙着眼睛走夜路一样,不知哪天就会撞到石头上,风险太大了。

如果不能有效保证农产品的质量,即使这一批产品销售不出问题,也不能保证以后不出问题。而质量一旦发生问题,给消费者造成损失,苦心经营的品牌可能就会毁于一旦,不仅实现不了扶贫助农的目标,甚至会连带中国扶贫基金会信誉受损,这是我们难以承受之重。

农产品质量问题的根源在什么地方?我们有没有能力解决这个问题?首先要搞清楚问题的本质。

我们原来和大部分人的认识一样,觉得农产品质量问题是一个道德和诚信问题,认为问题的根子出在农民身上,并指责农户作为生产者为了利益不择手段、没有道德底线。如果真是这样,那么农产品质量问题无疑很难解决。

但是我们深入研究这个问题,却发现把农产品质量问题归结为农民本性问题既是不公平的,也是不明智的。决定农产品质量的不是农民的德性和良心,而是农产品的市场定价机制。农产品质量出问题,并非农民的良心出了问题,而是市场定价机制出了问题。这才是农产品质量问题的本质。

在传统的农产品流通体系中,以家庭为单位进行生产的农民没有能力直接对接终端市场,只能通过经纪人、收购商、批发市场、分销商、零售商等中间环节卖给最终客户。从农户到实际消费者,中间可能有五六个环节,在这中间的每一个环节都要有利润,层层加价之后,农产品从农民手中出来到消费者手中,价格常常就数以倍计了。

只要有可能,中间各个环节都会尽可能地提高利润,而这种压力必然向两个方向传导,一是导向终端市场,尽可能提高商品的零售价格;二是导向上游生产端,尽可能压低收购的价格。

如果说消费端还可以因为有较多选择空间而对产品定价有一定的话语权,另一端的农户却因为没有太多的选择余地,在市场定价中处于极其不利的地位。在"囚徒困境"心理作用下,缺乏组织的分散农户很容易被老练的收购商各个击破,轻易以低价出售辛辛苦苦收获的成果。

在这样的市场定价机制下,农民很难通过生产优质产品提高价格来增加收入。为了增加收入,他们只能通过增加化肥、膨大剂等用量提高产量,或者通过增加农药、除草剂等用量降低成本,结果导致农残超标等食品安全问题层出不穷。

要解决这个问题,只能从改善产品流通体系着手,建立鼓励农户生产优质农产品的市场定价机制。思想决定行为,只有让农民相信乃至看到生产的好产品能卖出好价格,内心产生生产优质农产品的意愿,才有可能切断劣质农产品产生的根源。

## 破解农村电商的瓶颈

与以往的产品流通方式相比,互联网交易平台让生产者得以近距离接触到消费者,最大限度地减少中间环节,降低中间成本,为建立合理的农产品定价机制、鼓励农民生产优质产品创造了可能性。

但这仅仅是一种理论上的可能性。我们多年的乡村实践证明,如果不改变传统的以农户家庭为单元的农业生产经营方式,让一家一户的小农户直接面对市场,那就既不能从根本上解决质量问题,也无法解决契约精神问题,以及相关的信任、规模等问题,这种可能性就难以实现。

要想帮助农民搭上电子商务的快车,实现有品质的生产,我们必须回到乡村,从生产者这个源头开始,把农民组织起来建立合作社,以合作社为基础和平台对接市场,实现乡村资源的有效配置。这让我们的工作思路豁然开朗,困扰我们多时的问题迎刃而解,善品公社的运营逻辑清晰地呈现出来。

我们分析了当时贫困户的实际情况和电子商务的特点,将电商扶贫面临的困难和问题归纳为三大瓶颈:质量瓶颈、规模瓶颈和信任瓶颈。不解决质量瓶颈,电商扶贫品牌就不可持续,随时可能崩溃;不解决规模瓶颈,电商扶贫经营就难以提高效率,获得竞争力;而不解决消费者信任瓶颈,贫困户即使能生产出来好产品,也难以得到合理的价格。

这三大瓶颈,任何一个不解决,电商扶贫就是一句空话。而我们长期实践探索出来的一套以合作社为基础、以市场为导向的乡村发展方法,正是破解电商扶贫瓶颈的有效途径。

善品公社品牌的使命，就是发挥中国扶贫基金会长期乡村建设的经验优势，破解三大瓶颈，让贫困农户搭上电子商务时代的快车，改变贫困的处境，实现可持续发展。我们的做法是从以下三个方面着手。

一是通过合作社制度设计，建立农户之间的利益联结机制，通过农户之间的监督制约与奖惩规则，实现农户自我约束与管理，从根本上解决质量控制问题。

二是通过合作社制度设计，建立能人的激励机制和贫困户的带动机制，整合乡村资源，实现村民抱团合作生产经营，解决规模问题和共同发展问题。

三是通过善品公社公共品牌的运营，为合作社生产出来的优质农产品进行背书，帮助农户的良心产品赢得消费者信任，实现应得的市场回报。

## 二　黄果柑危机：惊险的一跃

### 农民心疼地坐在地上大哭

"善品公社"团队成立后的第一个正式产品是黄果柑，我们和市场发生了正面遭遇。

四川省雅安市石棉县政府听说了"善品公社"的模式，2015年7月份，他们找到中国扶贫基金会，希望我们去帮助那儿的果农提升黄果柑的品质。

黄果柑是以雅安石棉县为主产地的颇为神奇的柑橘类水果。与一般春华秋实的水果不同，黄果柑虽然也是春天开花，却要经历长达13—14个月的生长期，到第二年春天才逐渐成熟。这意味着春天果树开花的时候，头一年的果子还没有下树，呈现出花果同树的奇观。

虽然黄果柑在石棉已经有两三百年的商品种植历史,而且具有独特的饱满多汁的口感和天然反季节优势,但一直没能形成市场影响力,我们去石棉之前,也根本不知道还有这种水果。

黄果柑产量很不稳定,大年和小年产量相差很大。因为大年果子产量高,土壤的肥力消耗得厉害,第二年就一定会是小年,如此反复轮回。大年丰收时果子产量高,价格就下降,农户赚不到钱。等到小年果子少了,价格就会上涨,但产量又跟不上,农户仍然赚不到钱。

黄果柑在当地种植面积有几万亩,是石棉县的重要农业产业项目。但是搞了很长时间,销售价格一直上不去,销售渠道也不稳定,农户增收的效果不明显。

坪阳村地处大渡河畔,属典型的干热河谷气候,气候温润,光照充足,有良好的水果种植条件,是黄果柑核心产区。1989年,坪阳村开始引种黄果柑并逐步扩大规模,全村黄果柑种植面积近2000亩,被选为善品公社的产品基地。

我们从改造合作社入手,经过动员、培训和筛选,几百户种植户中有85户农户成为合作社第一批认证果农。

2015年下半年,合作社升级改造工作完成后,我们以合作社为抓手,开始发力果品质量控制与提升。我们和农户一起讨论存在的问题和困难,请专家研究分析黄果柑的特性,制定了黄果柑生产质量标准和质量提升计划。

最重要的是要控制产量,避免出现大年小年现象。过去大年亩产能达到一万多斤,小年亩产只有两三千斤。虽然大年看上去产量很高,但是由于过高的产量导致养分不充足、不均衡,又疏于管理,成果的口感、色彩、果形参差不齐,优果率很低,卖不上价钱。

科学的方法是通过剪枝、疏果、控制树形等措施,把每年亩产控制在7000—8000斤,这样一方面可以避免大年过度消耗土壤肥力,造成第二年小年的出现，另一方面由于有充足的养分保证，再加以必要的田间管理，成果的果形、色泽、口感都可以得到明显提升。虽然看上去大年要损失几千斤的产量，但是由于第二年产量提高了，总产量并不会减少。

刚开始果农对我们提出的质量改进措施持有很大的怀疑态度，尤其是关于大年小年的规律，他们认为几十年下来都是这样的，岂是你说改就能改的？我们做了很多工作，道理好不容易讲通了，但真正实施的时候，农民又干不下去了。

最难的是间伐果树。按照我们制定的生产标准，必须要通过剪枝甚至伐树来清理过于茂密的果树和枝条，控制植株的合理密度，以保证阳光、水分、养分的均衡供应。剪枝虽然也舍不得，但是犹可接受，但要农民砍掉辛辛苦苦培育了多年，甚至正在丰产期的果树，无论如何也下不去手。

有一个农户，背着工具来到自家果园要砍树，可是树还没开始砍，人却先坐在地上哭起来了。虽然砍树的道理想清楚了，但真要动手把树砍掉，实在下不了狠手。

社员自己砍树进行不下去，只能换别人来砍。合作社抽调了18个技术比较强的社员，组成了间伐技术小组，专门负责按照规划砍树，互相砍别人家的果树，这才终于把间伐的任务完成了。

然后是疏花疏果，在果树开花结果之后，把长得过密的花、果摘掉，以此保证留下来的果子有充分的养分和生长空间。农民对此自然也是很难接受的，对他们来说，几年辛勤培育，现在好不容易坐果了，怎么舍得摘掉？这些果子留着都是钱呀，哪怕再便宜，几毛钱一斤那也是钱啊！

但是舍不得归舍不得，不情愿归不情愿，最后果农们还是承认我们讲得有道理，按照合作社的要求，硬着头皮把这些活计都做了。

再接下来,我们指导合作社按照品质控制流程,组织果农们把原来用的化肥改为农家肥,按规定流程控制农药使用等,反而变得比较容易了。

改变原有观念和方法的过程尽管很痛苦,但是慢慢大家就想通了,这85户认证果农慢慢地接受了新的品质管理办法。县里的领导对此非常感慨,说县里推动标准化种植推了很长时间都推不下去,没想到被我们做成了。

我们就是像这样,深入到农户中间,一步一步地引导,一点一点地让农户完成自我蜕变。这是乡村工作最磨人的地方,也正是乡村工作最迷人的地方。

### 惊险的一跃

马克思在《资本论》中指出:"商品到货币是一次惊险的跳跃。如果掉下去,那么摔碎的不仅是商品,而是商品的所有者。"

黄澄澄的果子一天天长大,我们即将面临前所未有的市场大考。

为了迎接这一天的到来,我们也很早就着手果子上市的准备工作,物流公司的选择、包装的设计、价格的确定、销售渠道等都必须在果子上市之前定下来。当然最重要的还是销售渠道的确定。

苏宁集团是中国扶贫基金会的重要战略伙伴,两家机构密切合作,开展了一系列如筑巢行动、善行者等颇有影响力的公益活动。在长期的合作中,苏宁集团以开放的心态、创新的精神,积极支持我们的公益创新,给了我们莫大的帮助,我和苏宁集团的领导也成了很好的朋友。

善品公社电商扶贫模式从一开始就得到了苏宁集团的认同和大力支持,不仅捐赠资金支持合作社建设,而且在2015年4月,苏宁集团使用公益众筹跟我们一起推广雅安市汉源县的大樱桃,也是在短短几天时间实现线上销售392673元,整个销售推广情况、农户带动情况都很不错,并表示如果需要,后续可以动员苏宁易购的电商平台帮助我们拓展其他农产品的销路。

对于善品公社的第一个主打产品,苏宁领导很重视,双方商定将苏宁易购作为黄果柑销售主渠道做全网推广。我们决定于2016年3月9日召开黄果柑上市发布会。

我们的预期目标是销售一万单。为保持较好的用户体验,苏宁团队要求我们的供应链必须确保用户下单24小时内发货。

如果我们接到订单再从果园里采摘,然后再从石棉运到成都发往全国,无论如何也做不到24小时发货。所以必须在发布上市之前把果子采下来运到成都仓库,并做好分拣,这样才能保证第一时间从成都发货。根据苏宁易购团队的市场需求量测算,我们采购了6万斤黄果柑,在3月9日前从石棉县运到了成都仓库。

图33　社员们正在精心筛选上市的黄果柑

没想到采购过程中先得罪了黄果柑的线下采购商。

往年黄果柑销售都是卖给线下的采购商，由他们采收后用大货车运送到各地批发销售。在我们开始收果之前，像往年一样，有些水果商已经来到石棉，准备采购了。按照当时的行情，每斤收购价1元左右。但是今年情况有所不同了，合作社的认证农户一方面按约定要等着善品公社优先收购，另一方面对价格期望值提高了，其他果农受此影响也在观望，导致采购商收不到果子。

我们比较同类水果的价格，根据市场需求情况确定了黄果柑的终端零售价，扣除物流、包装、推广等所有中间费用，把所有收益都让给农户，把采购价直接确定在2.9元。与其他收购商的出价相比，我们的收购价几乎高出了两倍，这把原来的采购商们逼到了墙角。

他们索性联合起来，谁也不采购了，等着看我们的笑话。这是摆明了要跟善品公社打商战，确实给我们造成了很大的压力。一方面因为我们是按一定标准采购，即便是合作社认证的果农，也还要通过他们销售一部分达不到我们要求的水果；而合作社以外的果农，更是主要通过他们进行销售。如果这些经销商真的全部都退出市场，这么大的市场压力显然是稚嫩的善品公社没有能力承担的。

他们的意图很明确，既然善品公社出价那么高，就全部让善品公社去卖。如果善品公社卖不出去那么多，果农肯定要找善品公社的麻烦，甚至给基金会施压。他们判断善品公社以这么高的价格收购，肯定卖不出去，最后只能被迫退出市场，到时候价格还是得由他们说了算。

这种局面是我们事先从来没有想到的，压力自然更大。我们没有退路，只有更努力地投入即将开始的网络销售筹备工作，希望以良好的销售成绩，用事实说话，打破他们的市场垄断。

## 初战失利

3月9日，鸟巢国际会议中心，石棉黄果柑新品上市发布会如期举行。国务院扶贫办相关司局的领导来了，苏宁集团的孙为民副董事长来了，石棉县政府的领导也来了。发布会上，我介绍了善品公社的初衷和基本模式，石棉县的领导介绍了黄果柑的神奇和特色，孙为民副董事长更是亲力亲为，亲自为黄果柑代言，大家对此次黄果柑的销售活动充满了信心。

发布会结束了，黄果柑的信息已经上线了，但或许由于那是黄果柑第一次"触网"线上销售，用户对黄果柑的品牌认知度很低，或者是我们对整个农产品供应链运营管理的专业性不够，成本控制得不够好导致黄果柑性价比不高，或者是受同期各电商平台推广的其他竞品频出影响，总之是销售订单迟迟没有像我们想象的那样迅速增长。第一天就在从期待到沮丧的心情中过去了，心中有一种出师不利的预感。

第二天，网络销售情况依然没有明显的起色，成都仓库的同事不断催问销售部门的同事，说果子存在库里水分流失很快，每增加一天就要产生新的损耗；石棉县的领导、合作社的理事们，也在不断通过电话了解情况。

这时候我们开始紧张了。果子都是从认证果农手里采购的，当时还没付款，流失一点水分还是小事儿，如果照这样下去果子一直卖不出去，最终烂在仓库里，那麻烦可就大了。

虽然库存只有6万斤果子，收购价3块钱左右一斤，加起来不到20万元，算不上很多钱，但如果真的因为卖不出去而烂在仓库里，那么正如马克思所说的那样，烂掉的将不仅是这点儿黄果柑，更是善品公社及其支持者的信心。

　　这无疑是对我们及支持我们的农户、当地政府和捐赠方的沉重打击。善品公社"通过合作社组织农民生产优质农产品,实现劳动价值"的理念,就会被残酷的事实击得粉碎;而我们跟农民信誓旦旦,保证只要生产出来好产品就一定能卖上好价格的承诺,就会成为谎言。眼看着善品公社即将出师未捷身先死,在"惊险的一跃"中被摔得粉碎,大家的心血也将付诸东流。

　　在巨大的压力下,我们想尽各种办法,希望从困境中挣扎出来。我们联系基金会的捐赠单位,希望通过团购解决燃眉之急;我们联系其他渠道,希望能分销一些库存;我甚至自己动手写了一封致消费者的信,附在果箱中,希望消费者了解善品公社的模式,给我们以持续的支持。

　　亲,这篇小文儿是我们头儿坚持要送给您的,他说支持善品公社的人一定是有情怀的人,我们有责任向您提供更多信息……当然,如果您觉得麻烦或不同意其中的观点,您直接无视它就好喽!

　　食品安全问题到底是怎么产生的?农产品生产到底哪里出了问题?农民有什么苦衷?我们能做点什么?以下是我们的思考和行动,供您参考并希望继续得到您的支持!

　　多年以来,食品安全问题一直困扰着我们。大头娃娃,过早发育的女童,各种稀奇古怪、闻所未闻的病症等,不断刺激着我们的神经;苏丹红、三聚氰胺、膨大剂等专有名词,因为影响到食品安全而让我们耳熟能详;农药残留超标,假冒伪劣农产品更是比比皆是,让我们防不胜防。我们饱受劣质食品之苦,自然而然地就把责任推到作为食品生产者的农民头上。我们抱怨人心不古、世风日下,批评农民见利忘义、没有道德底线……

但是透过现象看本质，我们不难发现，食品质量问题与其说是一个道德问题，不如说是一个产品定价机制问题：在现有的以农户为生产单位，由批发商或运营商主导农产品流通的商业模式下，市场的利益分配和产品定价机制往往最大限度地压低农民的产品收购价，农民即使生产出好东西，也难以得到合理的价格，让他们过上有尊严的生活，并有效地维持再生产。农户无法通过有质量的生产获得应有的回报，为了提高收入，只能千方百计地降低成本，提高产量，这恐怕就是过量使用化肥农药的秘密。

在这样的定价机制下，生产者为了降低成本增加产量无所不用其极，谁不使用化肥农药谁吃亏，于是劣币驱逐良币，造成食品安全问题。反过来，我们得不到有品质的产品，当然也不愿意支付更高的价格（即使有时候付出了不菲的价格，也由于层层中间环节的分食而无法让农民受益），于是农产品的质量和价格就互为因果，恶性循环，成为一个解不开的结：一方面，生产者难以获得满意的劳动收入；另一方面，我们难以获得放心的食物。农产品质量问题不仅给消费者带来困扰，而且也损害了农民自己的利益。

打破这个循环的出路只能从源头上入手，想办法让农民生产出有品质的产品，用品质和诚信赢得消费者信任，并愿意为其支付合理的价格。但是在传统的单家独户的生产组织方式下，农户的生产缺乏监督和制约，如何让他们放弃眼前的利益，冒着减少收入的风险改变已经延续了上千年的生产方式，生产出有品质的产品？我们经过十余年的不懈努力，摸索出了一套以合作社为组织基础、以善品公社为统一品牌的电商扶贫模式：

通过合作社把农民组织起来，把分散的生产要素整合起来，实现规模化，解决市场规模与生产效率问题；

通过合作社建立社员的利益制约和激励机制,解决生产质量和利益分配问题;

以合作社统一管理经营为基础,提升服务水平,打造统一的农产品品牌,直接面对消费者,赢得消费者信任和支持,让诚信生产实现价值。

作为中国扶贫基金会专门推出的电商扶贫品牌,越来越多的人看到了善品公社的价值,并以实际行动支持我们的做法:回到问题的源头,回到问题的本质。他们知道,他们得到的不仅仅是一份有品质的农产品,还有一个打破劣质农产品生产怪圈的可能性:用购买行动支持农民做有品质的农产品,给农民一份体面和尊严,给消费者一份放心和安全,让价格和品质互相促进,打破农产品价格与质量的恶性循环,实现生产者和消费者共赢。

给农人一份尊严,给自己一份期待,给我们的努力和坚持一个机会,谢谢您的支持!

但是远水解不了近渴,无论哪个办法要见效都需要有一个过程,解决不了我们的果子很快就要烂掉的困境。

那些天每天一睁开眼睛,就要面对鲜果压在库里的严峻现实,每多存一天,水分就多流失一点,减秤不说,可能很快就会出现烂果;一闭上眼睛,眼前就会浮现出因为砍树下不去手而坐在地上哭泣的果农,那些等着看我们笑话的采购商的笑脸。那真是一段刻骨铭心的日子,我现在都不敢想象那段时间是怎么熬过来的。

几年后聊起那段经历,同事王光远回忆说能明显感到我那时候压力很大,心力交瘁,甚至开会的时候都会走神。"有一天你把办公室门反锁上,自己待在屋里想对策,谁也不让进。"

### 再战告捷

最后我们找到了腾讯公益。腾讯公益基金会的翟红星秘书长和孙毅副秘书长了解到我们的情况后，同意在腾讯公益做一次推广，试试看能不能帮忙解决一些问题。

3月18日星期五下午，腾讯公益以"因为这种味道，雅安又上了头条"为标题，发出了推广黄果柑的文章，没想到引起了热烈的反响。文章推出后仅仅一个小时，捐购金额就超过了30万元。

又过了一个小时，爱心网友热情不减，捐购金额直线上升，很快就超过了50万元。幸福就是来得这么突然，这个订单量已经远远超过我们的库存了，我们终于不用为果子烂在库里而担心了！

**图34　腾讯公益页面**

可是我还没有来得及松口气，旋而又为新的问题担心起来。按照目前这样的速度，捐购额很快就要达到上百万元，我们的合作社有没有足够的产量？我赶紧让光远和合作社核实估算最大供货量，并设定筹款上限。经过摸底测算，合作社只有10万斤符合标准的果品。按照8块钱一斤的价格，我们设置了80万元的捐购上限。结果只过了不到一个小时，80万的上限就全部认购完了。

腾讯公益的伙伴反馈，捐购很踊跃，你们赶紧多弄点果子呀。我们告诉他们，符合我们质量标准的果子只有这么多，其他的要么是合作社生产的，但质量达不到要求，要么不是我们合作社生产的，没有经过品质控制，质量无法保证。他们理解并赞成我们的原则。

县里的同志不理解我们设上限的做法。从9日到18日都快十天了，我们采收的大部分果子还在仓库里。支持我们的县领导也都扛着很大压力，据说这件事已经惊动了市里的领导，也在关心着事情的进展。听说在腾讯上线后销售情况很好，他们就给市里领导汇报这个好消息。眼看着捐购额隔两分钟就增加一万，隔两分钟就增加一万，大家都很兴奋。正在网友们踊跃捐购的过程中，听说基金会要设上限，大家都不理解。

"我们这儿有好几万亩地呢！是不是合作社以外的村也都可以供货，由县里来保证质量，政府给打保证？"我们明确表示不同意，并和他们解释为什么一定要坚持原则。一方面，善品公社是一个公益品牌，信用最重要。我们承诺卖合作社的果子，就只能卖合作社的果子，否则就是欺骗消费者。因为合作社的果子是按严格的质量标准生产出来的，虽然外观上看起来与其他村的果子没有太大差别，但实际上并不是一种产品。另一方面，如果那样做，对合作社的签约农户很不公平，将破坏善品公社模式的基础，让果农回到粗放生产的老路上去。因为签约农户们为了保证品质和稳定市场，是做出了额外努力甚至牺牲的。如果没有做品质控制的农户也和我们的认证果农得到一样的回报,认证果农还有什么必要和理由采取间伐、疏果、用农家肥等努力提高果品的质量?我们前面所做的工作,无疑就前功尽弃了。最终县里的同志也认为我们说的有道理,认可了基金会的意见。

我们与线下的采购商们也达成了和解。一方面,他们意识到,如果还用原来的低价收购,很难再收到果子,所以同意适当增加收购的价格;另一方面我们也与果农进行沟通,说服他们把果子卖给经销商,不要对价格和善品公社的销售能力抱有不合理的预期。

黄果柑危机就这么过去了,非常不容易。事非经过不知难,第一次正面面对市场,就让我们深刻地领会到市场的凶险,万一这次危机没有走过来,善品公社可能早就不存在了。

这件事也让我认识到贫困乡村发展产业的艰难,以善品公社的资源,社会各方面大力的支持,在市场面前尚且要面对如此大的风险,一般农户要靠自己的力量生产出市场认可的产品,并在市场上得到合理的价格,谈何容易!这也让我们进一步认识到善品公社存在的价值。

图35 艺人陈妍希与村里的网红奶奶在果园

## 三 善品公社的理想

从2014年首次电商试水,2015年善品公社成立,2016年黄果柑完成惊险的一跃,2017年走出四川,用了整整三年的时间。我们一开始没有急着扩大项目规模,而是稳扎稳打,一步一个脚印地探索和优化善品公社电商扶贫模式。我们深知乡村工作的微妙,我们深知机制设计的重要,我们深知改变的艰难,所以我们战战兢兢,如履薄冰,认真地对待每一个出现的问题,并努力找出最好的解决方案。

我们始终坚持以合作社为基础生产经营,我们始终坚持产品质量优先原则,我们始终坚持带动贫困户共同发展。到2019年底,善品公社成立五年后,也还只有四川石棉、名山、盐源,云南红河,山西隰县,吉林舒兰,新疆伽师、巴里坤等14省(自治区)35个项目县(市、区)。

但是磨刀不误砍柴工,经过五年的摸索和锤炼,此时善品公社已经形成了一套成熟、可复制的电商扶贫模式,石棉黄果柑、名山猕猴桃、盐源苹果、红河红米、舒兰大米、富平柿饼、巴里坤哈密瓜、隰县玉露香梨等欠发达地区合作社农户精心生产的农产品,随着善品公社走入城市的千家万户,赢得了消费者的信任和喜爱。善品公社也以其可持续扶贫的社会企业运营模式和过硬的产品质量,赢得了众多捐赠企业和演艺明星的支持。善品公社具备了快速发展的基础。按照2019年年底的规划,2020年善品公社将在超过100个县落地,帮助当地农户通过生产优质农产品脱贫致富。

在2020年的抗击疫情大考中,我们再次联合腾讯平台发起战疫扶贫行动,积极帮助湖北贫困地区农户通过网络销售农产品,做出了应有的贡献。虽然新冠肺炎疫情给合作社的发展带来了一定负面影响,但是善品公社的合作社规模仍然保持了快速发展,截至2020年9月,项目已经走入四川、云南、贵州、广西、安徽、山西、陕西、吉林、黑龙江、新疆、内蒙古等19个省(直辖市、自治区)的81个县(市、区),扶持并孵化了99家农民合作社,帮助50个特色农产品产业发展和提质增效。引导合作社建设农产品品控标准化基地29607.3亩,辐射带动基地84565.7亩,直接带动和辐射29358户农户抱团发展和脱贫增收。

图36　善品公社微商城

一路走来，越来越多的合作社和农户的可持续发展能力得到提升，越来越多理性的消费者期待着善品公社推出的新产品，越来越多的地方政府欢迎善品公社助力发展，越来越多的电商平台积极提供支持寻求深度合作，而众多企业的捐赠支持、明星代言、媒体传播则一直是善品公社前行的力量。这些认可和支持甚至已经远远超越了对某种产品的期待，而是源于一种对理想的认可，是希望给乡村发展不平衡的现状带来改变的共同追求。

"让诚信生产实现价值"是善品公社的使命，"耕者有尊严，食者得健康"是善品公社的愿景。善品公社希望能够通过持续努力，让农户的抱团合作能力、品质生产能力和市场链接能力得到全方位提升，通过自己的诚信劳动生产出优质农产品，最终得到市场的认可，从而获得那一份应有的收益，有尊严、可持续地生活和生产；而在市场另一端的消费者，则基于对善品公社品牌的信任、对品质的认可，支付合理的价格，获得健康的食品。希望有那么一天，善品公社有足够的力量，能够帮助所有用良心生产出来的好产品，都能够卖上合理的价格，让广大农民仅仅靠生产好产品，就能够过上有尊严的生活。这一天的到来也许依然漫长，但我们已经在路上。

2016年，我曾经写了一句话作为善品公社团队的礼物，现在我把这句话送给支持善品公社以及中国扶贫基金会乡村探索的朋友们共勉，并以此作为本书的尾声：

当人们怀疑，我们选择信任；当人们抱怨，我们选择行动；当人们放弃，我们选择坚持。坚持才会改变！

# 后　记

　　100年前，先贤们开始关注乡村的命运，开展乡村变革的实验，探求乡村发展的出路。在时局动荡、经济落后的大环境中，其困难是显而易见的，其局限也是显而易见的。这也是为什么费孝通先生说"乡土重建必须有一个前提，那就是有一个为人民服务的政府"的原因了。

　　相比而言，我们无疑是幸运的。虽然由于认识和经验的不足，经历了前期的各种失败和教训，但我们不断总结，日有所进，坚持走下来，终于找到了一条乡村可持续发展之路。而稳定的社会环境，改革与开放的氛围，发展的市场经济，都是我们的实验不可或缺的底色和背景，缺一不可。而随着脱贫攻坚战的结束和乡村振兴的全面展开，让我们的探索有了更广阔的前景和发展空间。所以我们要感谢这个时代，让我们的理想具备了现实的可能性。

　　以第一人称的视角来记录我们的足迹，虽然较为方便，却未必是最准确、最适当的。囿于记忆能力，对多年来支持我们的人难免挂一漏万。而即便文中有所提及，也可能由于作者本人的理解水平、角度所限，难免存在令当事人不适的叙述和表达，而因为时间和条件原因，未能一一求证，在此一并致以感谢或歉意。

　　感谢躬身其间的年轻人，桓靖、陈济沧、汤后虎、丁洁、陈晶晶、郝德旻、王光远、冯忠德、徐晓丛、张皓博、车毛毛……从汶川地震废墟上的板房到玉树高原上的帐篷营地(板房和帐篷中的冬日寒冷、夏日蒸热总是那么肆无忌惮)，从灾后重建一线到产业扶贫的现场，从"80

后"到"90后",他们为了共同的理想,成年累月地坚守在村庄中,和村民们一起,一点一滴地积累经验,摸索新路,为乡村带来改变。他们总是给我最多的感动,也是我们不断坚持前行的力量所在。

感谢基金会的老领导,无论是项南会长的改革开放精神,还是王郁昭会长、段应碧会长等代表的一代"农口人"的社会责任感、对农民真挚的感情,还是陈开枝、郑梦熊、江绍高等老领导对贫困地区贫困人口的深度关切、对探索项目的鼓励,无不深刻影响着我们,成为我们取之不竭的精神财富。

感谢扶贫办的开放、民政部的包容,感谢刘永富主任、范小建主任,以及王国良、洪天云、欧青平、陈志刚、夏更生等扶贫办领导的关心和鼓励,为我们提供了宽松的创新环境。而郑文凯副主任从扶贫办领导岗位退休之后,不惮烦剧,担任理事长一职,更是为中国扶贫基金会的乡村扶贫发展之路别开生面。

感谢农业农村部韩俊副部长为本书作序,感谢农业农村部农村合作经济指导司在我们开展农民合作社探索过程中的工作指导。

感谢四川省扶贫移民局张谷局长、降初局长和四川省扶贫基金会翁蔚祥会长以及各地扶贫部门不遗余力的支持,对贫困乡村的共同责任与情怀让我们心意相通。

感谢时任四川省委李登菊常委,以及共青团四川省委刘会英、张荣书记,江海、克克、唐经天副书记的信任与支持,开辟群团工作新局面,为我们的探索创新提供了难得的空间。

特别感谢我的老领导、老搭档王行最先生,他给了我最大限度的理解、包容和支持。我们虽然同龄,但却性格迥异;虽然我年龄上要比他大几个月,但是从修养上他却更像师长。20年来我们一起共事,虽然有不同的爱好和侧重,但始终能保持默契,共同面对风风雨雨。

感谢秘书处的同仁,我的战友和兄弟,不管是曾经临危受命参与项目的陈红涛、王军、丁亚冬，还是没有直接参与项目的王鹏、颜志涛、秦伟、唐凤美，他们总是对探索和创新抱有最大的热情和耐心，不讲条件，不计代价，有求必应，随时准备着，顶上去完成原本可能并不擅长的任务。

感谢一路同行，并给我们巨大支持的乡建界翘楚，孙君、罗德胤、刘兆丰、王旭、陈长春、张森华、寒玉、夏雨清、吴志轩、殷文欢等好朋友，他们有的是杰出的学者、设计师，有的是优秀的乡村民宿运营者。他们能力优越，而又充满家国情怀，正是我心目中的诗和远方。我从他们身上学到了太多，并在与他们的交往中，感受到"吾道不孤"的鼓舞。

在即将落笔的时候，亚冬告诉我蒙顶山合作社发展学院得到了四川省民政厅批准。蒙顶山合作社发展学院是在四川省农业厅指导下，由中国扶贫基金会和雅安市政府共同发起的，得到了国内外多家专业机构的鼎力支持。目的是培养乡村合作社发展带头人，促进乡村可持续发展。我们将以此为平台，将我们二十年来乡村探索的经验和方法，传递给热爱乡村的人，让更多乡村获得可持续发展的动力。而这也是我们与雅安市共同探索乡村发展的最新成果。

从2013年雅安灾后重建开始，我们和雅安市政府进行了近乎完美的合作，共同培育了以合作社为基础的"百美村宿"项目和善品公社项目，让我们的乡村探索更上一层楼。在长期合作过程中，我们和雅安市上上下下建立了亲切友好的工作关系。雅安市委王加良常委、市政府王双全副市长、市委蔡晓然副秘书长、市政府韩永康副秘书长、农业农村局蒲丹慧局长、群团中心任昌蓉主任、林业局刘伟副局长以及"4·20"芦山地震后曾在雅安工作的时任雅安市委徐其斌常委、王冬林副市长、赵京东副市长、群团中心赵龙主任等对我们的工作给予了无微不至的关心和支持。宝兴、石棉、汉源、名山等地县委、县政府的领导韩冰、冯俊涛、曾令举、张瑜锋、余刚平、周万友、王述蓉等多年来对我们的项目给予了高度认可和大力支持,让我们的想法得以在雅安这块充满生命力的土地上落地生根,并开枝散叶,走出四川,走向全国。

感谢方伟为本书前期资料的积累所花的心血,感谢厚亮、白筱克服各种困难帮我整理资料,给了我完成书稿的基础和信心。感谢王军、后虎为完成书稿付出的心血,桓靖、晶晶、济沧、光远、德旻等对相关内容的贡献,伍悦灵帮我完成了书稿的初期排版和校对。感谢商务印书馆对书稿的认可和指导,以及在出版事务方面的热情帮助,使得本书得以在较短时间内出版发行。

最后的感谢献给多年来支持我们的捐赠人,没有他们对理念的认同、对创新的鼓励、对失败的包容,我们就不可能屡败屡战,最终走出一条路来。

米索尔基金会投入50万欧元支持了大凉山的尝试;诺基亚出资500多万元支持了民乐村的探索;加多宝出资1.1亿元支持玉树的合作社项目;民生银行捐赠700万元支持了反排村项目;加多宝和恒大集团各自捐资1000万元,支持了雅安雪山村和邓池沟的项目;三星集团捐资1亿元支持了南峪、白岩等十多个村的项目;中国石油、中国石化、三峡集团、国投公司等捐资支持了"百美村宿"项目的开展。

苏宁集团支持了善品公社黄果柑和玉露香梨合作社;摩根大通持续支持善品公社的团队成长;苹果公司不仅支持善品公社最初的探索和早期的运营管理,还出资修通了达瓦更扎的"通天路";中石油、中旅集团、兵工集团、中国证券协会、三星集团、中航信托、三峡集团、一汽集团、平安集团、汇丰银行、民生银行、广发银行、华泰证券、Visa中国、陆金所、同盾科技、快手科技、加多宝、喜茶、星巴克等多家企业支持善品公社在近百个贫困县开展围绕"合作社组建优化、生产品质提升、供应链能力建设和本土新农人培养"的产业扶贫项目,帮助我们的项目乡村实现从十到百的飞跃。

　　腾讯、阿里、字节跳动、新浪微博、阳光保险等数十家合作伙伴支持善品公社持续提升专业能力；舒淇、田馥甄、杨幂、刘恺威、陈妍希等数十位明星持续支持善品公社品牌建设⋯⋯

　　感谢所有热爱乡村、关心乡村的人，只有我们共同努力，乡村才能变成我们希望的样子。

2020年10月

于北京

# 新时代哲学社会科学创新文库

## 已出版书目

乡村振兴与可持续发展之路　　　　　　　　　　　刘文奎　著

中国式现代化的智慧与方案

　　——多元现代性视阈下的中国道路研究　　　　彭国华　著

从考古看中国　　　　　　　全国哲学社会科学工作办公室　编

黄河与中华文明　　　　　　　　　　　　　　　　葛剑雄　著

中华文明的核心价值

　　——国学流变与传统价值观　　　　　　　　　陈　来　著

伟大的政治创造

　　——中国新型政党制度　　　　　　　　中共中央统战部　著

**图书在版编目（CIP）数据**

乡村振兴与可持续发展之路 / 刘文奎著 . —北京: 商
务印书馆, 2023
　（新时代哲学社会科学创新文库）
　ISBN 978-7-100-22183-2

Ⅰ. ①乡…　Ⅱ. ①刘…　Ⅲ. ①农村—可持续发展—中
国—文集　Ⅳ. ① F323-53

中国国家版本馆 CIP 数据核字（2023）第 048630 号

**权利保留，侵权必究。**

新时代哲学社会科学创新文库

**乡村振兴与可持续发展之路**

刘文奎　著

商 务 印 书 馆 出 版
（北京王府井大街36号　邮政编码100710）
商 务 印 书 馆 发 行
北京中科印刷有限公司印刷
ISBN 978 - 7 - 100 - 22183 - 2

2023 年 4 月第 1 版　　　开本 710 × 1000　1/16
2023 年 4 月北京第 1 次印刷　印张 22¹/₂

定价：110.00 元